墨香会计学术文库

会计信息价值相关性的差异化与趋同性研究

Research on Differentiation and Convergence of Value Relevence of Accounting Information

刘金雄 著

东北财经大学出版社
Dongbei University of Finance & Economics Press
大连

图书在版编目（CIP）数据

会计信息价值相关性的差异化与趋同性研究 / 刘金雄著. —大连：东北财经大学出版社，2021.11
（墨香会计学术文库）
ISBN 978-7-5654-4231-5

Ⅰ. 会… Ⅱ. 刘… Ⅲ. 会计信息-研究 Ⅳ. F230

中国版本图书馆CIP数据核字（2021）第118749号

东北财经大学出版社出版
（大连市黑石礁尖山街217号 邮政编码 116025）
网 址：http：//www.dufep.cn
读者信箱：dufep@dufe.edu.cn

大连永盛印业有限公司印刷 东北财经大学出版社发行

幅面尺寸：170mm×240mm 字数：209千字 印张：11 插页：1

2021年11月第1版 2021年11月第1次印刷

责任编辑：李 彬 王 斌 责任校对：孙 平

封面设计：冀贵收 版式设计：钟福建

定价：48.00元

教学支持 售后服务 联系电话：（0411）84710309
版权所有 侵权必究 举报电话：（0411）84710523
如有印装质量问题，请联系营销部：（0411）84710711

前 言

Ball与Brown（1968）的开创性研究，证明了会计信息具有价值相关性。其后会计信息价值相关性成为会计理论的重要研究方向，其中最为重要的研究领域有两个：一是会计信息价值相关性的影响因素问题；二是会计指标信息含量的比较问题，分析会计指标之间的增量信息含量、相对优势信息含量等问题。这两大研究领域研究的其实都是会计信息价值相关性的差异化问题。前者研究的是会计信息价值相关性的个性类别（即满足某一特征的个体组成的类）差异化问题，后者研究的是会计信息价值相关性的指标差异化问题。

会计信息价值相关性的个性类别差异化问题研究，无论是对于学术研究还是会计实践都是重要的。对于会计实践的一个重要启示是，个性类别差异只要影响会计信息价值相关性，就应该尽量充分披露。例如，已有研究表明（如刘金雄，2016），企业的财务杠杆与会计信息价值相关性负向关联，因而，可转换债就应分解为“债”与“股”两部分进行信息披露，才能提高会计信息的价值相关性。

此类个性类别差异化问题的研究，通常是单因素研究，研究范式一般都是基于其他因素相同探讨某因素如何影响会计信息的价值相关性。然而，影响会计信息价值相关性的因素有很多，事实上无法就各种影响因素披露相应的会计信息。更有甚者，就算能的话，由于企业受到多种因素的影响，有些因素增强而有些因素则弱化企业的会计信息价值相关性，企业之间的会计信息价值相关性是否有差别是无从可知的，也许一方强而另一方弱，也许无差异。如果是无差异，就算企业能针对各种影响因素披露相应的会计信息，或许也无法提高会计信息的价值相关性。

较之会计信息价值相关性的个性类别差异化研究，更重要的是会计信息价值相关性的个体差异化方面的研究。很显然，个体差异容易推知个体所属的类也存在同样的差异。然而后者不能推知前者。A企业从属于A类，B企业从属于B类，A类的会计信息价值相关性强于B类的，然而A企业的会计信息价值相关性可能反而强于B企业的。如果存在个体差异化，则可能发现影响会计信息价值相关性的关键因素，会计应针对这类因素尽可能充分披露。

一个基本问题是，如何构建能有效识别会计信息价值相关性存在个体差异的指标。幸运的是，本研究发现了被称为RD指标的这类指标，通过理论分析与实证检验发现RD指标能有效识别会计信息价值相关性的个体差异。其中，有关实证分析方面，利用如上所述的“个体差异可推知类差异”的原理，基于拙作

（2016）所建立的能适用于各类个性类别评价问题的“市场反应程度评价方法”进行分析评价。差异化的对立面是共性，共性是认识问题的基础，基于差异性的共性被称为趋同性。本研究亦致力于探讨会计信息价值相关性的个体趋同性问题，遗憾的是，目前所发现的证据不足以支撑会计信息价值相关性是否存在个体趋同性的有关论点。寻找个体趋同性似乎更为困难。

关于会计指标信息含量的比较问题，对于学术研究和会计实践也是非常重要的。例如，增量信息含量的研究有助于准则制定机构或企业确定哪些信息应该追加披露。然而已有的研究由于不区分信息与信息含量本身，导致一些混乱。比如Z对X、Y进行回归分析，可能发现X、Y的系数都不显著，已有的理论表明，X对于Y不具有增量信息含量，Y对X也不具有增量信息含量。然而Z对X或Y单独进行回归，却发现相应回归分析的回归系数是显著的。此类回归分析的结果容易被解读为信息X或信息Y两者只要提供一种就可以了。然而如果X、Y为完全不同的信息，下这个结论就太轻率了。有鉴于此，本研究基于区分信息与信息含量本身的原则，通过构建有关信息变量来分析有关信息含量问题。其核心在于通过理论分析构建“常识性信息变量”（趋同性指标）、“增量信息”（差异性指标）、“融合性信息变量”（趋同性指标），而后通过实证分析会计信息价值相关性的指标差异与趋同性问题。本研究得到的一个基本结论是会计信息的常识性信息、增量信息、融合性信息具有信息含量，也就是证明了会计信息价值相关性具有指标差异化与趋同性倾向。

本书是拙作《会计信息价值相关性的评价理论与方法》（2016）的继续，是作者多年来对会计信息价值相关性理论研究的一个总结。作者期待本书的出版对于新研究领域——会计信息价值相关性的差异化与趋同性的形成与发展能有所推动作用。

限于作者水平，本书还存在许多不足的地方，欢迎读者批评指正。

刘金雄
2021年2月
于华侨大学工商管理学院
mrliujx@126.com

目录

第1章　绪　论

1.1　会计信息真的有用吗？

ABC公司是王天成先生投资300万元于2×19年1月1日成立的生产经营日用品的企业，公司发展状况良好，至2×19年末公司的净资产竟已高达450万元，当年盈利150万元。公司的资产负债表（2×19年12月31日）、利润表（2×19年度）分别见表1-1、表1-2[①]。

表1-1　ABC公司资产负债表（2×19年12月31日）　单位：万元

资产	期末数	负债及所有者权益	期末数
货币资金	50	短期借款	50
应收账款	50	应付账款	45
交易性金融资产	100	应付职工薪酬	30
存货	200	应交税费	25
流动资产合计	400	负债合计	150
固定资产	150	实收资本	300
在建工程	50	未分配利润	150
非流动资产合计	200	所有者权益合计	450
资产总计	600	负债及所有者权益总计	600

表1-2　ABC公司利润表（2×19度）　单位：万元

	本期金额	上期金额
一、营业收入	3 600	（略）
减：营业成本	2 700	（略）
管理费用	390	（略）

① 这里只讨论这两张主要报表，暂不讨论其他报表。

续表

	本期金额	上期金额
财务费用	10	（略）
销售费用	300	（略）
加：投资收益	20	（略）
公允价值变动损益	-10	（略）
二、营业利润	210	（略）
加：营业外收入	20	（略）
减：营业外支出	30	（略）
三、利润总额	200	（略）
减：所得税费用	50	（略）
四、净利润	150	（略）

公司资产负债表（表1-1）表明，ABC公司作为初创企业，财务状况良好，产生现金流的能力强，支付能力强。600万元总资产中，流动资产为400万元，有较强的产生现金流的能力。其中，货币资金为50万元，占总资产的1/12，为工资、税金、应付账款等流动性支付提供了必要的保证；应收账款为50万元，交易性金融资产为100万元，占总资产的1/4，证明公司资产具有很强的变现能力；存货为200万元，占总资产的1/3，保证了原材料、在产品、商品等的生产经营所需，是公司产生现金流的重要源泉。固定资产为150万元，仅占总资产的1/4，为企业的开工投产提供了保证，为公司产生现金流提供了重要动能。负债及所有者权益方面，仅有流动负债150万元，没有长期负债，其中短期借款50万元，主要是公司筹集来用于支付流动性之用。负债占总资产的比重不大，仅为1/4。所有者权益为450万元，来自业主投入及公司的累积未分配盈利。报表显示，该公司是一家在企业规模、融资渠道等方面有许多潜力可挖的初创企业。通过企业的资产负债表，可以对公司的财务概况有一个大致的了解。进一步分析该公司的生产经营状况、未来发展前景还需结合该公司的利润表进行分析。

公司仅仅成立1年，老板王先生对于会计所起的作用深有体会。他认为会计在公司试运营及其后的正式运营过程中起了至关重要的作用。虽是一家初创企业，但是ABC公司重视会计核算与控制，会计工作按高标准要求，使得该公司在减少浪费、控制成本等方面比其他初创企业更为出色，可以说会计信息为ABC公司减少不必要开支提供了不可或缺的帮助。尤其重要的是，由于较为健全的会计核算体系，公司所提供的会计信息获得了银行的信任，使得ABC公司成功地从银行借入短期资金，帮助企业成功渡过了流动性不足的困难时期。能有今天的发展水平，王老板认为会计信息功不可没。

由于企业处于初创期，因此ABC公司采用薄利多销的营销策略，其盈利主要来自主营业务，可能有较强的持续性。毛利率不是很高，但其盈利能力很强。三大费用（管理费用、财务费用、销售费用）高于企业的净资产，表明企业的营运风险还是很高的。

2×19年度的利润表（表1-2）显示，全年营业收入3 600万元，营业成本为2 700万元，毛利为900万元，销售毛利率为25%。三大费用（管理费用、财务费用、销售费用）共计700万元，占销售毛利的77.8%（700÷900×100%），占比较高，且未来仍有上升趋势。公司还涉足资本市场，小有斩获，从财务绩效上看，盈利10万元。其中，已实现收益20万元；而持有的金融资产中，公允价值变动损失10万元，估计未来仍有上升空间。可见，公司的盈利主要来自主营业务，可能有较强的持续性。

如上文所述，虽然ABC公司的毛利率不是很高，只有25%，但其盈利能力很强，并且其营运风险是很高的。全年平均资产为450万元（（300+600）÷2，300万元为公司成立之初所投入的总资产），总资产收益率为33.3%，净资产收益率为40%。这意味着ABC公司的高盈利能力是通过高销售收入来实现的，一旦无法达到高销售收入，由于三大费用（管理费用、财务费用、销售费用）很高，高于企业的净资产，而且占销售毛利很高的比重（为77.8%），公司的盈利能力就会下降很多甚至亏损。假定其他条件不变，如果收入下降10%，利润还剩下110万元；如果收入下降15%，利润只剩下65万元；如果收入下降20%，利润仅剩下20万元；而如果收入下降25%，则亏损25万元。可见，对于ABC公司来说，维持高收入、控制三大费用是公司未来成功发展的关键因素。

联合资产负债表与利润表进行分析表明，公司具有较强的产生现金流的能力。

全年销售收入为3 600万元，平均应收账款为50万元（假定期初应收账款也是50万元），应收账款年周转率为72次，平均收款时间为5天。也就是说，公司主要采用的是现销政策。可以假定公司90%的销售采用的是现销，10%的销售采用的是赊销。经过合理估算调整，年赊销金额为360万元，应收账款年周转率为7.2次，平均收款时间为50天。

全年销售成本为2 700万元，平均应付账款为45万元（假定期初应付账款也是45万元），应付账款年周转率为60次，平均收款时间为6天。也就是说，公司主要采用的是现购政策。可以假定公司90%的购货采用的是现购，10%的购货采用的是赊购。经过合理估算调整，年赊购金额为270万元，应付账款年周转率为6次，平均付款时间为60天。

平均来看，月销售收入300万元，收现款270万元，50天后收剩下的30万元，保守估算，每月从销售收入中至少可收到现款270万元。月销售成本为225万元，须支付现款202.5万元，60天后再支付剩下的22.5万元，保守估算，每月最多支付225万元。从2×19年12月31日资产负债表的数据来看，假设公司存货的平均库存量为200万元，2×20年1月需购入存货225万元。2×20年1月的销售收入中用于支付存货款后，至少还剩50万元，加上上年结余的50万元货币资金，2×20年1月份可用于偿付的货币资金至少有100万元。现假定2×20年1月份须支付的流动负债中，职工薪酬须全额支付，其他的只须支付一半，该月须偿付的金额仅为90万元，企业的现金流足以满足流动性支付所需。如果2×20年1月份的流动负债须全额支付，也仅150万元，似乎有缺口50万元，但企业的流动资产中还有应收账款50万元，交易性金融资产100万元，企业的现金流也是足以满足流动性支付所需的。

以上的分析表明，ABC公司基于薄利多销的营销策略如果能够维持当前高营收水平，企业的盈利能力较强、财务状况良好。而如果未能维持当前的高营收水平，将引起盈利水平的大幅度波动，乃至亏损。

发展是解决一切问题的钥匙。公司目前存有在建项目，在建工程金额为50万元，虽不清楚项目总投资需多少金额，规模有多大，但可以确信的是，ABC公司并不满足于现状，以发展寻找未来的出路。公司当前的发展状况为未来的发展奠定了良好的基础。ABC公司没有长期负债，且资产负债率较低，如能借入长期资金，可解决扩大生产规模所需的资金问题，当然基于当前较高的盈利能力和发展前景，也可以吸引新的投资者参股入资，以解决长期资金所需问题；提高赊购的比重，可解决短期流动资金问题。提高赊销比重，能提高市场占有率，可实现销售收入的大幅增长。只要各方面系统、合理规划，稳健推进，ABC公司就会发展态势良好。限于篇幅，这方面的分析不再赘述。

上述案例给出的一个重要启示似乎是，无论对于会计信息的内部使用者（如老板王先生），还是对于报表的外部使用者，会计信息确实有用，会计既能总结过去（如利润表、现金流量表、所有者权益变动表），揭示现在（资产负债表），还能预测未来（报表分析）。但问题是，会计总结过去，总结得恰当吗？揭示现在，是否全面、客观、可靠？预测未来，预测得准确吗？

然而令人遗憾的是，姑且不论会计数据是否有可能被人为篡改、操纵，就算企业严格遵循会计准则的要求提供会计信息，会计对于过去的总结也可能是不恰当的，对于现在的揭示也可能是不全面、不客观、难言可靠的，对未来的预测也可能是不准确的。

会计对于过去的总结与对于现在的揭示是相互关联、难以割裂的。例如，发出存货的计量方法有先进先出法（现在不用）、后进先出法、加权平均法、移动加权平均法、个别计价法，在物价上涨的情况下，不同的发出存货计价方法，既影响当期损益，也影响期末资产。以加权平均法与后进先出法相对比，前者计量出的当期损益较高、期末存货成本也较高；相反，后者计量出的当期损益较低、期末存货成本也较低。

客观世界中，过去与现在是相互关联、不可分割的，因而应可以合理推知，如果会计对于过去的总结是恰当的，那么对现在的揭示应该就是全面、客观、可靠的；而如果对于过去的总结是不恰当的，那么对现在的揭示就是不全面、不客观、不可靠的。如果发出存货成本采用后进先出法，销售成本应该接近于发出存货的真实成本（如市场价格），此时会计对于过去的总结应该是恰当的，据此可推知，会计对于现在的揭示就应该是全面、客观、可靠的。然而，实际情况又给我们泼了一大盆冷水，按现有的会计理论、程序、方法，这种情况下，由于期末结存存货的成本接近于期初存货的成本，偏离存货当前的真实成本，那么会计对现在的揭示还是不全面、不客观、不可靠的。这又产生一个问题，哪怕会计对过去的总结是恰当的，会计对现在的揭示也可能是不全面、不客观、不可靠的。会计理论界、实务界已充分注意到这个问题的严重性，但又没有有效解决办法，反映在会计计量中，只能在“利润表观”与“资产负债表观”之间进行艰难抉择。

利润表观①重视利润表，强调配比过程，收益全部为已实现收益，收益的可预测性较高，也就是说，利润表观重视利润表，资产负债表是一张没有多大价值的、主要由未摊销成本余值构成的附属报表。

资产负债表观②重视资产、负债的概念，着重于资产、负债及其变动的计量，既确认已实现收益，也确认未实现收益，导致收益波动较大，使得收益的可预测性降低。换句话说，资产负债表观重视资产负债表，利润表成了一种汇总资

① 利润表观强调配比过程的重要性，某一期间内的收益（或损失），是当期收入和费用合理配比的结果。资产和负债仅仅是配比程序的余值，它们在配比结束后记入账户的借方或贷方，是收入和费用合理配比之后的副产品。当期收到的归属于未来期间的收入，将作为递延贷项递延到未来期间，即确认负债。类似地，当期承担的归属于未来期间的费用，则作为递延借项递延到未来期间，即确认资产。在利润表观下，某些“递延借项”或“递延贷项”将被确认在资产负债表中，它们并不代表企业的未来经济资源或义务，却是合理配比的必要结果。资产不仅包括经济资源，还包括那些不属于经济资源，但是为合理配比和确定收益所产生的必要项目；负债不仅包括具有交付经济资源义务的项目，还包括那些虽然没有交付经济资源的义务，但是为合理配比而产生的某些递延贷项和准备。

② 资产负债表观重视资产、负债的概念，着重于资产、负债及其变动的计量。在资产负债表观下，资产是预期能够直接或间接给企业带来净现金流入的未来利益的经济资源，不具有可交换性和不具有服务性的资源被排除在资产定义之外；负债是企业在未来向其他方交付经济资源的义务，也就是说，没有在未来向其他方交付经济资源的义务，则不产生负债。收益产生于经济资源和义务变动所导致的企业净资产的增加即资产的增加或负债的减少，损失则产生于经济资源和义务变动所导致的企业净资产的减少即资产的减少或负债的增加。简言之，资产负债表观下资产负债表是主要的报表，而利润表成为一张附属的报表。

产、负债变动情况及结果的附属报表。

现代会计实务中，针对不同的业务，采用不同的计量观。有采用利润表观的，也有采用资产负债表观的，还有采用脏盈余观的[①]。表1-2中的营业利润，既有利润表观下计量的数据，也有资产负债表观下计量的数据。如“营业收入”“营业成本”就是利润表观下计量的数据，而“公允价值变动损益”是资产负债表观下计量的数据。对不同计量观下所加工出来的会计数据进行汇总，其确切含义是难以解释清楚的，依据这些数据所作出的分析有多少的可信度，也令人怀疑。

更进一步讲，“利润表观”“资产负债表观”作为会计计量的两难抉择，反映了当前的会计理论、程序、方法的理论基础或逻辑基础可能存在巨大的缺陷，而不是简单地修修补补就能解决的问题。比如，作为企业对过去进行总结的一个重要会计指标如营业利润[②]，是利润表的核心核算指标，将其定义为“收入减去费用（如已售出商品的购买成本）”，美其名曰“收入费用配比”原则，作为考核过去经营成果的重要指标。营业收入减去营业成本，真的就能反映经营成果吗？这种经营成果能告诉人们什么？如果100元进的货，200元售出去，经营成果就是100元。从数字上看，是挺不错的。但是，如果企业卖出去的货要300元才能购入，是否还可以认为，该企业的经营成果是挺好的？

那么，“会计信息真的有用吗？”该怎么回答，可否认为“会计信息真的没用”？

1.2 会计信息真的没用吗？

现代财务会计在会计主体、持续经营、会计分期与货币计量的会计假设下，按照确认、计量、报告的程序，遵循可靠性、相关性、可比性、稳健性、实质重于形式等质量特征要求，以会计恒等式为会计数据间的内在逻辑（原理），对外披露符合会计目标的会计信息。粗略来看，现代会计的核算体系很严谨，然而，限定性要求越多，会计所加工出来的会计信息就越有可能违背初衷。

例如，为人所熟知的货币计量假设，就使会计工作限定在能以货币计量的业务上，无法以货币计量的业务就不予计量。该假设的一个重要引申含义就是，放弃对不能以货币计量业务的会计计量，不会对会计目标有实质性的影响。然而，不能用货币计量的业务如企业的人力资源可能是最重要的，忽略这方面的业务，对会计目标应该有重大的影响。

---

① 资产负债的期末重计量所产生的金额变动不计入利润表而直接计入资产负债表中的所有者权益项目，会计理论中称之为“脏盈余会计”，这里为叙述方便称为“脏盈余观”。

② 在当前的会计实务中，营业利润还包含其他项目，为简化问题讨论，这里暂不考虑。

计量从程序上看，有初始计量、后续计量以及资产负债表日的重计量。各种程序所采用的计量属性、方法、理念是不同的。以固定资产为例，初始计量以入手价（历史成本）计量，随着后期使用需按一定的程序、方法计提折旧，摊销固定资产的初始成本，期末如果固定资产存在减值迹象，应计算固定资产的可收回金额（公允价值与未来现金流量的现值中大的，属于脱手价），按谨慎性信息质量要求，以可收回金额与期末历史成本孰低法对固定资产进行期末重计量。可见，对外披露的固定资产可能是未摊销的历史成本，可能是公允价值，也可能是未来现金流量的现值。由于企业的固定资产有多种，而对外披露的固定资产只有一个数据，该数据必定是多种计量属性的混合加总，其经济含义是不明确的。就算都是以市场价为基础，入手价与脱手价还是有区别的，入手价还应加上运杂费、手续费等直接相关费用，而脱手价则不包括这些费用。或许唯一可以确定的是，如果会计所计量的固定资产的金额为A，“A”代表该固定资产可收回金额至少是这个数“A”，至于是通过转手出售（公允价值）还是通过自己使用（未来现金流量的现值）获得固定资产的可收回金额，无法通过这个数“A”反映出来。同时，对于每一项固定资产都按可收回金额与期末历史成本孰低法进行期末重计量，也就是说，对于固定资产类别中各单项资产减值的，予以计量；而升值的，则不予计量。从固定资产整体来看，计量值可能偏低。

总之，货币计量假设使得会计无法计量那些对会计目标可能有重大影响的事项，导致会计信息可能带有某种误导性；谨慎性原则的运用使得会计可能多计负债、费用，少计资产、收益，使会计计量出来的数据可能失去客观性、全面性；多种计量属性混合使用，使得会计所计量的数据经济意义含混不清。如果会计信息带有某种误导性、片面性、过强的主观性、经济意义含混不清，那么会计信息还是有用的吗？依据会计信息所进行的分析、预测，还是可信且准确的吗？

当企业的净资产、会计盈余都大于零时，会计信息用于公司定价方面，其缺陷性或许还可以接受，因为大量的研究表明，公司的市价与其净资产、会计盈余呈正相关关系（如刘金雄，2016）。但是当公司的净资产小于零时，如果会计信息对公司定价有用，公司的价值应该接近于零，并且负净资产的绝对值越大，公司的价值越小，然而当前的会计信息却不具备这个特征。

表1-3是2020年3月24日、25日还在市场交易的负净资产公司的会计数据与市值数据。该数据显示，公司市值严重偏离公司的净资产。公司净资产的绝对值越大，公司的市值并没有越小，似乎还有越来越大的趋势。

表1-3 负净资产公司的会计数据与市值数据（2020-03-24，2020-03-25）

序号	代码	名称	2020/3/24收盘价	2020/3/25收盘价	市盈率	市净率	每股收益（元）	每股净资产（元）	总股本（亿元）	总市值（亿元）	净资产总额（亿元）
			P_t	P_{t-1}	P-E	P-NA	eps	naps	GS	MV	GNA
1	600421	*ST仰帆	9.99	10.16	-280.31	-624.01	-0.027	-0.0163	1.96	19.9136	-0.0319
2	002188	*ST巴士	4.69	4.71	-29.38	-138.93	-0.12	-0.0339	2.96	13.9416	-0.1003
3	000953	*ST河化	5.83	6.12	-33.34	-93.28	-0.1377	-0.0656	3.66	22.3992	-0.2401
4	000670	*ST盈方	2.25	—	-8.91	-77.23	-0.2524	-0.4002	8.17	18.3825	-3.2696
5	000504	*ST生物	6.96	7.04	-81.89	-72.04	-0.0645	-0.0977	3.12	21.9648	-0.3048
6	000835	长城动漫	3.8	3.8	-23.82	-66.2	-0.12	-0.0574	3.27	12.426	-0.1877
7	600462	*ST九有	1.35	1.42	-35.01	-58.49	-0.0304	-0.0243	5.34	7.5828	-0.1298
8	600247	ST成城	2.7	2.7	-20.26	-40.39	-0.1	-0.0668	3.36	9.072	-0.2244
9	600654	*ST中安	2.12	2.18	-7.28	-28.85	-0.22	-0.0756	12.8	27.904	-0.9677
10	600198	大唐电信	9.46	9.54	-11.73	-23.84	-0.6102	-0.4002	8.82	84.1428	-3.5298
11	002076	雪 莱 特	2.7	2.73	-5.74	-21.55	-0.3568	-0.1267	7.64	20.8572	-0.968
12	600186	*ST莲花	3.03	3.18	35.2	-21.38	0.0678	-0.1487	13.8	43.884	-2.0521
13	600306	商业城	4.88	4.89	-8.4	-15.52	-0.4366	-0.3152	1.78	8.7042	-0.5611
14	000927	一汽夏利	4.43	4.58	-7.82	-12.04	-0.44	-0.3804	16.0	73.28	-6.0864

续表

序号	代码	名称	2020/3/24收盘价	2020/3/25收盘价	市盈率	市净率	每股收益（元）	每股净资产（元）	总股本（亿元）	总市值（亿元）	净资产总额（亿元）
			P_t	P_{t-1}	P-E	P-NA	eps	naps	GS	MV	GNA
15	600898	国美通讯	6.13	6.23	−5.67	−11.79	−0.824	−0.5284	2.53	15.7619	−1.3369
16	600610	*ST毅达	3.26	—	−126.08	−7.22	−0.0194	−0.4513	10.7	34.882	−4.8289
17	600677	*ST航通	4.52	4.57	−6.87	−6.53	−0.5	−0.6996	5.22	23.8554	−3.6519
18	600651	飞乐音响	3.87	3.88	−4.36	−5.96	−0.667	−0.651	9.85	38.218	−6.4124
19	000995	*ST皇台	7.47	—	−71.26	−5.26	−0.05	−1.4195	1.77	13.2219	−2.5125
20	600815	*ST厦工	2	2.01	−4.93	−5.01	−0.3061	−0.4009	17.7	35.577	−7.0959
21	000911	*ST南糖	6.45	6.77	−3.05	−4.38	−1.66	−1.5443	3.24	21.9348	−5.0035
22	300156	神雾环保	1.25	1.3	−1.01	−4.22	−0.97	−0.3078	10.1	13.13	−3.1088
23	002072	*ST凯瑞	4.82	4.9	−34.31	−4.14	−0.1071	−1.1837	1.76	8.624	−2.0833
24	600289	*ST信通	5.17	5.43	−15.1	−3.64	−0.2697	−1.4904	6.31	34.2633	−9.4044
25	002356	*ST赫美	1.68	1.76	−1.67	−3.53	−0.7892	−0.4982	5.28	9.2928	−2.6305
26	000982	*ST中绒	1.4	1.39	−6.46	−3.39	−0.1614	−0.4105	42.6	59.214	−17.4873
27	000410	*ST沈机	5.09	5.15	−2.55	−3.32	−1.5173	−1.5501	16.8	86.52	−26.0417
28	600701	*ST工新	1.55	1.63	−2.53	−3.13	−0.483	−0.52	10.3	16.789	−5.356

续表

序号	代码	名称	2020/3/24收盘价	2020/3/25收盘价	市盈率	市净率	每股收益（元）	每股净资产（元）	总股本（亿元）	总市值（亿元）	净资产总额（亿元）
			P_t	P_{t-1}	P-E	P-NA	eps	naps	GS	MV	GNA
29	002260	*ST德奥	3.15	—	69.18	-2.45	0.03	-1.2852	2.65	8.3475	-3.4058
30	600961	株冶集团	5.96	6.03	520	-2.2	0.02	-2.7397	5.27	31.7781	-14.4382
31	300090	盛运环保	1.22	1.25	-2.24	-2.13	-0.4186	-0.5876	13.2	16.5	-7.7563
32	002071	长城影视	2.5	2.56	-24.34	-2.06	-0.0789	-1.2409	5.25	13.44	-6.5147
33	300431	暴风集团	2.8	2.84	-1.08	-1.48	-2	-1.9223	3.30	9.372	-6.3436
34	002711	*ST欧浦	1.31	1.31	-11.52	-0.56	-0.09	-2.3338	10.6	13.886	-24.7383
35	300216	千山药机	3.81	—	-2.18	-0.55	-1.31	-6.9626	3.61	13.7541	-25.135
36	300362	天翔环境	1.87	1.92	-0.67	-0.53	-2.1973	-3.6087	4.37	8.3904	-15.77
37	600485	*ST信威	1.52	1.56	-0.22	-0.52	-5.42	-2.981	29.2	45.552	-87.0452
38	300104	乐视网	1.69	—	-0.5	-0.47	-2.5551	-3.5917	39.9	67.431	-143.309
39	600891	*ST秋林	1.19	—	-1.39	-0.45	-0.86	-2.6422	6.18	7.3542	-16.3288
40	600074	*ST保千	1.04	—	-2.72	-0.42	-0.38	-2.4525	24.4	25.376	-59.841
41	002604	*ST龙力	1.96	—	-2.74	-0.33	-0.54	-5.9195	6.00	11.76	-35.517
42	600634	*ST富控	1.56	1.55	-1.01	-0.21	-1.15	-7.2955	5.76	8.928	-42.0221

表1-3中各主要指标的描述性统计见表1-4。42家负净资产公司的市净率平均值为-32.8483，中位数为-4.695，4.695小于32.8483，这表明一半以上的公司，其市净率的绝对值小于平均值的绝对值32.8483，少于一半的公司，其市净率的绝对值大于平均值的绝对值32.8483。其他指标的分析与之类似，这里不再赘述。

表1-4　　**表1-3中各主要指标的描述性统计**

项目	市盈率	市净率	每股收益（元）	每股净资产（元）	总股本（亿元）	总市值（亿元）	净资产总额（亿元）
最大值	520	-0.21	0.0678	-0.0163	42.6	86.52	-0.0319
最小值	-280.31	-624.01	-5.42	-7.2955	1.76	7.3542	-143.309
平均值	-6.33262	-32.8483	-0.66957	-1.41495	9.44119	25.65734	-14.3755
中位数	-6.1	-4.695	-0.3993	-0.6193	5.55	16.6445	-5.17975
样本数	42	42	42	42	42	42	42

将表1-3中42家上市公司的净资产总额与其相对应的市值数据加以整理作成曲线图如图1-1所示，其中，净资产总额为横坐标，市值为纵坐标，横轴正向为负数，按绝对值从小到大排列。如图1-1所示，公司负净资产的规模（净资产的绝对值）越大，公司的市值似乎越大。从图中的趋势线可以看出，公司的市值与公司负净资产规模呈同向变动关系。这是一个令人匪夷所思的结果：公司负净资产规模越大，公司市值越高。由表1-3可知，*ST仰帆（600421），净资产为-0.0319亿元（负净资产规模最小），其市值为19.9136亿元；乐视网（300104），净资产为-143.309亿元（负净资产规模最大），其市值却高达67.431亿元。

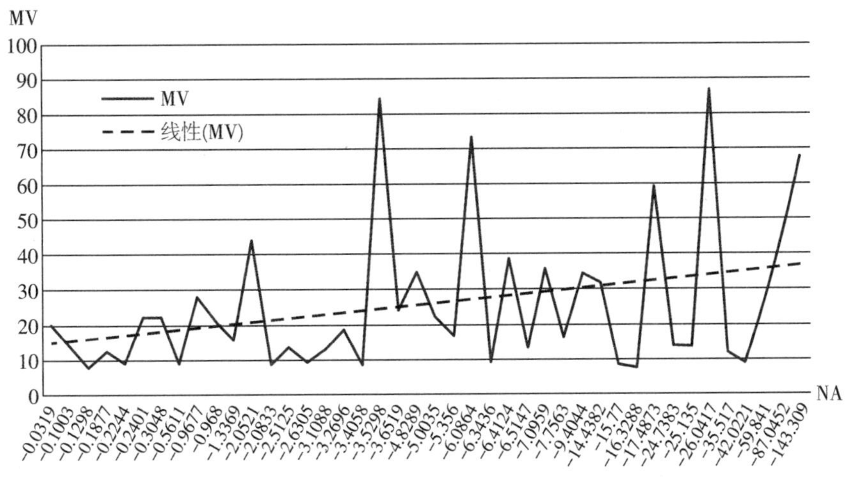

图1-1　负净资产与市值关系图

上述结果通俗地说就是，资不抵债越严重的公司越值钱。如果这个结论成立，那岂不是说明公司的市场定价与会计计量是完全相背离的，就等于证明了在这种情况下，会计信息似乎是完全没用的？对市净率、市值与净资产进行回归分析，回归模型及回归结果见表1-5。

表1-5　**市净率、市值与净资产的回归模型与回归结果**

<table>
<tr><td colspan="2">项目</td><td colspan="2">回归模型1-1</td><td colspan="2">回归模型1-2</td></tr>
<tr><td colspan="2">因变量</td><td colspan="2">log（MV）</td><td colspan="2">|P-NA|</td></tr>
<tr><td colspan="2">常数项、自变量</td><td>c</td><td>log|GNA|</td><td>c</td><td>log|GNA|</td></tr>
<tr><td colspan="2">回归系数</td><td>2.84</td><td>0.11</td><td>72.37</td><td>-29.84</td></tr>
<tr><td colspan="2">t-值</td><td>22.06</td><td>1.93</td><td>4.76</td><td>-4.55</td></tr>
<tr><td colspan="2">p-值</td><td>0.00</td><td>0.06</td><td>0.00</td><td>0.00</td></tr>
<tr><td rowspan="4">回归统计量</td><td>R^2</td><td colspan="2">0.09</td><td colspan="2">0.34</td></tr>
<tr><td>调整 R^2</td><td colspan="2">0.06</td><td colspan="2">0.32</td></tr>
<tr><td>F统计量</td><td colspan="2">3.74</td><td colspan="2">20.69</td></tr>
<tr><td>p-值（F统计量）</td><td colspan="2">0.06</td><td colspan="2">0.00</td></tr>
<tr><td colspan="2">备注：变量说明</td><td colspan="4">P-NA——市净率，MV——市值，GNA——净资产总值</td></tr>
</table>

表1-5中回归模型1-1的回归结果表明，公司的市值与公司负净资产规模（净资产的绝对值）呈同向变动关系。负净资产规模每增加1%，在10%以下的显著性水平下，市值就增加0. 11%；回归模型1-2的回归结果表明，公司的市净率规模（市净率的绝对值）与公司负净资产规模呈反向变动关系。负净资产规模每增大1%，在1%以下的显著性水平下，市净率规模就减小0. 30。从这两个结果联系来看，可得如下结论：当公司负净资产规模增大时，公司的市值也会增大，但是市值增量与负净资产规模增量之比（简称“准市净率增量”）小于负净资产规模增大前的市净率规模[①]。简言之，当公司负净资产规模增大时，公司的市值也会增大，但相对来说，增大幅度较小，使得准市净率增量的规模小于原市净率规模。

上述证据证明会计信息的误导性、片面性、主观性以及经济意义的含混不清性，似乎足以证明会计信息的无用性。回归模型1-1的结果显示，log（MV）与log|GNA|呈正相关关系，其中MV为公司市值，GNV为公司净资产总值。也就是

① 设A、V、ΔA、ΔV均大于0，则（V+ΔV）/（A+ΔA）<V/A⇔ΔV/ΔA<V/A。以A、V、ΔA、ΔV分别表示净资产、市值、净资产增量、市值增量。这个命题就是，当ΔA>0时，则ΔV>0，且ΔV/ΔA<V/A，即（V+ΔV）/（A+ΔA）<V/A。

说，如果公司负净资产的规模越大，公司的市值就越高。然而，公司负净资产的规模越大，意味着公司的破产风险就越高，公司的价值就越低。如果公司负净资产的规模越大，而市场却认为公司的价值越高，则意味着：（1）如果投资者依据会计信息做决策，会计信息就会误导投资者，因为此时投资者倾向于按公司价值越低越好来进行投资决策；（2）有些重要的事项可能因为不符合会计确认条件而被忽略，这又将导致会计信息的片面性等问题。因而会计信息似乎是完全“没用”的。

然而，回归模型1-1也说明，尽管净资产为负值，公司市值仍与公司净资产显著相关，这从另一方面说明，会计信息不能说是“没用”的，应该仍是“有用”的。只不过，如何“有用”，我们并不清楚。或者说，这种“有用”，是极为不合理的。货币计量、谨慎性质量要求会计不确认那些未实现收益，或者不符合确认条件的资产，但资本市场很有可能予以确认。例如，期初净资产为0，本期无收入，但本期耗费管理人员工资100元，会计上将确认“应付职工薪酬”100元，“管理费用”100元。从会计上看，企业所耗费的管理人员的劳动，由于没有明确的收益与之相配比，直接计入当期费用。这样当期的净资产就为-100元。但是，“负净资产”提供给市场一个想象的空间，负净资产被资本市场视为一种可以在未来获得收益的费用，市场可能将这种“负净资产”视为一种“准资产”，这种“准资产”的规模越大，未来可收回的收益也越大。也就是说，“负净资产”对公司定价具有非常大的影响。

记ΔGNA为净资产的增量，ΔMV为市值的增量，则$\Delta MV/\Delta GNA$就是上文所述及的“准市净率增量”。虽然负净资产规模越大，破产的风险就越高，净资产规模增大所引起的市价增量不能太大，$\Delta MV/|\Delta GNA|$应小于$|P\text{-}NA|=MV/|GNA|$，也就是说，准市净率增量的规模小于原市净率增量的规模，这就意味着$(MV+\Delta MV)/|(GNA+\Delta GNA)|$应小于$|P\text{-}NA|=MV/|GNA|$。因而市价与净资产之比就不能很大，即“市净率”的规模随着“负净资产”规模的增大而减小，表1-5中模型1-2的回归结果证实了这个结论。

看来，就算看似会计信息无用性的铁证，也难以证明会计信息是完全没用的。

1.3 会计信息的信息含量与会计信息的价值相关性：研究内容与意义

会计信息既不是绝对有用，也不是绝对没用，而是介于有用与没用之间。当人们发现会计信息很有用时，深究之后可能发现它又很没用；当发现它很没用时，可深思熟虑之后又可能发现它很有用，因此，对于会计信息有用性的理论研究就不能仅限于研究“有用”方面或仅限于研究“无用”方面。

务实、理性且重要的是，应研究会计信息的信息含量（Information Content）问题。也就是，应研究会计信息是否有用以及多大程度上有用，或者说会计信息究竟有何用途以及有多大用途。如果信息有用途，便具有信息含量；如果有用程度越高，信息含量也越高。会计信息之于不同使用者如债权人、股权投资者，其用途也将有所不同，会计信息的有用性将通过影响信息使用者的决策加以体现。如果会计信息使用者的决策结果中反映了会计信息的贡献，会计信息就具有信息含量。

会计信息外部使用者有很多，包括投资者、债权人、政府、税务机关等，会计信息若具有信息含量，会计信息的贡献便能从这些信息使用者的决策结果中得以体现。从证据的可获得性来看，颇为直接和可观察的证据来自资本市场，只需观察股票价格是否对会计信息进行了反映，便可以推知会计信息在资本市场上是否具有信息含量。探讨会计信息的信息含量的问题便转化为一个重要的、可操作的、模式化的分析问题——分析会计信息是否与股票价格具有相关性以及相关性的程度问题，即会计信息的价值相关性（Value Relevance）问题，因此，狭义上看，分析会计信息的信息含量问题与分析会计信息的价值相关性问题是等同的——分析会计信息的信息含量须通过分析会计信息的价值相关性加以实现，分析会计信息的价值相关性就是为了研究会计信息的信息含量。

分析评价会计信息的信息含量问题，最为基本的研究课题是关于会计信息是否具有信息含量的研究，即会计信息是否具有价值相关性问题的研究。这一问题的研究可以终止对会计信息的“有用性与无用性”的毫无意义的争论，对准则制定机构、会计实践、投资理财以及会计理论研究等，无疑具有十分重要的意义。这方面的研究始于Ball和Brown于1968年进行的开创性工作，他们运用事件研究法很直观地展现出会计信息对于投资决策的影响，证明了会计信息具有信息含量[1]，其后几十年关于会计信息价值相关性的理论获得了空前的发展。

基于会计信息具有价值相关性的研究，进一步的研究自然就是评价会计信息价值相关性高低或信息含量多少的研究。主要研究包括：其一是探讨会计信息是否具有增量信息含量（Incremental Information Content）问题——给定一种或一类信息下，另一种或另一类信息是否具有增量信息，此类研究有助于我们了解新增的会计信息是否具有信息含量，例如K. Elouafa关于经营性现金流（Cash Flows From Operations，CFO）、营运资金（Funds From Operations）以及盈余的信息含量问题的研究[2]；其二是研究会计信息的相对优势信息含量（Relative Information Content）问题——关于一种或一类会计信息（如盈余）是否比另一种或另一类会计信息（如净资产）具有更高的价值相关性或更大的信息含量，此类研究有助于我们了解，如何在可供选择的会计处理中，选择信息含量最大的会计处理，例如，Dhaliwal等人研究发现，相对于综合收益，净收益对股票回报率具有更强的解释能力，因而净收益比综合收益与股价的价值相关性更强[3]；其三是探寻会计信息价值相关性的演变趋势，有助于我们了解企业外部报告环境的变化（如资本市场变得更有效）、会计报告内容的变革是否导致了会计信息含量的变化，如Collins等学者根据美国上市公司数据，发现了利润表信息含量在逐年下降，资产负债表信息含量在逐年上升，但资产负债表和利润表的联合价值相关性略有上升[4]；其四是研究会计信息价值相关性的影响因素问题，此类研究有助于确定影响会计信息价值相关性的因素，为提高会计信息的价值相关性指明了方向，如Collins和Kothari发现盈余反应系数（Earnings Response Coefficient，ERC）受盈余持续性、无风险利率、系统性风险等因素影响[5]。

1.4　本书的主要研究内容与章节安排

客观地说，当前会计信息价值相关性的研究陷入了僵局，甚至有些停滞不前。一是缺乏可信和行之有效的评价方法，二是尚未发展出新的和有吸引力的研究领域。就上述第一个原因，拙作《会计信息价值相关性的评价理论与方法》（刘金雄，2016）[6]作了微薄的努力——在对会计信息价值相关性理论所采用的主要评价指标与方法进行分析批判的基础上，构建了“市场反应程度评价方法”，使得该指标能适用于各评价专题的评价方法体系，将所构建的方法运用于三个研究专题之中。当然，该评价体系方法并不完善，希望能抛砖引玉，对后续的研究有所帮助。

会计信息含量问题最近有一个重要的发展是往宏观方向的发展，认为会计信息对于宏观经济具有预测价值[7]。但是会计信息含量问题在微观领域的应用即会计信息价值相关性问题尚未发现新的和有吸引力的领域。本书作为拙作（2016）[6]的延续，纠正了其中的若干错误，并力图提出新的和有吸引力的另一研究领域，即会计信息价值相关性的差异化与趋同问题。

如本章所述，会计信息既不是绝对有用，也不是绝对没用，重要的是有些企业会计信息的有用性强一些，有些企业会计信息的有用性弱一些；会计指标也是如此——有些会计指标的有用性强一些，有些则弱一些。依此思路，本研究着重探讨会计信息价值相关性的个体差异化与指标差异化问题。差异化的对立面是共性。共性是认识问题的基础，只是在许多情形下，共性较难以把握。基于差异性的共性称之为趋同性。基于此，本研究着重探讨会计信息价值相关性的个体趋同性与指标趋同性问题。换言之，本研究将探讨会计信息价值相关性的个体差异性与趋同性问题以及指标差异性与趋同性问题。

第1章　绪论。本章通过探讨会计信息的有用性与无用性问题，提出会计价值相关性新的重要研究领域——会计信息价值相关性的差异化与趋同性问题。

第2章　会计信息价值相关性的评价：理论基础。本章主要简述了当前的研究进展、会计信息价值相关性研究所需的市场效率假设与理论模型问题、会计信息价值相关性水平的基本评价指标与评价方法，后者主要取自拙作《会计信息价值相关性的评价理论与方法》（2016）中的有关内容。这一部分内容是会计信息价值相关性评价理论方法的基础，也是本研究的理论方法基础。特别是“会计信息价值相关性水平的基本评价指标与评价方法”是本研究实证的理论方法。

第3章　会计信息价值相关性的差异化与趋同性：理论方法构建。本章是本研究的理论基础，建立会计信息价值相关性的个体差异化指标——RD指标，使用理论模型阐述RD指标区分会计信息价值相关性的个体差异化的可行性。分析评价已有的增量信息含量、相对优势信息含量概念，提出“常识性信息变量”“增量信息变量”“融合性信息变量”概念，建立会计信息价值相关性指标差异化与趋同性的理论与方法。

第4章　会计信息价值相关性的个体差异化与趋同性。本章使用我国深沪股市2007—2019年上市公司的样本数据，先验证第3章所建立的RD指标的有效性，即验证利用RD指标是否可以区分不同企业会计信息价值相关性的强弱。在RD指标的有效性得以验证的基础上，探讨会计价值相关性是否会往某一方向趋同即是否具有聚类特征的趋同性问题。本章还探讨了会计信息价值相关性的稳定性或变异性问题——现在会计信息价值相关性强的企业，其过去相关性是否也较强，其未来相关性是否也较强。

第5章　会计信息价值相关性的指标差异化与趋同性。本章利用第3章所建立的指标差异化与趋同性的理论与方法，设计出表征常识性信息、增量信息、融合性信息的表征变量，运用2007—2019年的数据，进行回归分析，探讨：（1）会计信息的常识性信息、增量信息、融合性信息是否具有信息含量；（2）会计信息的趋同性信息与差异性信息是否具有相同的信息含量；（3）常识性信息与融合性信息是否具有相同的信息含量；（4）净收益、净资产、净现金流量的信息含量是否有高低之分。

第2章 会计信息价值相关性的评价：理论方法基础

2.1 概述

会计信息价值相关性的评价理论，对于投资理财、会计实践、准则制定以及会计理论研究来说，具有无与伦比的重要性。当前的研究，除了探讨会计信息是否具有价值相关性的问题以外，还需要研究诸如会计信息的增量信息含量、信息含量的相对高低、相关性的变化趋势、影响因素等问题。本章的任务是对当前的研究进行归纳与深化，发展出新的研究领域：会计信息价值相关性的差异化与趋同性。

为了后续研究的顺利开展，需先探讨几个基础性的问题。

首先是当前的研究进展。其必要性及意义不言而喻，但是作为会计信息价值相关性的理论基础，确实有些牵强，本可以独立成一章，仅仅是为了节省篇幅及研究内容的完整性，不得已才“挂靠”在这里，但是作为理论基础的附属部分，也是说得过去的。

其次是市场效率与理论模型问题。会计信息是复杂的数据，是采用多种计量属性、会计程序、会计方法、会计估计等技术手段所加工出来的，其经济含义含混不清，这些数据是否与决策相关，现行的经济学无法给出明确的答案，需要借助市场效率与合适的理论模型才能加以阐述。市场有三种效率：弱式有效、半强式有效、强式有效，会计信息价值相关性问题的研究需要建立在哪种市场效率水平上，这个问题虽然前人已做过探讨，也没有太多的争议，但就本研究来说，必须给出明确的表述。这是模型选择的前提条件。在市场效率假设下，应选择合适的模型，作为会计信息具有价值相关性理论分析的依据。

最后是会计信息价值相关性水平的基本评价指标与评价方法。作为基本的评价指标与评价方法，拙作《会计信息价值相关性的评价理论与方法》（2016）作了较为详尽的阐述，从诸多评价指标中，选出“市场反应系数”“等水平–方差”作为评价指标，并建立相应的评价方法。这里只从拙作中选择出基本的评价指标与方法，不作详细的论述。将这部分基本评价指标与评价方法，作为本研究的理论基础。

2.2 研究进展简述

Ball与Brown于1968年开创性地运用事件研究法，通过研究未预期会计盈余与股票超额回报率之间的显著正相关性，证明会计信息具有价值相关性[1]。他们的研究揭开了会计信息价值相关性理论研究的大幕，此后该领域的研究大致朝四个方向发展：

（1）会计信息价值相关性的存在性问题，即会计信息是否具有价值相关性（Value Relevance）；

（2）不同会计指标信息含量的比较问题，分析不同会计指标之间的增量信息含量、相对优势信息含量等问题；

（3）会计信息价值相关性的演变趋势问题；

（4）会计信息价值相关性的影响因素问题。

除了Ball等（1968）的开创性工作以外，会计信息价值相关性的基本问题方面另一经典文献是Beaver等（1979）的论文[8]，他们发现盈余变动百分比和股价变动百分比具有显著的正相关关系。事件研究方法虽能够很直观地展现会计信息对于投资决策的影响，但也存在难以准确估算股票超额回报、难以准确估算未预期会计盈余、难以排除时间窗内其他事件对于股价的影响等问题，当前对于该会计信息价值相关性问题的研究大量采用基于Ohlson等净剩余收益模型[9, 10]的回归分析方法如价格模型或收益模型，探讨股价与会计变量如盈余、净资产之间的关联性。例如，Collins等（1999）[11]用价格模型检验每股收益与每股净资产共同的价值相关性，发现亏损公司的净资产更具有价值相关性，并进一步证明了资产负债表和利润表信息都具有价值相关性。Andrei Filip（2010）[12]、Tochukwu Gloria Okafor等（2017）[13]探讨了采用IFRSs的上市公司会计信息价值相关性问题，Zahroh Naimah（2012）[14]的研究也证实会计收益和权益账面价值与股价正相关，会计收益和净资产的账面价值有助于解释股价的变化。Steven（2019）[15]的研究发现，资产收益率、企业规模和账面市值比对异常收益率有正向影响，且在5%显著水平上显著。市盈率对异常收益有正向影响，但不显著；负债权益比对异常收益有负向影响，但不显著。陈晓等（1999）[16]，孙爱军等（2002）[17]也证实了会计盈余数字在我国具有很大的信息含量。其他研究还包括袁琳等（2009）[18]、周秀华（2013）[19]、张金若等（2015）[20]、张倩倩等（2017）[21]、樊帅等（2018）[22]、张媛媛（2019）[23]、唐媚媚等（2019）[24]、田昆儒等（2019）[25]。

会计信息是否具有价值相关性这个基本问题的进一步研究是，探索重要的具体会计指标的价值相关性问题。比如，作为企业核心竞争力的无形资产能为企业带来超额的盈利能力，但无形资产是否能转化为未来的现金流具有很大的不确定性，企业会计报告中的无形资产是否具有价值相关性是一个值得探讨的问题，国际上对此也作了很多研究，研究了企业会计报告中的无形资产、商誉是否具有价值相关性的问题。这方面的研究可见 F. N. Dahmash 等（2009）[26]、K. Bilal 等（2009）[27]、L. Oliveira 等（2010）[28]、S. Abubakar 等（2015）[29]。国内这方面的研究可见邵红霞等（2006）[30]、刘玉春（2013）[31]、钱丽丽（2014）[32]、张倩倩等（2017）[21]、唐媚媚等（2019）[24]、田昆儒等（2019）[25]。

会计信息由会计指标来体现，不同的指标，虽然最终都反映到股价上，但是对股价的影响程度有所不同，这就是会计指标价值相关性的差异性问题。对于该问题的评价就是会计信息含量的评价问题——探讨会计信息是否具有增量信息含量（Incremental Information Content）问题以及相对优势信息含量（Relative Information Content）的对比问题。前者研究在给定一种（或一类）信息下，另一种（或另一类）信息是否具有增量信息。后者研究一种（或一类）会计信息是否比另一种（或另一类）会计信息具有更高的价值相关性。此类研究能为准则制定机构或企业提供信息披露决策的必要的理论指导，便于从多种披露方式、指标中选择一种具有最高信息含量的披露方式、指标，也可为投资者选择最具有价值相关性的指标提供理论依据[33]。

信息含量的评价问题中最为典型的问题是盈余与经营现金流的信息含量的比较问题。例如，Ashiq Ali（1995）[34] 研究了盈余（Earnings）、资金流量（Funds Flow）、经营现金流（Cash Flow）三者之间是否具有互有增量信息含量的问题。Haw 等（2001）[35] 以我国 1995—1998 年的数据为样本，研究盈余（Earnings）、经营性现金流（Operating Cash Flows）和应计利润（Accruals）三者之间的增量信息含量及相对优势信息含量问题。J. Francis（2003）[36] 研究了关于盈余（Earnings）指标与非盈余指标（包括经营现金流量（CFO）以及息税折旧摊销前利润（EBITDA）的问题；Zahran M. A. Daraghma（2010）[37] 研究了巴勒斯坦的上市公司的经营现金流（CFO）与每股盈余（EPS）的此类问题。类似的研究还包括 K. Elouafa（2012）[38]、Nimer Slehat 等（2013）[39]、Leila Asgarial（2013）[40]、Hadri Kusuma（2014）[41]、Muhammad Mustapha Bagudo 等（2015）[42]、Wael Mostafa（2016）[43]、Eddie Chamisa 等（2018）[44]。国内这方面的研究有陈信元等（2002）[45]、陆静等（2002）[46]、赵春光（2004）[47]、赵振全等（2007）[48]、唐国琼（2008）[49]、王治等（2013）[50]、吕兆德等（2016）[51]、焦永梅（2017）[52]、周嘉南等（2018）[53]。

信息含量评价的一个重要研究主题是，探讨报表中综合性指标（Aggregated Accounting Data）与分解后指标（Disaggregated Accounting Data）的信息含量的比较问题。例如，J. A. Ohlson 等（1993）[54] 研究了资产负债表分类数据的价值相关性，他们认为，分类数据并没有提高会计信息的价值相关性。Y. K. Chia，R. Czernkowski（1999）[55] 研究了综合性的盈余指标与分解后的盈余指标的价值相关性的差异问题，他们认为分解后的指标更具有价值相关性。其他研究如 N. Garrod 等（2000）[56]、P. Alam 等（2006）[57]、M. H. Kadri 等（2010）[58]、N. Arthur 等（2010）[59]、P. Wang（2012）[60]、Mohsen Hosein 等（2014）[61]、Steve C. Lim（2014）[62]、Omokhudu 等（2015）[63]、Qing L. Burke 等（2020）[64]。国内这方面的研究有邓传洲（2005）[65]、韩晓明（2011）[66]、黄霖华等（2015）[67]、江乾坤等（2018）[68]、周欣（2019）[69]。

会计信息含量的差异不仅体现在不同指标信息之间，还体现在同一指标信息在不同时期、不同市场（或称类别）之间的差异，这就是市场（或类别）的会计信息价值相关性差异性的评价问题。前者探讨同一指标、同一市场（或类别）的会计信息价值相关性随时间而改变的问题即会计信息的变迁问题，后者探讨同一指标、同一时间受不同因素影响即不同市场（或不同类别）会计信息价值相关性的差别问题，即研究会计信息影响因素问题。

会计信息价值相关性的变迁问题，大多采用回归模型的 R^2 进行研究，当前尚未得出一致的结论。Collins 等（1997）[70]、Francis 与 Schipper（1999）[71]、Dontoh 等（2004）[72]、Lev 与 Zarowin（1999）[73] 研究发现会计信息价值相关性呈下降的趋势。S. Yu 等（2010）[74] 研究发现会计信息对股票基本价值的解释力并没有下降。Devalle 等（2010）[75] 研究发现德国、意大利、西班牙的会计信息会计信息价值相关性下降了，英国、法国的会计信息价值相关性上升了。其他研究包括 K. Chalmers（2011）[76]、A. Filip 等（2013）[77]、M. Mishari 等（2016）[78]、Tochukwu Gloria Okafor（2017）[79]、Gee Jung Kwon 等（2018）[80]。

赵春光（2003）[81] 的研究结果表明我国会计信息价值相关性经历了先上升后下降的变化过程，而张景奇等（2006）[82]、漆江娜等（2009）[83] 的实证结果表明，我国会计信息的价值相关性并没有呈现规律性的变化，同时，朱凯等（2009）[84]、刘峰等（2004）[85] 的研究结果与之类似，认为我国资本市场会计信息的价值相关性并没有伴随准则质量的不断提高而提高。然而王小力（2012）[86] 的研究结果表明新会计准则实施后盈余信息和净资产信息的价值相关性均得到提高，但相关性提高的主要贡献来自盈余信息，净资产信息的贡献度相对较小。刘金雄（2016）[6] 的研究表明我国会计盈余的增量信息含量略呈下降趋势，净资产的增量信息含量略呈上升趋势，会计盈余与净资产的联合信息含量略呈上升趋势，但都不显著；而两者的交互信息含量呈显著的下降趋势。2006 年以后发布的企业会计准则，使得我国会计规范体系得到实质性的提升，促进了 EPS、NAPS 的增量信息含量的上升，对于交互信息含量、联合信息含量的趋势变迁略有影响，但不显著。其他研究包括胡元木（2013）[87]、李敏等（2014）[88]、汪剑锋（2015）[89]、宋鹏等（2018）[90]。

有关会计信息价值相关性的影响因素研究，探讨了企业的内在因素（如盈余持续性、盈余质量）和外在因素（市场化程度、制度环境）对会计信息价值相关性高低的影响，需要对各种不同因素下会计信息价值相关性的高低进行评估。以评价会计信息价值相关性的高低方法进行区分，其主要包括：基于盈余反应系数ERC的比较；基于R^2大小的比较；基于回归系数的显著性及大小的比较。

以盈余反应系数ERC的大小作为会计信息价值相关性的高低进而探讨会计信息价值相关性的影响因素的研究包括：Collins与Kothari（1989）[91]发现，盈余反应系数ERC与盈余持续性、无风险利率、系统性风险等因素有关。Kothari（2001）[92]认为盈余持续性与ERC存在正相关性。王化成等（2006）[93]发现上市公司的控股股东持股比例与ERC负相关。Lennox与Park（2006）[94]发现管理者发布盈余预告与ERC有关。董望等（2011）[95]发现内部控制质量与ERC之间呈负相关关系。Chen等[96]发现小公司的会计信息价值相关性（盈余反应系数）大于大公司的。于忠泊等（2012）[97]研究了媒体关注、制度环境对盈余反应系数的影响。张国清（2013）[98]通过盈余时间序列模型得出盈余持续性与ERC之间存在正相关关系。其他研究包括Abbas Ramezanzadeh Zeidi等（2014）[99]、Bita Mashayekhi等（2016）[100]、Herni Kurniawati等[101]、Sintya Puspita Dewi等[102]。

通过价格模型或收益模型，以回归模型的R^2的大小来度量价值相关性的高低，进而探讨会计信息价值相关性的影响因素的研究包括：袁淳等（2005）[103]通过简单盈余资本化模型的R^2大小作为会计盈余的价值相关性的度量指标，研究结果表明，信息披露考评结果对会计盈余的价值相关性有着明显的正向影响。孟焰等（2005）[104]使用简单盈余资本化模型发现盈利公司样本的回归β值和Adj. R^2要高于亏损公司，反映出盈利公司价值相关性强于亏损公司。海洋等（2010）[105]将价格模型回归得到的R^2作为会计信息价值相关性的衡量指标，研究了公司治理与会计信息价值相关性的关系。王治等（2013）[50]运用改进的Ohlson模型回归得到的R^2，探讨了投资者的身份（以散户为主或是机构为主）对公司会计信息价值相关性的影响。Aleksanyan（2006，2008）[106，107]通过模型的R^2，探讨了信息环境复杂程度与信息价值相关性的关系。

通过回归模型的系数来评价会计信息价值相关性水平，进而探讨会计信息价值相关性的影响因素的研究包括：Tony与Yang（2005）[108]根据回归结果系数的显著性来考察经济发展程度对会计信息价值相关性的影响，研究结果表明发达国家的会计信息价值相关性高于新兴国家。蔡传里等（2009）[109]根据回归结果系数的显著性来考察信息透明度对信息价值相关性的影响，研究发现，信息透明度高的公司，会计信息价值相关性更高，具有更高的收益、更多的净资产和更高的股票价格。黄友等（2008）[110]、唐国琼（2008）[49]研究发现：盈利公司的会计盈余回归系数明显大于亏损公司的会计盈余回归系数，而亏损公司的每股净资产回归系数明显大于盈利公司的每股净资产回归系数，这正表明了盈利公司的会计盈余价值相关性高于亏损公司的会计盈余价值相关性，同时亏损公司账面净资产的价值相关性高于盈利公司账面净资产的价值相关性。王菊仙（2009）[112]利用回归模型的系数研究盈余质量与会计信息价值相关性的影响。欧阳爱平等（2013）[113]利用回归模型的系数研究市场化程度能否影响每股收益、每股净资产对股价的解释能力。唐国平等（2013）[113]运用价格模型的回归系数考察会计职业判断允当性、会计准则与会计信息价值相关性的关系。运用类似的方法，叶康涛等（2014）[114]探讨了企业战略差异度对会计信息价值相关性的影响。王茂林等（2015）[115]探讨了国有股、股权集中度、股权制衡度对会计信息的价值相关性的影响。

2.3 市场有效性假设

证券市场存在三种市场效率[116]：弱式有效（Weak-Form Efficiency）、半强式有效（Semi-Strong-Form Efficiency）、强式有效（Strong-Form Efficiency）。就会计的理论与实务来说，只有半强式有效的市场对于会计才具有重要的意义。

弱式有效市场中的证券价格只包含历史价格信息，充分反映了有关该证券的所有历史价格信息，证券价格变动完全是随机的，任何投资者都不可能通过使用任何方法分析这些历史价格信息来获取超额回报。在弱式有效市场中，会计信息是没有信息含量的，因为会计信息无论公开与否，都无法反映到证券价格中。

强式有效市场中的证券价格不仅反映了该证券的历史信息和所有的公开信息，而且还反映了任何交易者掌握的私人信息。该市场中的参与者掌握一切信息，包括公开和未公开的信息，会计信息在该市场中是没有信息含量的，因为会计信息无论公开与否，都已经反映到证券价格中。

半强式有效市场中的证券价格正确地反映了所有为公众所知的与该证券有关的信息。证券价格不仅反映了该证券过去的信息，而且反映了所有有关该证券的公开信息，包括有关公司的历史信息、公司经营和公司财务报告以及公开的宏观经济及其他公开可用信息。

半强式有效市场因新信息而变得更有效。掌握新信息的投资者应“迅速”行动，否则，其他投资者就会抢先一步，这样就会减少甚至消除新信息所带来的新利益。投资者针对新信息的“迅速”行动，导致证券市场价格的变化，因此，证券市场价格变化体现了市场对新信息的反映，新信息解释了证券市场价格之所以变化的原因。正因为半强式有效市场中的证券价格变化并非随机的，也并非对非公开的信息所作出的反映，价格只对新信息作出反映，基于此，证券价格才被认为具有信息含量。

如果市场能够理解、识别、分析、评价企业所提供的会计信息，企业一旦披露会计信息，证券价格就会对其作出反映，半强式有效市场因此成为会计与实务的理论基础与逻辑起点。虽然存在三种形式的有效市场，但对于会计理论与实务来说，我们所指的有效市场就是半强式有效市场。

需要说明的是，市场的有效性是证券市场如何运行的一个模型，不能涵盖一个市场的全部复杂因素。现实中的市场可能并非完全有效，也并非完全无效，更可能是介于完全无效与完全有效之间的一种效率状态。因此市场有效性是学术研究中的一个假设而已，并非对真实世界的一种客观表述。

证券市场的有效性为财务会计实务提供了许多重要的启示。启示之一便是导致“充分披露”的概念[117]。有效性意味着证券价格反映的不是信息披露的方式，而是所披露信息的实质。这样在脚注、补充报表中所披露的信息与财务报表中所披露的信息具有相同的信息效力。实务中，财务会计准则制定组织已经接受了“充分披露”的概念并付诸实施。另一重要启示是[118]，企业不必过分考虑无知的投资者，财务报表不必为保证任何人都能理解而采用过于简单的方式表达。因为只要“足够多”的投资者能够理解企业所披露的信息，就足以保证公司股票价格等同于所有投资者都理解企业所披露的信息时的股票价格。无知的投资者可以雇用其他人为他们解释信息，或者模仿那些有充分财务知识的投资者做出股票的买卖决策。

证券市场的有效性是会计信息价值相关性理论的理论基础，离开了市场的有效性假说，会计信息的决策有用性将无从谈起。会计信息是以权责发生制为原则，依据一套程序、方法加工出来的估计数，是很难从经济理论上证明其具有决策有用性的。比如，会计信息主要是历史成本信息，就算是公允价值的会计信息，也仅仅是计量日的公允价值，而由于对外披露的滞后性，至披露日也成了事实上的历史成本信息，而历史成本被认为是沉没成本，被认为是与决策无关的成本。同时，会计信息是多种计量属性（历史成本、重置成本、可变现净值、公允价值等）混合计量出来的结果，其经济含义即使会计人员也是很难说清楚的。在有效市场假设下，基于“充分披露”的原则，既披露会计计量的结果，也披露相应的会计处理的原则、方法、政策等，企业所披露的会计信息被认为能够为市场所理解、识别、区分、评价。因而尽管难以从经济理论上证明会计信息的决策有用性，但基于有效市场假设，基于“充分披露”的原则，是可以假设会计信息具有决策有用性的。至于会计信息是否具有决策有用性，则是一个实证问题。

实证中，探讨会计信息是否具有决策有用性问题，便是会计信息的价值相关性问题。如果会计信息具有决策有用性，证券价格就会因会计信息变化而发生变化，会计信息就被认为具有价值相关性。将证券价格变化中因会计信息而导致变化的部分，称之为“超额回报”，意指假如没有这些信息，就不会有证券价格的这些变化，据此就可以证明会计信息的价值相关性。依此思路，发展出针对会计信息的价值相关性问题的最直接、直观的研究方法——事件研究方法。

2.4 理论模型

当前用于解释会计信息的价值相关性问题的模型是 Feltham/Ohlson 模型[119~121]。在此之前，在有效市场假设下，是用股利折现模型（Dividend Discount Model，DDM）来解释此问题的。Feltham/Ohlson模型有三大支柱：一是会计盈余要满足净盈余关系（Clean Surplus Relationship，CSR），二是依据DDM建立Edwards-Bell-Ohlson的剩余收入模型（Residual Income Model，RIM）[9, 122]，三是动态线性信息系统（Dynamics of Linear Information，LID）。Feltham/Ohlson模型已广泛运用于会计理论、金融定价等领域[9, 10, 123]。

所谓净盈余关系，是指会计盈余应该全部计入利润表，而不是直接计入资产负债表，即在CSR下，计入利润表的会计盈余$E_{CS,\ t+1}$应满足如下关系：

$$bv_{t+1} = bv_t + E_{CS,\ t+1} - d_{t+1} + S_{t+1} = bv_t + E_{CS,\ t+1} - \tilde{d}_{t+1} \tag{2.1}$$

其中，bv_t表示第t期末企业净资产的账面价值，$E_{CS,\ t+1}$、d_{t+1}、S_{t+1}分别表示企业在第t期、t+1期间的会计盈余、所发放的现金股利、发行的股权资本价值，$\tilde{d}_{t+1} = d_{t+1} - S_{t+1}$表示企业在第t期、t+1期间发放的全部现金股利扣除增加的股权资本投入后的净额，简称股利净额。

令r为折现利率，记：

$$RI_{CS,\ b+s} = E_{CS,\ t+s} - r \cdot bv_{t+s-1} \tag{2.2}$$

为满足净盈余关系下第t+s-1期、t+s期间的净剩余收益，令$g_{cs,\ t} = \sum_{\tau=1}^{\infty} RI_{cs,\ t+\tau}/(1+r)^{\tau}$，由股利折现模型$IV_t = \sum_{\tau=1}^{\infty} \tilde{d}_{t+\tau}/(1+r)^{\tau}$，其中$IV_t$表示企业在第t期的内在价值（Intrisic Value，IV）。在会计报告系统满足净盈余关系且$\lim_{\tau \to \infty} bv_{t+\tau}/(1+r)^{\tau} = 0$的假设下，可得剩余收入模型（Residual Income Model，RIM）如下[9]：

$$IV_t = bv_t + \sum_{\tau=1}^{\infty} RI_{cs,\ t+\tau}/(1+r)^{\tau} = bv_t + g_{cs,\ t} \tag{2.3}$$

RIM的局限是没有办法直接利用会计报表预测企业的市场价值，式（2.3）的右式包含预测的数值。Ohlson（1995）[9]引入如下的动态线性信息系统（Dynamics of Linear Information，LID）：

$$\widetilde{RI}_{cs,\ t+1} = \omega \widetilde{RI}_{cs,\ t} + v_t + \tilde{\varepsilon}_{1,\ t+1} \tag{2.4}$$

$$\tilde{v}_{t+1} = \gamma v_t + \tilde{\varepsilon}_{2,\ t+1} \tag{2.5}$$

其中，上标~表示该变量为随机变量，$0 \leqslant \omega$，$\gamma < 1$，$\tilde{\varepsilon}_{1,\ t+1}$，$\tilde{\varepsilon}_{2,\ t+1}$的均值为0，$v_t$是会计信息以外的信息。

利用RIM，在（2.4）、（2.5）的假设下，Ohlson（1995）[9]得到的定价模型如下：

$$IV_t = b_t + \alpha_1 RI_{cs,\ t} + \alpha_2 v_t \tag{2.6}$$

其中，$\alpha_1 = \omega/(1 + r - \omega)$，$\alpha_2 = \omega/[(1 + r - \omega)(1 + r - \gamma)]$。

Feltham与Ohlson[9, 10, 122, 123]将这种分析框架进一步用于分析涉及金融资产、经营资产以及折旧等因素的企业价值定价问题上。引入LID被认为是Ohlson对基于会计信息的企业价值定价模型作出的巨大贡献[124, 125]。这种定价模型的重要意义在于，可以将企业的账面价值、会计盈余与企业价值直接相联系，从而可从理论上阐述会计信息具有价值相关性。

Feltham/Ohlson模型存在一定的缺陷[126]：（1）该模型所依据的DDM不能支持资本结构、股利无关性假设，而这些假设是该模型所必需的；（2）DDM本身存在缺陷，DDM的模型假设存在不相容性问题，导致逻辑上的谬误，试举一例加以分析如下：

假设企业当前净资产的清算价值为LV_t，预期企业第t+1年要发放的股利为d_{t+1}，以后每年股利的增长率为ρ_1，即第t+k年发放的股利为$d_{t+1}\left(1 + \rho_1\right)^{k-1}$。企业净资产的清算价值的增长率为$\rho_2$，即第t+k年企业净资产的清算价值为$LV_t\left(1 + \rho_2\right)^k$，$\rho_1$，$\rho_2 < r$。

如果企业在第t+N年解散，$N \geqslant 1$，那么股东从企业所获得的现金流包括：各期的股利、终止经营日企业净资产的清算价值，因而其内在价值为：

$$PV_t(r,\ N) = \frac{d_{t+1}}{r - \rho_1}\left[1 - \left((1 + \rho_1)/(1 + r)\right)^N\right] + LV_t \cdot \left[(1 + \rho_2)/(1 + r)\right]^N \tag{2.7}$$

如果企业持续经营，依DDM，企业的内在价值为：

$$PV_t(r,\ \infty) = d_{t+1}/\left(r - \rho_1\right) \tag{2.8}$$

取$r = 10\%$，$\rho_1 = 2\%$，$\rho_2 = 8\%$，$d_{t+1} = 10$，$LV_t = 100$，则当N=10，20，30，50，80，100，120，150时，均有$PV_t(r,\ N) > PV_t(r,\ \infty) = 125$。其中，$PV_t(10\%,\ 10) = 149.49$，$PV_t(10\%,\ 20) = 166.68$，$PV_t(10\%,\ 30) = 169.66$……即从当前起，企业未来经营10年，或20年，或30年……或150年，其内在价值均大于持续经营。

如果$r = 10\%$，$\rho_1 = 8\%$，$\rho_2 = 2\%$，则由式（2.7），$PV_t(r,\ n) = 125 + (100 \cdot R_2^n -$

$125R_1^n)$，其中，$R_1=(1+\rho_1)/(1+r)=0.98182$，$R_2=(1+\rho_2)/(1+r)=0.92727$，$R_2<R_0$。对于任何有限的n，$PV_t(r,\ n)=125+(100\cdot R_2^n-125R_1^n)<\lim_{n\to\infty}PV_t(r,\ n)=125$。该情形下持续经营有利于最大化企业的内在价值。

假设企业当前净资产的清算价值为100元，预期企业第1年末发放现金股利10元，股利的增长率为2%，折现利率为10%。由DDM，企业的内在价值为10/（10%-2%）=125（元）。假设企业清算价值的增长率为8%（2%<8%<10%），10年后终止经营，股东从企业所获得的现金流包括各期的股利、终止经营日企业净资产的清算价值$100\times(1+8\%)^{10}$，容易计算，企业的内在价值为149. 49元。此例表明，企业有限期经营有可能比持续经营的内在价值还大。可见，DDM是有一定缺陷的。

因此，运用Feltham/Ohlson模型存在一定的理论缺陷，若要改进的话，应从改进DDM开始。

该模型须满足净盈余关系，即要求会计报告模式采用所谓的净盈余会计模式，然而就国际范围来看，包括我国，会计实践中大多采用的是违背净盈余关系的脏盈余会计，这便是会计理论研究与会计实践相脱节的问题。对脏盈余会计的研究，其目的之一就是评估这种破坏对“基于会计信息的公司价值定价”的影响。该方面的评述见刘金雄、胡向坤（2013）[127]。

2.5 基本评价指标

会计信息价值相关性的评价理论研究的一个重要的问题是，如何设定会计信息价值相关性水平的度量指标以评价会计信息价值相关性水平，据以设定相应的方法，用以深入研究诸如会计信息的增量信息含量、信息含量的相对高低、相关性的变化趋势、影响因素等问题。

当前用于度量会计信息价值性水平的指标主要包括：超额回报、盈余反应系数、R^2、等水平－标准差指标、市场反应系数，或者说分为R^2类指标和非R^2类指标两大类。拙作《会计信息价值相关性的评价理论与方法》（2016）阐述会计信息价值相关性的各主要评价指标的评价原理，探讨各指标的适用条件、理论基础及其合理性，提出以“解释能力”“不可忽略性”作为选择评价指标的依据，据以从各指标中选择最合适的评价指标，最终选出市场反应系数与等水平－标准差指标作为价值相关性的评价指标。其中，R^2评价指标、方法虽应用广泛，但将R^2作为会计信息的价值相关性的评价指标是不可行的——评价方法理论基础薄弱（误将R^2作为回归模型解释能力的评价指标）；适用条件不具现实性（须满足“等水平假设”——不同市场的效率水平相同）；评价结论不可信（如评价结论正确意味着在较高的R^2下，其他信息的价值相关性应比会计信息的低，但事实可能与之相反）；评价方法难以修正（如评价结论正确意味着对于相同的样本数，R^2越大，残差越小，但事实是同样的R^2，尽管样本数相同，残差可以任意大）。“超额回报”与“盈余反应系数”虽能够直观地观测到会计信息价值相关性的存在性与程度，但用其作为会计信息的价值相关性的评价指标是不合适的——因为这两个指标的使用须设定事件窗其实隐含着股价对信息的反映可能存在滞后的情形，因而违背这两个指标适用的前提假设即半强式有效市场假设；指标计算还需要估计正常回报、未预期会计盈余，而这些都是难以准确估算的；指标的估算中不能排除其他因素对股价的影响，指标的准确性可能偏低；一次只能检验一种而不能多种信息的价值相关性问题。

1）市场反应系数

当前对于会计信息价值相关性问题的研究大量采用基于净剩余收益回归模型[10]的回归分析方法，如收益回归模型或如下的价格回归模型：

$$P = \lambda_0 + \lambda_1 \cdot EPS + \lambda_2 \cdot NAPS + \varepsilon,\ \varepsilon \sim N\left(0,\ \sigma^2\right) \tag{2.9}$$

其中，P表示每股市价，EPS表示每股收益，NAPS表示每股净资产。EPS、NAPS的系数λ_1、λ_2在经济意义上分别表示每股市价对每股收益、每股净资产的反应系数，被称为市场反应系数。由回归模型（2.9），当其他因素不变时，有：

$$\Delta_{EPS}P = \lambda_1 \cdot \Delta EPS \tag{2.10}$$

$$\Delta_{NAPS}P = \lambda_2 \cdot NAPS \tag{2.11}$$

假设λ_1，$\lambda_2 > 0$，式（2.10）、式（2.11）表明，当其他因素不变时，每股收益、每股净资产每增加（或减少）1个单位，每股市价增加（或减少）λ_1、λ_2单位；对于λ_1，$\lambda_2 < 0$的情形，有类似的结论，因此，排除了其他因素的干扰后，λ_1只体现股价对于每股收益的反应，λ_2只体现股价对于每股净资产的反应。

回归模型（2.9）只需要假定市场是弱式有效即可。在弱式有效市场上，证券价格完全反映了所有的历史价格信息，但不能立即反映所有已公开的信息。会计信息一经披露毕竟是历史信息，尽管这些信息当前未被反映到股价中，但最终必将充分反映到股价中去，在实证研究中，我们以披露日后的某一日期的股价数据与披露日的会计信息进行回归分析，如果回归模型（2.9）中的市场反应系数λ_1、λ_2显著异于零，则表明会计信息反映到股价上，也就是会计信息具有价值相关性。

与事件研究法下的“超额回报”或“盈余反应系数”相比，回归模型（2.9）中的市场反应系数λ_1、λ_2可以排除其他因素的干扰，而前者则不能。

更为重要的是，“超额回报”与“盈余反应系数”一次只能检验一种信息的价值相关性问题，不能检验多种信息的增量信息与联合信息，而回归模型

（2.9）则可以做到这一切。按照Biddle（1995）等的思想[128]，所谓增量信息含量是指给定一种或一类信息下，增加另一种或另一类信息所增加的信息含量。基于此定义，增量信息含量在统计学上可看成是条件期望的问题——如果要检验每股净资产是否具有增量信息含量，则相当于检验在给定每股收益EPS的条件下增加NAPS是否增加信息含量的问题。利用回归模型（2.9），则需检验的假设为：

$$E(P|EPS, NAPSP) = E(P|EPS)$$

只要回归模型（2.9）中NAPS的系数显著异于零，则可认为每股净资产具有增量信息含量。而关于联合信息方面，当其他因素不变时，有：

$$\Delta P = \lambda_1 \cdot \Delta EPS + \lambda_2 \cdot \Delta NAPS \tag{2.12}$$

假设λ_1，$\lambda_2 > 0$，（2.12）表明，当其他因素不变时，每股收益、每股净资产同时增加（或减少）1个单位①，每股市价增加（或减少）$\lambda_1 + \lambda_2$单位；对于λ_1，$\lambda_2 < 0$的情形，有类似的结论。

2）等水平—标准差指标与Vuong检验

探讨会计信息相对优势信息含量（Relative Information Content）问题时，需要从两个或多个指标中选择一个价值相关性最高的指标，如文献[3, 35]。利用Vuong检验[129]，从备择回归模型中选择残差小的回归模型作为最佳回归模型，依此来判断会计信息价值相关性水平的相对高低。虽然对于同一个样本，残差小的回归模型，其拟合优度R^2较大，这类方法似乎与R^2评价方法有关，但实质完全不同。

Vuong检验的逻辑依据是，一个变量如果不作为解释变量，其信息含量体现在随机误差项的标准差之中，针对解释变量的两种不同选择，如果标准差变大了，则说明该选择下的不作为解释变量的信息含量增加了。这种利用信息含量总水平相等，运用随机误差项的标准差作为评价会计信息含量的指标暂且命名为“等水平—标准差指标”。

例如，假设需检验每股收益EPS是否比每股经营活动净现金流量CFOPS具有更强的价值相关性，设立下列的回归模型$(2.13)_1$、$(2.13)_2$：

$$P = \alpha_0 + \alpha_1 \cdot CFOPS + \alpha_2 \cdot NAPS + \varepsilon,\ \varepsilon \sim N\left(0,\ \sigma_1^2\right) \tag*{$(2.13)_1$}$$

$$P = \beta_0 + \beta_1 \cdot EPS + \beta_2 \cdot NAPS + u,\ u \sim N\left(0,\ \sigma_2^2\right) \tag*{$(2.13)_2$}$$

其中，P表示每股市价，CFOPS表示每股经营活动净现金流量，NAPS表示每股净资产。通过Vuong检验，如果$\sigma_1^2 > \sigma_2^2$，则EPS比CFOPS具有更高的价值相关性。在“H_0：$\sigma_1^2 = \sigma_2^2$；H_1：$\sigma_1^2 > \sigma_2^2$”的假设下，检验的统计量为：

① 这里假定每股收益、每股净资产同时增加（或减少）1个单位，这个假设可能不合理，这个问题在4.5节中将加以详细讨论。

$$Z = \frac{LR_n}{\sqrt{n}\,\hat{w}_n} \xrightarrow{D} N(0,\ 1) \tag{2.14}$$

其中，

$$LR_n = n\ln\frac{\hat{\sigma}_2}{\hat{\sigma}_1} + \left(\frac{\sum_{i=1}^{n} u_i^2}{2\hat{\sigma}_2^2} - \frac{\sum_{i=1}^{n} \varepsilon_i^2}{2\hat{\sigma}_1^2}\right) \tag{2.15}$$

$$\hat{w}_n^2 = \frac{1}{n}\sum_{i=1}^{n}\left[\ln\frac{\hat{\sigma}_2}{\hat{\sigma}_1} + \left(\frac{u_i^2}{2\hat{\sigma}_2^2} - \frac{\varepsilon_i^2}{2\hat{\sigma}_1^2}\right)\right]^2 - \left\{\frac{1}{n}\sum_{i=1}^{n}\left(\ln\frac{\hat{\sigma}_2}{\hat{\sigma}_1} + \frac{u_i^2}{2\hat{\sigma}_2^2} - \frac{\varepsilon_i^2}{2\hat{\sigma}_1^2}\right)\right\}^2 \tag{2.16}$$

n为样本容量，$\sum_{i=1}^{n}\varepsilon_i^2$、$\sum_{i=1}^{n}u_i^2$分别为（2. 13）$_1$、（2. 13）$_2$的残差平方和。

如果经检验，拒绝原假设，$\sigma_1^2 > \sigma_2^2$。也就是说，回归模型（2. 13）$_2$的随机误差项的标准差小于回归模型（2. 13）$_1$的随机误差项的标准差，对比这两个回归模型的解释变量，则意味着以EPS为解释变量比以CFOPS为解释变量，随机波动的幅度变小了，EPS作为解释变量的解释能力比CFOPS的随机误差项的标准差解释变量的解释能力更强。

2.6　基本评价方法

1）不同总体同类会计信息价值相关性水平的比较

“R^2评价法”简单，但结论可能是错误的。为确保结论的可信性，需要以“市场反应系数”指标为基础，建立起“反应程度评价方法”，可用于评价会计信息价值相关性的各种问题。拙作[6]作了详细的探讨，这里择其要点简述之。现在先探讨一个基本问题：两个市场会计信息价值相关性的比较问题。基本思想是，如果两个市场其中有一市场的任何一种会计信息的价值相关性不低于另一市场的，且至少有一种会计信息的价值相关性高于另一市场的，则该市场的会计信息价值相关性强于另一市场的。

定义2. 1　假设市场A、B对净收益、净资产适用的反应系数分别为λ_{1A}、λ_{2A}，λ_{1B}、λ_{2B}，$\lambda_{1A} \geqslant \lambda_{1B} \geqslant 0$（或$\lambda_{1A} \leqslant \lambda_{1B} \leqslant 0$）、$\lambda_{2A} \geqslant \lambda_{2B} \geqslant 0$（或$\lambda_{2A} \leqslant \lambda_{2B} \leqslant 0$）。如果其中至少有一个不等式不等号严格成立，则市场A的会计信息价值相关性水平（严格）高于市场B的，否则两市场的会计信息价值相关性水平是无差异的。

依定义2. 1所进行的评价，称之为基本评价。然而现实的情况往往并不能保证上述不等式同向成立，比如，比较的结果可能为$\lambda_{1A} > \lambda_{1B}$、$\lambda_{2A} < \lambda_{2B}$。这种情形，难以直接比较两个市场的会计信息价值相关性水平问题，可采用“等价-比较”评价程序来解决这个问题。

定义2.2 假设市场A、B对净收益、净资产适用的反应系数分别为λ_{1A}、λ_{2A}，λ_{1B}、λ_{2B}，λ_{1A}，λ_{1B}，λ_{2A}，$\lambda_{2B} \geqslant 0$，如果$\lambda_{1A} > \lambda_{1B}$、$\lambda_{2A} < \lambda_{2B}$，则进行下列的“等价-比较”评价程序：

【程序1】假定两个市场中的股价对每股收益的反应程度相等，即假定$\tilde{\lambda}_{1A} = \tilde{\lambda}_{1B}$，然后比较两个市场中的股价对每股净资产的反应程度，假设比较结果为$\tilde{\lambda}_{2A} \geqslant \tilde{\lambda}_{2B}$；

【程序2】假定两个市场中的股价对每股净资产的反应程度相等，即假定$\tilde{\lambda}_{2A} = \tilde{\lambda}_{2B}$，然后比较股价对每股收益的反应程度，假设比较结果为$\tilde{\lambda}_{1A} \geqslant \tilde{\lambda}_{1B}$。

若以上两程序中至少有一个不等式严格成立，则市场A的会计信息价值相关性水平（弱）高于市场B的；否则，两市场的会计信息价值相关性是无差异的。

按照定义2.1、2.2，要比较市场A、B会计信息价值相关性水平的高低，需先进行基本评价，若评价失败，则进行“等价-可比”评价程序。

为此，建立如下评价方法——“反应程度评价方法”进行检验。

步骤一，进行“反应程度评价方法”的基本评价检验，以验证市场A、B适用的反应系数是否同向可比。

$$\begin{aligned} P &= \lambda_0 + \lambda_{1B} \cdot EPS + \mu_1 \cdot \delta \cdot EPS + \lambda_{2B} \cdot NAPS + \mu_2 \cdot \delta \cdot NAPS + \varepsilon \\ &= \lambda_0 + \left(\lambda_{1B} + \mu_1\delta\right) \cdot EPS + \left(\lambda_{2B} + \mu_2\delta\right) \cdot NAPS + \varepsilon,\ \varepsilon \sim N\left(0,\ \sigma^2\right) \end{aligned} \tag{2.17}$$

其中，δ为虚拟变量，当样本属于市场A的样本组时，取1；否则，取0。

回归模型（2.17）表示，市场B的股价对EPS，NAPS的反应系数分别为λ_{1B}、λ_{2B}；市场A的股价对EPS，NAPS的反应系数分别为$\lambda_{1A} = \lambda_{1B} + \mu_1$、$\lambda_{2A} = \lambda_{2B} + \mu_2$。

（1）如果检验结果为λ_{1B}，$\lambda_{2B} \geqslant 0$（或者λ_{1B}，$\lambda_{2B} \leqslant 0$），$\mu_i \geqslant 0$（或者$\mu_i \leqslant 0$），$i = 1,\ 2$，并且μ_1，μ_2之中至少有一个显著大于零（小于零），则市场A的会计信息价值相关性高于（低于）市场B的。此检验结果表明市场A、B适用的反应系数满足同向可比，检验工作到此为止。

（2）如果检验结果为λ_{1B}，$\lambda_{2B} \geqslant 0$，且$\mu_i \leqslant 0$，$i = 1,\ 2$，则$\lambda_{1A} = \lambda_{1B} + \mu_1 \leqslant \lambda_{1B}$，$\lambda_{2A} = \lambda_{2B} + \mu_2 \leqslant \lambda_{2B}$，难以比较$\left|\lambda_{1A}\right|$与$\lambda_{1B}$、$\left|\lambda_{2A}\right|$与$\lambda_{2B}$的大小，则需补充检验：

$$\begin{aligned} P &= \lambda_0 + \lambda_{1A} \cdot EPS + \rho_1 \cdot (1-\delta) \cdot EPS + \lambda_{2A} \cdot NAPS + \rho_2 \cdot (1-\delta) \cdot NAPS + \varepsilon \\ &= \lambda_0 + \left(\lambda_{1A} + \rho_1(1-\delta)\right) \cdot EPS + \left(\lambda_{2A} + \rho_2(1-\delta)\right) \cdot NAPS + \varepsilon,\ \varepsilon \sim N\left(0,\ \sigma^2\right) \end{aligned} \tag{2.18}$$

如果检验结果为λ_{1A}，$\lambda_{2A} \geqslant 0$，ρ_1，$\rho_2 \geqslant 0$，且ρ_1，ρ_2至少有一者显著大于零，则市场A的会计信息价值相关性低于市场B的。而如果检验结果为λ_{1A}，$\lambda_{2A} \leqslant 0$，ρ_1，$\rho_2 \geqslant 0$，对市场A的每一EPS、NAPS数据作变号变换即乘以“-1”的变换，其他数据保持不变，即将$\mathfrak{M}_A$变换为：

$$\tilde{\mathfrak{M}}_A = \{(-EPS_{iA},\ -NAPS_{iA};\ P_{iA}) \mid (EPS_{iA},\ NAPS_{iA};\ P_{iA}) \in \mathfrak{M}_A,\ i = 1,\ 2,\ \cdots,\ n\}$$

运用变换后的联合数据$\tilde{\mathfrak{M}}=\tilde{\mathfrak{M}}_A \cup \mathfrak{M}_B$按模型（2.17）或模型（2.18）进行回归分析，可以得到$\tilde{\lambda}_{1A} = -\lambda_{1A} > 0$，$\tilde{\lambda}_{2A} = -\lambda_{2A} > 0$。重复以上步骤进行分析。

（3）如果市场A、B适用的反应系数不满足同向可比，则进行下列的步骤二。

步骤二，进行“反应程度评价方法”的“等价-比较”评价检验。

如果$\mu_i \geqslant 0$，$i = 1, 2$不同时成立，比如$\mu_1 > 0$，$\mu_2 < 0$。在此情形下可进行“反应程度评价方法”的如下“等价-比较”评价检验程序1与程序2。

程序1，假定市场A、B中的股价对于EPS的反应水平相同，或者说，关于这两个市场中的股价对EPS的反应水平，假定其差异是可忽略不计的，但关于NAPS的反应水平可能不同。建立如下的检验回归模型，即回归模型（2.19）。

$$\begin{aligned} P &= \lambda_0 + \lambda_1 \cdot EPS + \lambda_{2B} \cdot NAPS + \mu_2 \cdot \delta \cdot NAPS + \varepsilon \\ &= \lambda_0 + \lambda_1 \cdot EPS + \left(\lambda_{2B} + \mu_2 \delta\right) \cdot NAPS + \varepsilon,\ \varepsilon \sim N\left(0,\ \sigma^2\right) \end{aligned} \tag{2.19}$$

回归模型（2.19）表示，市场B的股价对EPS、NAPS的反应系数分别为$\lambda_{1B} = \lambda_1$、λ_{2B}；市场A的股价对EPS、NAPS的反应系数分别为$\lambda_{1A} = \lambda_1$、$\lambda_{2A} = \lambda_{2B} + \mu_2$。如果检验的结果为，显著地，$\mu_2 = 0$，表明两市场会计信息价值相关性水平是无差异的。其他的可能的检验结果如下：

（1）如果检验结果为，显著地，$\lambda_{2B} \geqslant 0$，且$\mu_2 > 0$，则表明在$\lambda_{1A} = \lambda_{1B} = \lambda_1$的假设下，显著地有$\lambda_{2A} > \lambda_{2B} \geqslant 0$，在此假定下市场A的会计信息价值相关性水平高于市场B的。

（2）如果检验结果为，显著地，$\lambda_{2B} \leqslant 0$，且$\mu_2 < 0$，则显著地有$\lambda_{2A} = \lambda_{2B} + \mu_2 < \lambda_{2B} \leqslant 0$，可以认定为$\left|\lambda_{2A}\right| > \left|\lambda_{2B}\right| \geqslant 0$，在此假定下市场A的会计信息价值相关性水平高于市场B的。

（3）如果检验结果为，显著地，$\lambda_{2B} \geqslant 0$且$\mu_2 < 0$，由于$\lambda_{2A} = \lambda_{2B} + \mu_2$，虽然显著地有$\lambda_{2A} = \lambda_{2B} + \mu_2 < \lambda_{2B}$，由于难以比较$\left|\lambda_{2A}\right|$与$\lambda_{2B}$的大小关系，需要进行如下的补充检验：

$$\begin{aligned} P &= \lambda_0 + \lambda_1 \cdot EPS + \lambda_{2A} \cdot NAPS + v_2 \cdot (1-\delta) \cdot NAPS + \varepsilon \\ &= \lambda_0 + \lambda_1 \cdot EPS + \left(\lambda_{2A} + v_2(1-\delta)\right) \cdot NAPS + \varepsilon,\ \varepsilon \sim N\left(0,\ \sigma^2\right) \end{aligned} \tag{2.20}$$

回归模型（2.20）表示，市场B的股价对EPS、NAPS的反应系数分别为$\lambda_{1B} = \lambda_1$、$\lambda_{2B} = \lambda_{2A} + v_2$；市场A的股价对EPS、NAPS的反应系数分别为$\lambda_{1A} = \lambda_1$、$\lambda_{2A}$。

①如果检验结果为，显著地$\lambda_{2A} > 0$，且$v_2 > 0$，则$0 < \lambda_{2A} < \lambda_{2B} = \lambda_{2A} + v_2$显著地成立。在此假定下市场A的会计信息价值相关性水平低于市场B的。

②如果检验结果为，显著地$\lambda_{2A} < 0$，且$v_2 > 0$，则需要再次进行补充检验。

记市场A、市场B的有关数据如下：

$$\mathfrak{M}_A=\left\{\left(EPS_{iA},\ NAPS_{iA};\ P_{iA}\right)\middle|i=1,\ 2,\ \cdots,\ n\right\}$$

$$\mathfrak{M}_B=\left\{\left(EPS_{iB},\ NAPS_{iB};\ P_{iB}\right)\middle|i=1,\ 2,\ \cdots,\ m\right\}$$

以模型（2.20）进行回归分析时，运用的是两市场的联合数据$\mathfrak{M}=\mathfrak{M}_A\cup\mathfrak{M}_B$。对市场A的每一NAPS数据作变号变换即乘以“-1”的变换，其他数据保持不变，即将$\mathfrak{M}_A$变换为：

$$\tilde{\mathfrak{M}}_A=\left\{\left(EPS_{iA},\ -NAPS_{iA};\ P_{iA}\right)\middle|\left(EPS_{iA},\ NAPS_{LA};\ P_{iA}\right)\in\mathfrak{M}_A,\ i=1,\ 2,\ \cdots,\ n\right\}$$

运用变换后的联合数据$\tilde{\mathfrak{M}}=\tilde{\mathfrak{M}}_A\cup\mathfrak{M}_B$按模型（2.20）进行回归分析，可以得到$\tilde{\lambda}_{2A}=-\lambda_{2A}>0$。

根据已有的检验已经知道$\lambda_{2B}>0$，如果$v_2>0$显著成立，可以认定为$\lambda_{2B}>\left|\lambda_{2A}\right|>0$，表示在此假定下市场B的会计信息价值相关性水平高于市场A的；如果$v_2<0$显著成立，可以认定为$\left|\lambda_{2A}\right|>\lambda_{2B}>0$，表示在此假定下市场A的会计信息价值相关性水平高于市场B的[①]。

（4）如果$\lambda_{2B}\leqslant 0$，且$\mu_2>0$，难以比较$\left|\lambda_{2A}\right|$与$\left|\lambda_{2B}\right|$的大小关系。需要判定是否显著地有$\lambda_{2A}<0$，按模型（2.20）进行回归分析。

①如果检验结果为，显著地$\lambda_{2A}<0$，且$v_2<0$，则由$\lambda_{2B}=\lambda_{2A}+v_2<\lambda_{2A}<0$知$\left|\lambda_{2A}\right|<\left|\lambda_{2B}\right|$显著地成立，在此假定下市场A的会计信息价值相关性水平低于市场B的。

②如果检验结果为，显著地$\lambda_{2A}>0$，且$v_2<0$，则对市场B的每一NAPS数据作变号变换即乘以“-1”的变换，其他数据保持不变，即将$\mathfrak{M}_B$变换为：

$$\tilde{\mathfrak{M}}_B=\left\{\left(EPS_{iB},\ -NAPS_{iB};\ P_{iB}\right)\middle|\left(EPS_{iB},\ NAPS_{LB};\ P_{iB}\right)\in\mathfrak{M}_B,\ i=1,\ 2,\ \cdots,\ m\right\}$$

运用变换后的联合数据$\tilde{\mathfrak{M}}=\mathfrak{M}_A\cup\tilde{\mathfrak{M}}_B$按模型（2.19）进行回归分析，同样地，市场B的股价对EPS、NAPS的反应系数分别为$\lambda_{1B}=\lambda_1$、$\tilde{\lambda}_{2B}=-\lambda_{2B}$；市场A的股价对EPS、NAPS的反应系数分别为$\lambda_{1A}=\lambda_1$、$\lambda_{2A}=\tilde{\lambda}_{2B}+\mu_2$。可以得到$\tilde{\lambda}_{2B}=-\lambda_{2B}>0$。

已有的检验已经证明$\lambda_{2A}>0$，如果$\mu_2>0$显著成立，可以认定为$\lambda_{2A}>\left|\lambda_{2B}\right|>0$，表示在此假定下市场A的会计信息价值相关性水平高于市场B的；如

---

① 变换后的联合数据$\tilde{\mathfrak{M}}=\tilde{\mathfrak{M}}_A\cup\mathfrak{M}_B$也可以按（2.17）进行回归分析，市场B的股价对EPS、NAPS的反应系数分别为$\lambda_{1B}=\lambda_1$、λ_{2B}；市场A的股价对EPS、NAPS的反应系数分别为$\lambda_{1A}=\lambda_1$、$\tilde{\lambda}_{2A}=-\lambda_{2A}=\lambda_{2B}+\mu_2$。如果检验结果为$\lambda_{2B}>0$，$\mu_2>0$显著成立，可以认定为$|\lambda_{2A}|>\lambda_{2B}>0$，表示在此假定下市场A的会计信息价值相关性水平高于市场B的；如果检验结果为$\lambda_{2B}>0$，$\mu_2<0$显著成立，则可以认定为$0<\tilde{\lambda}_{2A}=-\lambda_{2A}=\lambda_{2B}+\mu_2<\lambda_{2B}$，即$\lambda_{2B}>|\lambda_{2A}|>0$，表示在此假定下市场B的会计信息价值相关性水平高于市场A的。

果 $\mu_2 < 0$ 显著成立，可以认定为 $\left|\lambda_{2B}\right| > \lambda_{2A} > 0$，表示在此假定下市场A的会计信息价值相关性水平高于市场B的。

程序2，假定市场A、B中的股价对于NAPS的反应水平相同，或者说，关于这两个市场中的股价对NAPS的反应水平，假定其差异是可忽略不计的，但关于EPS的反应水平可能不同。建立如下的检验回归模型，即回归模型（2.21）：

$$\begin{aligned} P &= \lambda_0 + \lambda_{1B} \cdot EPS + \mu_1 \cdot \delta \cdot EPS + \lambda_2 \cdot NAPS + \varepsilon \\ &= \lambda_0 + \left(\lambda_{1B} + \mu_1\delta\right) \cdot EPS + \lambda_2 \cdot NAPS + \varepsilon,\quad \varepsilon \sim N\left(0,\ \sigma^2\right) \end{aligned} \tag{2.21}$$

回归模型（2.21）表示，市场B的股价对EPS、NAPS的反应系数分别为 λ_{1B}、$\lambda_{2B} = \lambda_2$；市场A的股价对EPS、NAPS的反应系数分别为 $\lambda_{1A} = \lambda_{1B} + \mu_1$、$\lambda_{2A} = \lambda_2$。可能的检验结果与程序1相同，可比照程序1的检验过程进行检验。这里不再赘述。

程序3，假设上述的程序1、2检验的结果是相容的，不存在相互冲突的情形，且其中有一程序检验结果表明某市场如市场A的会计信息价值相关性水平高于（低于）另一市场如市场B的，则可以认定市场A的会计信息价值相关性水平高于（低于）市场B的；否则，可以认为两市场的会计信息价值相关性是无差异的。

2）解释变量的有解释能力变动、变量的解释能力、相对优势信息含量的评价

应用“市场反应系数”探讨相对优势信息含量问题，需要考虑解释变量的变动问题[①]。解释变量的所有变动，可能并非全部能反映到股价中，能反映到股价中的，称之为解释变量的变动。也就是说，假如EPS变化10单位，能反映到股价中去的仅有3单位，EPS的这3单位变动称之为EPS的变动。为简单起见，这里采用价格模型即模型（2.9），通过间接测算而不是直接测算的方法，探测EPS、NAPS的有解释能力变动问题。为此，先重引模型（2.9），即：

$$P = \lambda_0 + \lambda_1 \cdot EPS + \lambda_2 \cdot NAPS + \varepsilon,\quad \varepsilon \sim N\left(0,\ \sigma^2\right)$$

为叙述方便，假定所有参数的回归值等于真值，即 $\lambda_0 = \hat{\lambda}_0$，$\lambda_1 = \hat{\lambda}_1$，$\lambda_2 = \hat{\lambda}_2$，$\sigma^2 = \hat{\sigma}^2$。由 $\varepsilon \sim N\left(0,\ \sigma^2\right)$，模型（2.9）表明EPS与NAPS以外的其他信息引起股价在 $\pm 3\sigma = \pm 3\hat{\sigma}$ 之间变化的概率为0.999。换句话说，以0.999的概率，EPS与NAPS以外的其他信息可解释股价在 $\pm 3\sigma = \pm 3\hat{\sigma}$ 之间的变化。

将EPS与NAPS对股价P分别进行回归，即如下的模型（2.22）与（2.23）：

$$P = \alpha_0 + \alpha_1 \cdot EPS + u,\quad u \sim N\left(0,\ \sigma_1^2\right) \tag{2.22}$$

$$P = \beta_0 + \beta_1 \cdot NAPS + v,\quad v \sim N\left(0,\ \sigma_2^2\right) \tag{2.23}$$

① 此处内容选自拙作《会计信息价值相关性的评价理论与方法》(2016)，修正了其中不太恰当的提法。拙作（2016）“解释变量的同概率论变动”所要表达的意思有点含糊不清，这里将其修正为“解释变量的有解释能力变动”，所要表达的意思更为清晰。此问题的研究有助于探讨两个解释变量变动之间的相对变动为多少才是合理的问题。

同样假定，所有参数的回归值等于真值，即 $\alpha_0=\hat{\alpha}_0$，$\alpha_1=\hat{\alpha}_1$，$\sigma_1=\hat{\sigma}_1$；$\beta_0=\hat{\beta}_0$，$\beta_1=\hat{\beta}_1$，$\sigma_2=\hat{\sigma}_2$。

模型（2.9）与模型（2.22）相比，随机误差项中所包含的信息含量方面，后者除了包含前者的以外，还包含了信息NAPS的信息含量，因此，股价在 $\pm3\sigma_1=\pm3\hat{\sigma}_1$ 之间的变动，其中，属于NAPS以外信息的信息含量部分应该为 $3\sigma=3\hat{\sigma}$，属于信息NAPS的信息含量部分应该为 $3\left(\hat{\sigma}_1-\hat{\sigma}\right)$；同理，模型（2.9）与模型（2.23）相比，属于信息EPS的信息含量部分应该为 $3\left(\hat{\sigma}_2-\hat{\sigma}\right)$。

假设股价 $3\left(\hat{\sigma}_2-\hat{\sigma}\right)$、$3\left(\hat{\sigma}_1-\hat{\sigma}\right)$ 的变动，分别归因于EPS、NAPS的变动，称之为EPS、NAPS的有解释力变动，分别记为 $\Delta_{EPS-max}$、$\Delta_{NAPS-max}$，由模型（2.22）与模型（2.23）知：

$$\hat{\alpha}_1\cdot\Delta_{EPS-max}=3\left(\hat{\sigma}_2-\hat{\sigma}\right),\ \hat{\beta}_1\cdot\Delta_{NAPS-max}=3(\hat{\sigma}_1-\hat{\sigma})$$

即：

$$\Delta_{EPS-max}=\frac{3(\hat{\sigma}_2-\hat{\sigma})}{\hat{\alpha}_1},\ \Delta_{NAPS-max}=\frac{3(\hat{\sigma}_1-\hat{\sigma})}{\hat{\beta}_1} \tag{2.24}$$

股价的总变动为：

$$\begin{aligned}\Delta_{P-max}&=\hat{\lambda}_1\cdot\Delta_{EPS-max}+\hat{\lambda}_2\cdot\Delta_{NAPS-max}+3\hat{\sigma}\\&=\hat{\lambda}_1\cdot\frac{3(\hat{\sigma}_2-\hat{\sigma})}{\hat{\alpha}_1}+\hat{\lambda}_2\cdot\frac{3(\hat{\sigma}_1-\hat{\sigma})}{\hat{\beta}_1}+3\hat{\sigma}\end{aligned} \tag{2.25}$$

各信息的解释能力可定义如下：

$$\begin{cases}ExPower(EPS)=\hat{\lambda}_1\cdot\dfrac{3(\hat{\sigma}_2-\hat{\sigma})}{\hat{\alpha}_1}\Big/\Delta_{P-max}\\ExPower(NAPS)=\hat{\lambda}_2\cdot\dfrac{3(\hat{\sigma}_1-\hat{\sigma})}{\hat{\beta}_1}\Big/\Delta_{P-max}\\ExPower(Others)=3\hat{\sigma}/\Delta_{P-max}\end{cases} \tag{2.26}$$

其中，ExPower表示信息的解释能力。

由式（2.24），EPS与NAPS以外的其他信息以0.999的概率可解释股价在 $\pm3\sigma=\pm3\hat{\sigma}$ 之间的变化的前提下，EPS、NAPS的有解释能力变动 $\Delta_{EPS-max}$、$\Delta_{NAPS-max}$ 分别解释了股价的 $3(\hat{\sigma}_2-\hat{\sigma})$、$3(\hat{\sigma}_1-\hat{\sigma})$ 变动，分别归因于EPS、NAPS的有解释能力变动比为：

$$\Delta_{EPS-max}/\Delta_{NAPS-max}=\frac{\hat{\beta}_1}{\hat{\alpha}_1}\cdot\frac{\hat{\sigma}_2-\hat{\sigma}}{\hat{\sigma}_1-\hat{\sigma}} \tag{2.27}$$

由式（2.26）可以得到EPS、NAPS的解释能力之比为：

$$RaExPower_{EPS-NAPS}=\frac{ExPower(EPS)}{ExPower(NAPS)}=\frac{\hat{\lambda}_1}{\hat{\lambda}_2}\cdot\frac{\hat{\beta}_1}{\hat{\alpha}_1}\cdot\frac{\hat{\sigma}_2-\hat{\sigma}}{\hat{\sigma}_1-\hat{\sigma}}$$

最后通过一个小案例阐述一下应用“市场反应系数”进行信息含量的评价问题。

案例2.1：信息含量的比较

基于某一年深市上市公司的数据，模型（2.9）、模型（2.22）、模型（2.23）的回归结果如下：

$$\hat{P} = 6.56 + 11.39EPS + 1.42NAPS \tag{2.28}$$
$$(10.55) \quad (11.79) \quad (6.49)$$
$$n = 654, \quad R^2 = 0.443, \quad ESS = 52\,159.27, \quad \hat{\sigma} = 8.95$$

$$\hat{P} = 9.48 + 15.61EPS \tag{2.29}$$
$$(21.39) \quad (21.17)$$
$$n = 654, \quad R^2 = 0.407, \quad ESS = 55\,533.86, \quad \hat{\sigma}_1 = 9.23$$

$$\hat{P} = 5.17 + 3.16NAPS \tag{2.30}$$
$$(7.69) \quad (17.69)$$
$$n = 654, \quad R^2 = 0.324, \quad ESS = 63\,303.86, \quad \hat{\sigma}_2 = 9.85$$

经计算，模型（2.22）、模型（2.23）的Vuong检验的Z=88.12，可以接受$\sigma_1^2 < \sigma_2^2$的假设，也就可以接受假设：EPS的价值相关性强于NAPS的。这是利用R^2-标准差指标进行评价的结果。

由模型（2.28）至模型（2.30），$\hat{\sigma} = 8.95$，$\hat{\sigma}_1 = 9.23$，$\hat{\sigma}_2 = 9.85$，$\hat{\alpha}_1 = 15.61$，$\hat{\beta}_1 = 3.16$，并由模型（2.27）可以计算出以0.999的概率，EPS、NAPS的有解释能力变动比为：

$$\Delta_{EPS-max}/\Delta_{NAPS-max} = \frac{\hat{\beta}_1}{\hat{\alpha}_1} \cdot \frac{\hat{\sigma}_2 - \hat{\sigma}}{\hat{\sigma}_1 - \hat{\sigma}} = 0.65 \tag{2.31}$$

式（2.31）表明，EPS、NAPS的有解释能力变动比为0.65，相对来看，如果NAPS的有解释能力变动为1单位，EPS的则为0.65单位。注意到1/0.65=1.54，为了使EPS、NAPS的市场反应系数具有可比性，就要作一变换，将EPS乘以1.54，作为一新变量，使得两变量即1.54EPS、NAPS（当然，也可以是EPS、0.65NAPS）的变动单位是一致的，则有如下的回归结果：

$$\hat{P} = 6.56 + 5.97 \cdot (1.54EPS) + 1.42 \cdot (1.54EPS + NAPS) \tag{2.32}$$
$$(10.55) \quad (7.55) \quad (6.49)$$
$$n = 654, \quad R^2 = 0.443, \quad ESS = 52\,159.27, \quad \hat{\sigma} = 8.95$$

式（2.32）表明，NAPS每变动1单位，EPS变动0.65单位，即1.54EPS每变动1单位，1.54EPS+NAPS变动2单位，将引起股价的8.95单位的变动。由于1.54EPS的系数5.97显著大于零，且可假定NAPS每变动1单位，则EPS变动0.65单位。但从对股价的解释能力来说，EPS还多解释了5.97单位的股价变动，因而EPS的价值相关性强于NAPS的，与Vuong的检验相一致。

最后需要计算一下各种信息相对解释能力的评价问题。由式（2.28），$\hat{\lambda}_1 = 11.39$，$\hat{\lambda}_2 = 1.42$，并由式（2.25）可得：

$$\Delta_{P-max} = 11.39 \times \frac{3 \times 0.9}{15.61} + 1.42 \times \frac{3 \times 0.28}{3.16} + 3 \times 8.95$$
$$= 1.97 + 0.38 + 26.85 = 29.2$$

由式（2.26）可得各种信息的相对解释能力为：

$$\begin{cases} ExPower(EPS) = 0.067 \\ ExPower(NAPS) = 0.013 \\ ExPower(Others) = 0.920 \end{cases} \tag{2.33}$$

从模型（2.33）中可以看出，EPS对于股价变动的解释能力要强于NAPS的，虽然EPS的解释能力仅为0.067，而NAPS的解释能力更低，只有0.013，两者之比为5.15∶1。EPS、NAPS两者的解释能力总和也仅为0.08，但由于影响股价变动的原因有许多，况且EPS、NAPS仅仅是会计信息中的两种具有代表性的会计信息，这两者能够解释股价变动的8%，其实也不算低了。

2.7 本章小结

本章首先针对会计信息价值相关性的评价理论作一简要的综述。从研究内容上看，会计信息价值相关性的评价理论已有丰富的研究成果，对于理解会计信息在资本市场中的作用无疑具有重要意义。综合来看，当前关于会计信息价值相关性的研究主要是两方面：一是存在性，二是差异化。其中差异化方面体现在会计信息价值相关性的市场差异化（或称类别差异化）以及指标差异化。这方面的研究，虽取得了丰硕的成果，但由于缺乏有效的研究方法与范式，并未形成体系，显得很零散。更进一步看，只研究差异化，并没有涉及融合与趋同的问题。会计信息价值相关性的差异化与趋同性问题，将成为本研究的主题。

针对市场效率与理论模型方面，本章阐述了会计信息在弱式有效市场、强式有效市场中都没有信息含量，只有半强式有效市场中的证券价格正确地反映了所有为公众所知的与该证券有关的信息，会计信息才有可能具有信息含量。因此就会计理论与实务来说，我们所指的有效市场就是半强式有效市场。在有效市场假设下，Feltham/Ohlson模型在较强的假设下可将股价与企业的净资产与净收益联系起来，因而可为会计信息价值相关性提供理论依据，并对该模型的缺陷性作了评述。

本章阐述了会计信息价值相关性的基本评价指标与基本评价方法问题。主要内容选自拙作《会计信息价值相关性的评价理论与方法》（2016），其中以“市场反应系数”作为最基本的评价指标，通过建立适当的评价方法，几乎可以评价所有的价值相关性问题。“等水平-方差”是运用Vuong检验专用于评价相对优势信息含量问题的。值得一提的是，运用“解释变量的有解释能力变动”概念及方法，可将“市场反应系数”应用于相对优势信息含量的评价问题，就当前所发现的例子来看，用拙作（2016）中所提的方法进行检验与运用Vuong检验的结果是一致的。同时，利用“解释变量的有解释能力变动”概念及方法，可计算出“变量的解释能力”，也就是说，变量的解释能力是可以被量化的。

第3章 会计信息价值相关性的差异化与趋同性：理论方法构建

3.1 概述

如第2章所述，自Ball与Brown于1968年的开创性研究以来[1]，会计信息价值相关性（Value Relevance）理论研究获得了蓬勃发展。此后的研究除了研究会计信息价值相关性的存在性问题以外，着重研究了会计信息含量的差异化方面。其一是市场（或类别）会计信息含量的差异化方面，主要是探讨会计信息价值相关性的影响因素；其二是研究会计指标信息含量的差异化方面①，包括增量信息含量与相对优势信息含量方面。

探讨会计信息价值相关性受哪些因素的影响，对于理解会计信息价值相关性之所以具有差异化具有重要意义。从差异化的识别角度来看，单纯的影响因素研究无法识别公司会计信息价值相关性的高低。因为同一家公司会计信息的价值相关性同时受到许多因素的影响，但是这些因素对会计信息价值相关性的影响方向并不一致，有些使其变强，有些使其变弱，如果没有差异化的识别指标，我们就无法确定某一家公司的会计信息价值相关性是强的还是弱的。例如，A、B因素使得甲公司的价值相关性趋高，而C、D因素则趋低，最终甲公司的会计信息价值相关性是高还是低无从得知。本章将建立模型，提出不同企业会计信息价值相关性的差异化评价指标，该指标可为区分会计信息价值相关的个体差异化问题提供技术支持，也可用于不同企业的会计信息价值相关性是否存在趋同性即是否存在聚类问题的探讨。

关于增量信息含量与相对优势信息含量的研究，Biddle等（1995）[128]做了概念界定，并给出评价方法。但他们的研究是有缺陷的，在接受他们研究基本思想

① 从外延上看，“会计信息的信息含量”应包含“会计信息的价值相关性”，本书对这两个概念不加区分，将这两者看成是内涵相同的两个概念，主要遵从叙述的方便，因为有时以信息含量来叙述价值相关性会比较简洁。

的前提下，拙作（2016）进行了一定的“修正”。现在看来，这些研究包括拙作（2016）所作的所谓“修正”，都有一个基本的错误，就是混淆了信息含量与信息本身，依据错误观念所进行的研究，研究结论可信性是很低的。本研究试图“扭转”这个局面，重新界定增量信息含量与相对优势信息含量的含义，并给出评价方法。同时，现有研究仅研究了会计指标信息含量的差异化方面，并没有研究会计指标信息含量的融合或趋同性方面。探讨这种所谓的融合或趋同性方面是一个重要的研究课题。

3.2　个体差异化评价：RD指标

3.2.1　价值相关性度量指标（RD指标）的设计

股利折现模型认为，企业的内在价值是企业发放的现金股利的现值。在一个有效市场中，若会计信息能传递未来盈利能力的信息，而公司股利的发放是以公司盈利为基础的，则公司所披露的会计信息中的盈利信息就具有重要意义——有助于投资者对公司股票的内在价值作出判断。

如果将公司盈利能力理解为“每股收益”（Earnings Per Share，EPS），并进一步假定“每股收益”增长率为ρ，且公司将“每股收益”作为股利全部发放给股东，那么依股利折现模型（DDM），公司内在价值（每股）为：

$$IVPS = EPS/(r-\rho) \tag{3.1}$$

其中，IVPS表示期末每股的内在价值，r为必要的折现率，EPS表示每股年收益（假定以1年作为一个会计期间进行考察）。

由式（3.1）可知，在有关假设下，公司的内在价值可由每股收益及其增长率ρ完全确定，如果市场是有效的，应能够对每股收益其增长率ρ作出反应，因此，应根据每股收益EPS及其增长率ρ构造有关会计信息价值相关性的指标。

先来研究“每股收益”的变动对公司内在价值的影响，对公司内在价值IVPS关于EPS对式（3.1）求偏导，得：

$$\frac{\partial}{\partial(EPS)}(IVPS) = 1/(r-\rho) \tag{3.2}$$

式（3.2）意味着在其他条件不变的前提下，如果“每股收益”变动1元，则公司内在价值同向变动$1/(r-\rho)$元。可见，如果市场有效，会计信息能够反映到股价上，每股收益变化将使得公司的内在价值发生同向变化，最终导致股价发生同向变化。这就是会计信息具有价值相关性的重要体现。

由式（3.1），$IVPS/EPS = 1/(r-\rho)$，因而：

$$\frac{\partial}{\partial(EPS)}(IVPS) = IVPS/EPS \tag{3.3}$$

具有价值相关性的会计信息，将对投资者的投资决策产生重要影响，也就是说，该信息具有差别决策的能力。差别决策能力越强，则表明会计信息的决策相关性程度越高，反之则相关性程度越低。依此思路，可以将市场价格对会计信息变化的反应程度作为定义会计信息价值相关度指标（Degree of Relevance，RD）的依据。例如，如果A公司的每股收益每变动1元，其每股市价变动a元，而B公司的每股收益每变动1元，其每股市价变动b元，且a<b，则A公司的每股市价对每股收益的反应程度小于B公司的，可以认为A公司会计信息的相关性程度要小于B公司的。

为了刻画股价对每股收益变动的反应程度，RD指标的设计应以“每股收益”为基础。由式（3.1）、式（3.2）、式（3.3）可知，EPS是与决策相关的一个指标，能够反映到股价上，IVPS/EPS既可反映公司内在价值对每股收益的倍数，也可反映每股收益对公司内在价值的影响。相应地，将IVPS改为MVPS，则每股市价与每股收益的比值的绝对值|MVPS/EPS|即市盈率（Price Earning Ratio，PER）的绝对值就可用来定义股价对每股收益以及其变动的反应程度，因而可用来定义会计信息的价值相关度（Degree of Relevance，RD）的一个指标，即：

$$RD_1=|MVPS/EPS|=|PER|$$

之所以取绝对值，是为了克服“如果每股收益为负，MVPS/EPS也为负”的问题。

另一方面，也需要研究“每股收益”预期增长率的变动对公司内在价值的影响。对公司内在价值IVPS关于ρ求偏导，得：

$$\frac{\partial}{\partial \rho}(IVPS) = \frac{EPS}{(r-\rho)^2} = IVPS \cdot \frac{1}{r-\rho}$$

等价地，

$$\frac{\partial(IVPS)}{\partial \rho}/IVPS = \frac{1}{r-\rho} \tag{3.4}$$

式（3.4）表明，在其他条件不变的前提下，如果“每股收益”的增长率变动1单位，则公司内在价值同向变动$1/(r-\rho)$倍。式（3.4）的右侧含有“每股收益”的增长率，因而可将$1/(r-\rho)$直接作为“每股收益”预期增长率的变动对公司内在价值的影响的指标RD_2，然而在会计信息中并没有直接体现ρ的指标，因而需要寻找与ρ相关的指标作为RD_2的替代指标。

由式（3.2），$1/(r-\rho)=IVPS/EPS$，虽然仍可以|MVPS/EPS|即RD_1作为RD_2的定义，但显然不够稳健。因为如果RD_1还赋以RD_2的内容，将使RD_1赋予太多的内容，反而说明该指标受各种因素的影响较大，因而需采用其他的方法来定义

RD_2。

公司的盈利能力也可界定为“净资产收益率”（Return on Equity，ROE），在有效的市场中，“净资产收益率”也应该对每股市价具有重要影响。企业的净资产收益率越高，市场可能会认为这样的企业未来的增长性ρ越低，反之则市场可能会认为这样的企业未来的增长性ρ越高。简单地说，ρ与“净资产收益率”的倒数1/ROE可能存在正相关关系。因而由式（3.1），IVPS = EPS/(r − ρ)，上述假设转变为一个可检验的假设：市盈率与净资产收益率的倒数呈正相关。

基于ρ与1/ROE的正相关假设，则可将式（3.3）的右侧加以适当转化，以形成可用以度量“每股收益”增长率的预期变动对公司内在价值的影响的指标。由于

$$\frac{1}{r-\rho}=\frac{1}{r-\rho}\cdot ROE\cdot\frac{1}{ROE}=\frac{IVPS}{EPS}\cdot\frac{EPS}{NAPS}\cdot\frac{1}{ROE}=\frac{IVPS}{NAPS}\cdot\frac{1}{ROE}$$

等价地，

$$\frac{\partial}{\partial\rho}(IVPS)/IVPS=\frac{IVPS}{NAPS}\cdot\frac{1}{ROE}\tag{3.5}$$

在其他条件不变的前提下，如果“每股收益”的增长率变动1单位，则公司内在价值同向变动$\frac{IVPS}{NAPS}\cdot\frac{1}{ROE}$倍。在有效的市场中，公司的内在价值的变化，最终导致股价也发生同向变化。如果“净资产收益率”（Return on Equity，ROE）既定，将式（3.4）中的IVPS/NAPS替换为MVPS/NAPS，则股价对每股收益的预期增长率的反应主要取决于MVPS/NAPS。因而可用每股市价与每股净资产比值的绝对值也就是“市净率”（Price Book Ratio，PBR）的绝对值，作为定义会计信息的价值相关性程度（Degree of Relevance，RD）的另一个指标，即：

$$RD_2=|MVPS/NAPS|=|PBR|$$

用每股市价与每股净资产的比值作为RD_2的定义，还需解决股价应能反映有关每股净资产的信息的问题。事实上，ρ与1/ROE的正相关假设，可导出这一点。由于“每股市价=市盈率×每股收益”，因而“每股市价”与“净资产收益率的倒数×每股收益”即“每股净资产”存在正相关关系。

RD_1与RD_2分别表示股价对盈利变动、盈利增长率变动的反应，因而会计信息的价值相关性程度指标RD可通过RD_1与RD_2加以定义。假定RD具有$RD = f(RD_1)\cdot g(RD_2)$形式，并且$RD_1$、$RD_2$对RD的相对贡献为λ：μ，即，当$RD_1$变动1%，RD同向变动λ%；$RD_2$变动1%，RD同向变动μ%。亦即$RD_1$、$RD_2$满足：

$$\frac{\partial(RD)}{\partial(RD_1)}\cdot\frac{RD_1}{RD}=\lambda\tag{3.6}$$

$$\frac{\partial(RD)}{\partial(RD_2)}\cdot\frac{RD_2}{RD}=\mu\tag{3.7}$$

解方程（3.6）、（3.7）可得，$RD = cRD_1^{\lambda} \cdot RD_2^{\mu}$，c为常数。由于

$$RD_1^{\lambda} \cdot RD_2^{\mu} = c[RD_1^{\lambda/(\lambda+\mu)} \cdot RD_2^{\mu/(\lambda+\mu)}]^{\lambda+\mu}$$
$$= c[RD_1^{\lambda/(\lambda+\mu)} \cdot RD_2^{1-\lambda/(\lambda+\mu)}]^{\lambda+\mu}$$

记$\alpha = \lambda/(\lambda+\mu)$，并令c=1，可将RD指标简化为：

$$RD(\alpha) = RD_1^{\alpha} \cdot RD_2^{1-\alpha} \tag{3.8}$$

其中，RD_1、RD_2对RD的相对贡献为$\lambda : \mu = \alpha : (1-\alpha)$，α称为会计信息价值相关度系数。

作为会计信息的价值相关性程度的总体度量指标，其中$0 \leqslant \alpha \leqslant 1$，称RD（α）为会计信息的α-相关度，简称α-相关度。特别地，RD（1）=RD_1，RD（0）=RD_2，即RD_1、RD_2为1-相关度和0-相关度。

3.2.2 RD指标的合理性

由$RD(\alpha) = RD_1^{\alpha} \cdot RD_2^{1-\alpha}$容易看出，在其他条件相同的情况下，$RD_1$越大，会计信息的价值相关性程度越高；同样，在其他条件相同的情况下，RD_2越大，会计信息的价值相关性程度越高。

由于股票市价中除了会计信息以外，还含有其他信息，以RD_1、RD_2为基础构建的会计信息价值相关性指标，可能有其不尽合理之处。例如，当会计信息披露以后，如果股票市价发生变化，是否意味着会计信息的价值相关性发生了变化。

从增量信息对股价影响的角度来看，会计信息披露以后，如果没有新增会计信息，会计信息价值相关性不会发生变化。只有在新增会计信息以后，会计信息价值相关性才有可能发生变化。

然而依会计信息价值相关性指标$RD(\alpha) = RD_1^{\alpha} \cdot RD_2^{1-\alpha}$的定义，当股价发生变化时，RD的构成部分$RD_1$、$RD_2$必定发生变化，会计信息价值相关性指标RD就显然发生了变化，这可能是RD指标的硬伤。其实，RD的构成部分除了RD_1、RD_2之外，还含有净资产收益率ROE以及调节参数α。通过选择适当的调节参数α，可以解决上述问题。由于

$$RD(\alpha) = RD_1^{\alpha} \cdot RD_2^{1-\alpha} = (MVPS/|EPS|)^{\alpha} \cdot (MVPS/NAPS)^{1-\alpha}$$
$$= MVPS/(|EPS|^{\alpha} \cdot NAPS^{1-\alpha})$$
$$= MVPS/(NAPS \cdot |EPS/NAPS|^{\alpha})$$
$$= RD_2 \cdot |ROE|^{-\alpha}$$

而且，

$$RD(\alpha) = RD_1^{\alpha} \cdot RD_2^{1-\alpha} = (MVPS/|EPS|)^{\alpha} \cdot (MVPS/NAPS)^{1-\alpha}$$
$$= MVPS/(|EPS|^{\alpha} \cdot NAPS^{1-\alpha})$$
$$= MVPS/(|EPS| \cdot |EPS|^{\alpha-1}|NAPS|^{1-\alpha})$$
$$= RD_1 \cdot |ROE|^{1-\alpha}$$

因此，$RD(\alpha)^2 = RD_1 \cdot RD_2 \cdot |ROE|^{1-2\alpha}$，即：

$$RD(\alpha) = RD_1^{1/2} \cdot RD_2^{1/2} \cdot |1/ROE|^{\alpha - 1/2} \quad (3.9)$$

不妨假设$|1/ROE| > 1$，由$0 \leqslant \alpha \leqslant 1$，则$|1/ROE|^{\alpha-1} \leqslant 1$，且$|1/ROE|^{\alpha-1}$是α的增函数。注意到$RD_1 = RD_2 \cdot |1/ROE|$，$RD_2 = RD_1 \cdot |ROE|$，式（3.9）等价于$RD(\alpha) = RD_1 \cdot |1/ROE|^{\alpha-1} = RD_2 \cdot |1/ROE|^{\alpha}$，易得：

$$RD_2 \leqslant RD(\alpha) \leqslant RD_1$$

如果以RD_1度量股价对盈利变动的反应，以RD_2度量股价对盈利增长率变动的反应，由于股价变动含有其他信息的影响，因而以$RD_1^{1/2} \cdot RD_2^{1/2}$作为度量会计信息的价值相关性，可能不太合适，辅以调节系数$|1/ROE|^{\alpha-1/2}$可解决这一问题。

记$\tilde{P}$为只包含会计信息而不包含其他信息的股票价格，记P为既包含会计信息也包含其他信息的股票价格。如果$\tilde{P} = P$，则表明股价中只包含会计信息；而如果$\tilde{P} > P$或$\tilde{P} < P$，则表明股价中除了会计信息外还包含其他信息。$\tilde{P}$与P的差异程度反映会计信息对股价的影响度，简称会计信息的影响度（Degree of Effect on Stock Price，DESP，简称DE）。为此，可定义会计信息的影响度如下：

$$DESP = DE = \min(\tilde{P}/P,\ P/\tilde{P})$$

假设会计信息对于股价的影响力不强，满足：

$$DE = \min(\tilde{P}/P,\ P/\tilde{P}) \geqslant ROA^{1/2} \quad (3.10)$$

显然，假设（3.10）等价于：

$$ROA^{1/2} \leqslant \tilde{P}/P \leqslant (1/ROA)^{1/2}$$

假设（3.10）指出，会计信息对于股价的影响力占各种信息总影响力的比例不能低于$ROA^{1/2}$。假设（3.10）的要求并不强，比如ROE = 5%，只要求$22.36\% \leqslant \tilde{P}/P \leqslant 447\%$，即只要求$0.2236P \leqslant \tilde{P} \leqslant 4.47P$；若ROE = 10%，则只要求$31.62\% \leqslant \tilde{P}/P \leqslant 316\%$，即只要求$0.3162P \leqslant \tilde{P} \leqslant 3.16P$。考虑到会计信息为企业对外公布的主要信息，或者说，会计信息是所有信息中最基本的信息，假设（3.10）应该容易被满足。

对于股价中只包含会计信息而不包含其他信息的情形，可定义会计信息的价值相关度为$RD = \tilde{P}/(|EPS|^{1/2} \cdot NAPS^{1/2})$，令

$$\tilde{P}/P = |1/ROE|^{\alpha - 1/2} \quad (3.11)$$

即：

$$\alpha = \frac{\ln(\tilde{P}/P)}{\ln|1/ROE|} + 1/2 \quad (3.12)$$

由假设（3.10），易得$0 \leqslant \alpha \leqslant 1$，则有：

$$
\begin{aligned}
RD &= \tilde{P}/(|EPS|^{1/2} \cdot NAPS^{1/2}) \\
&= \frac{P}{|EPS|^{1/2} \cdot NAPS^{1/2}} \cdot \frac{\tilde{P}}{P} \\
&= RD_1^{1/2} \cdot RD_2^{1/2} \cdot |1/ROE|^{\alpha - 1/2}
\end{aligned} \tag{3.13}
$$

总之，尽管股价变动含有其他信息的影响，但式（3.12）、式（3.13）表明，如果能选择适当的调节参数α，用RD指标度量会计信息的价值相关性，有其合理之处。

3.2.3 调节参数的变动规律

引起股价变动的信息有多种，这里的讨论将其分为两种类别：一类是会计信息以外的其他信息，另一类是会计信息。

现在先来探讨会计信息以外的其他信息引起股价的变动，RD指标中的调节参数如何变化的问题。

假如当前的股票市价为P_1，其后，没有新增会计信息，但股票市价变为P_2。由于股价的变化并非由于新增会计信息所导致的，可认定会计信息的价值相关度不会发生变化，因而：

$$
\begin{aligned}
\frac{RD(\alpha_2,\ P_2)}{RD(\alpha_1,\ P_1)} &= \left(\frac{RD_1(P_2)}{RD_1(P_1)}\right)^{1/2} \cdot \left(\frac{RD_2(P_2)}{RD_2(P_1)}\right)^{1/2} \cdot \frac{|ROE|^{1/2-\alpha_2}}{|ROE|^{1/2-\alpha_1}} \\
&= \frac{P_2}{P_1} \cdot |ROE|^{\alpha_1 - \alpha_2} = 1
\end{aligned}
$$

因此，

$$
\begin{aligned}
\alpha_2 &= \alpha_1 + \frac{\ln(P_2/P_1)}{\ln|ROE|} \\
&= \alpha_1 - \frac{\ln(P_2/P_1)}{\ln|1/ROE|}
\end{aligned} \tag{3.14}
$$

由式（3.14）可知，对于没有新增会计信息而股价却发生变化的情形，只要将调节参数α按式（3.14）适当调整，就可以消除非会计信息引起股价的变化对RD指标的影响。注意到$\ln|1/ROE| > 0$，为消除这种影响，由式（3.14）可知，如果股价上涨，则调低调节参数α的值；如果股价下降，则调高调节参数α的值。举例来说，如果股价上涨了10%，|ROE|=10%，则将调节参数的值调低0.041，即$\alpha_2 = \alpha_1 - 0.041$；如果股价下跌了10%，|ROE|=10%，则将调节参数的值调高0.046，$\alpha_2 = \alpha_1 + 0.046$。经过这种调整，非会计信息引起股价的变化对RD指标的影响得以消除。

现在来探讨由会计信息而非其他信息引起股价的变动，RD指标中的调节参数如何变化的问题。

假如当前的股票市价为P_1，由于新增会计信息导致其后的股票市价变为P_2，则会计信息的价值相关度可能随之发生变化。问题是，调节参数是否需要调整以及若需要调整，该如何调整。

记$\tilde{P}_1$、$\tilde{P}_2$分别为上述两种情形中不含其他信息只包含会计信息的股票价格。由式（3.1）可知，$IVPS_t = EPS_t/(r-\rho)$，可见在股票估值理论中，折现率r是必要的其他信息，而不能由会计信息提供。如果没有可供利用的折现率信息，则折现率r的值可能是假设的或随机的，即此时折现率r的值是先验的。记基于可供利用的折现率信息下的折现率为$\hat{r}$，基于先验假设下的折现率为$\bar{r}$，则有：

$$P_1 = EPS_1/(\hat{r}-\rho_1),\ \tilde{P}_1 = EPS_1/(\bar{r}-\rho_1)$$

$$P_2 = EPS_2/(\hat{r}-\rho_1-\Delta\rho),\ \tilde{P}_2 = EPS_2/(\bar{r}-\rho_1-\Delta\rho)$$

其中，$\rho_2 = \rho_1 + \Delta\rho$。

显然，

$$\frac{\tilde{P}_1}{P_1} = \frac{\hat{r}-\rho_1}{\bar{r}-\rho_1} = \frac{\hat{r}-\bar{r}}{\bar{r}-\rho_1} + 1$$

$$\frac{\tilde{P}_2}{P_2} = \frac{\hat{r}-\rho_1-\Delta\rho}{\bar{r}-\rho_1-\Delta\rho} = \frac{\hat{r}-\bar{r}}{\bar{r}-\rho_1-\Delta\rho} + 1$$

于是，

$$\frac{\tilde{P}_2}{P_2} - \frac{\tilde{P}_1}{P_1} = \frac{\hat{r}-\bar{r}}{\bar{r}-\rho_1-\Delta\rho} - \frac{\hat{r}-\bar{r}}{\bar{r}-\rho_1} = \frac{(\hat{r}-\bar{r})\Delta\rho}{(\bar{r}-\rho_1-\Delta\rho)(\bar{r}-\rho_1)}$$

故有：

$$\lim_{\Delta\rho\to 0}\left(\frac{\tilde{P}_2}{P_2} - \frac{\tilde{P}_1}{P_1}\right) = 0$$

这意味着当增长率ρ变动不大时，$\frac{\tilde{P}_2}{P_2} \approx \frac{\tilde{P}_1}{P_1}$。例如，$\hat{r} = 5\%$，$\bar{r} = 4\%$，$\rho_1 = 1\%$，$\Delta\rho = 0.1\%$，则$\frac{\tilde{P}_2}{P_2} - \frac{\tilde{P}_1}{P_1} = \frac{1}{87} = 0.011 \approx 0$。

由式（3.11）、式（3.12），可得：

$$|1/ROE_1|^{\alpha_1 - 1/2} = |1/ROE_2|^{\alpha_2 - 1/2}$$

即：

$$\alpha_2 = \frac{\ln|1/ROE_1|}{\ln|1/ROE_2|}(\alpha_1 - 1/2) + 1/2 \tag{3.15}$$

显然：

$$\lim_{ROE_2\to ROE_1} \alpha_2 = \alpha_1 \tag{3.16}$$

例如，$ROE_1 = 5\%$，$ROE_2 = ROE_1(1+10\%) = 5.5\%$，则$\alpha_2 = 1.033\alpha_1 - 0.017$。假设$\alpha_1 = 0.6$，则$\alpha_2 = 0.603 \approx 0.6\alpha_1 = 0.6$。

式（3.15）、式（3.16）表明，当净资产收益率变动不大时，调节参数可近似看成相同。

通过以上的讨论，我们得到了调节参数的演变规则：如果股价的变化是由于其他信息而并非由于会计信息所引起的，则按式（3.14）对调节参数进行调整；否则，如果股价的变化主要是由于会计信息而非其他信息所引起的，则按式（3.15）对调节参数进行调整，而当净资产收益率变动不大时，也可对调节参数不予调整。

3.2.4 RD指标合理性与适用性的实证检验方法

为评价会计信息价值相关性程度的高低，基于规范性理论的角度，前文已定义了RD指标并论述了该指标的合理性问题，然而指标的合理性还需要得到实证的检验，同时，还应在实际应用中检验指标的适用性问题。如果指标虽是合理的，但是难以应用，其重要性还是要打折扣的。

然而，由于RD指标的调节参数α只探讨了其存在性及有关特征，难以从规范理论上确定其实际值，因而这对于RD指标的合理性与适用性的实证检验是个不小的挑战。

RD指标的调节参数α的一致性特征，即，同一市场中的不同企业可以采用相同的调节参数α，对于RD指标的合理性与适用性的实证检验是个福音。实证检验时，对于某一既定α，$0 \leqslant \alpha \leqslant 1$，先计算所选的各样本的RD（α）值，而后通过RD（α）的高低将所选样本分为高相关度样本组H（α）组与低相关度样本组L（α）组。

需要检验的假设为H_0：$\lambda_{iH} \geqslant \lambda_{iL}$，$i = 1, 2$。

H（α）与L（α）是通过RD（α）指标事先认定的会计信息价值相关性水平高的组与会计信息价值相关性水平低的组，如果通过实证检验，发现H（α）组的会计信息价值相关性水平高于L（α）组的，则意味着，存在α，使得RD指标能有效区分会计信息价值相关性高低水平，RD指标的合理性问题得以验证。如果任选α（$0 \leqslant \alpha \leqslant 1$），RD指标的有效性都得到验证，则意味着，RD指标对于区分会计信息价值相关性水平具有广泛的适用性，并不局限于某些特定的调节参数α。也就是说，RD指标对于调节参数的选择不具有敏感性，因而降低了RD指标的实际应用中调节参数α选择的技术性难度。

RD指标合理性与适用性的验证，我们将采用第2章中2.6节的“反应程度评价方法”进项检验。

3.3 指标差异化与趋同性评价（Ⅰ）：概念定义及指标

3.3.1 Biddle等（1995）的增量信息含量、相对优势信息含量的定义及其缺陷

按照Biddle等（1995）的思想[128]，增量信息含量事实上比较的是两种信息例如（X，Y）联合信息含量是否比X与Y中单独一方的信息含量大的问题，即：

$$\text{Info}(X, Y) \geqslant \text{Info}(Y)? \tag{3.17}$$

$$\text{Info}(X, Y) \geqslant \text{Info}(X)? \tag{3.18}$$

其中，Info表示信息含量。

若不等式（3.17）成立，则表明信息X具有增量信息含量（Incremental Information Content）；如果不等式（3.18）成立，则表明信息Y具有增量信息含量。否则，则没有。更进一步，增量信息含量可形式化表达如下：

$$\text{Info}(X, Y) - \text{Info}(Y) = \text{Info}(X|Y) \tag{3.19}$$

$$\text{Info}(X, Y) - \text{Info}(X) = \text{Info}(Y|X) \tag{3.20}$$

式（3.19）的含义为，给定Y下X的信息含量Info（X|Y）可以表示为信息（X，Y）的联合信息含量Info（X，Y）扣除信息Y的信息含量Info（Y）后的剩余部分，即Info（X|Y）；式（3.20）的含义与式（3.19）类似。基于此思想，增量信息含量在统计学上就可视为条件期望的问题。假设需探讨相对于每股收益EPS每股净资产NAPS是否具有增量信息含量的问题，以条件期望来表示就是：

$$E(P|EPS, NAPSP) = E(P|EPS) \tag{3.21}$$

如果采用回归分析的方法，观测所要研究的会计信息的代理变量的回归系数是否显著异于零即可。只要回归模型

$$P = \lambda_0 + \lambda_1 \cdot EPS + \lambda_2 \cdot NAPS + \varepsilon, \quad \varepsilon \sim N(0, \sigma^2) \tag{3.22}$$

中EPS、NAPS的系数显著异于零，则可认定每股净资产具有增量信息含量。

Biddle等[128]给出增量信息含量的具体种类如图3-1所示。

准则制定机构等经常要面对相对优势信息含量的评价问题，它们要在多种可供选择的会计处理方法中，选择一种或若干种具有更多信息含量的处理方法。由此引出一个与会计信息的增量信息含量有所不同但有密切联系的概念是相对优势信息含量（Relative Information Content）[128]，它指的是一种或一类会计信息是否比另一种或另一类会计信息具有更多的信息含量。

增量信息含量的比较问题为：

Info（X，Y）≥Info（Y）？若“>”成立，X具有增量信息含量；

Info（X，Y）≥Info（X）？若“>”成立，Y具有增量信息含量。

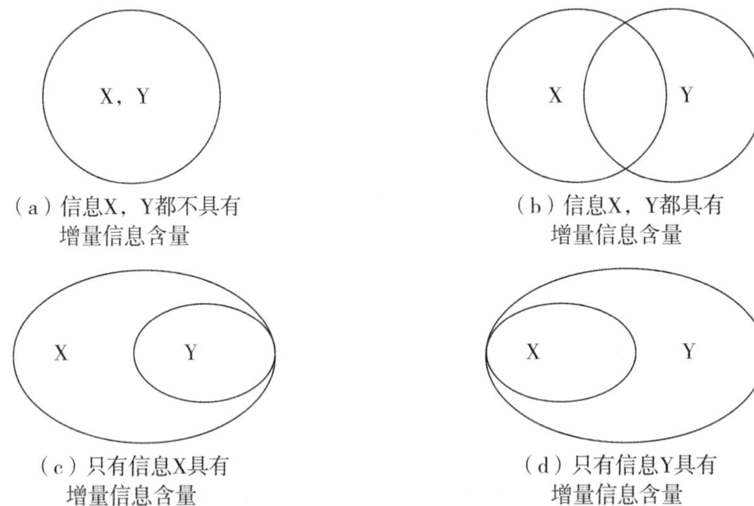

（a）信息X，Y都不具有增量信息含量

（b）信息X，Y都具有增量信息含量

（c）只有信息X具有增量信息含量

（d）只有信息Y具有增量信息含量

图3-1　增量信息含量的种类

相对优势信息含量的比较问题为：

Info（X）>Info（Y）？若成立，X比Y具有更多的信息含量；

Info（X）=Info（Y）？若成立，X与Y具有相等的信息含量；

Info（X）<Info（Y）？若成立，Y比X具有更多的信息含量。

由式（3.19）、式（3.20），可得：

$$Info(X,Y)-Info(Y)=IncInfo(X)$$

$$Info(X,Y)-Info(X)=IncInfo(Y)$$

其中，IncInfo表示增量信息含量，这里及下文不再采用Biddle等的记号Info（X|Y）与Info（Y|X），因此，

$$Info(X)>Info(Y)\Leftrightarrow IncInfo(X)>IncInfo(Y) \tag{3.23}$$

$$Info(X)<Info(Y)\Leftrightarrow IncInfo(X)<IncInfo(Y) \tag{3.24}$$

$$Info(X)=Info(Y)\Leftrightarrow IncInfo(X)=IncInfo(Y) \tag{3.25}$$

式（3.23）~式（3.25）可用图3-2直观地表示出来[128]。

信息X、Y含有公共的信息含量部分，记为Info(X∩Y)，全部的信息为“all”，除信息X、Y以外的信息记为“$others_0$”，则有：

$$\begin{aligned}Info(all)&=IncInfo(X)+IncInfo(Y)+Info(X\cap Y)+Info(others_0)\\&=IncInfo(X)+Info(X\cap Y)+Info(others_1)\\&=IncInfo(Y)+Info(X\cap Y)+Info(others_2)\end{aligned}$$

其中，

$$Info(others_1)=IncInfo(Y)+Info(others_0),\quad Info(others_2)=IncInfo(X)+Info(others_0)$$

于是，如果Info（$others_1$）<Info（$others_2$），就是IncInfo(X)>IncInfo(Y)。

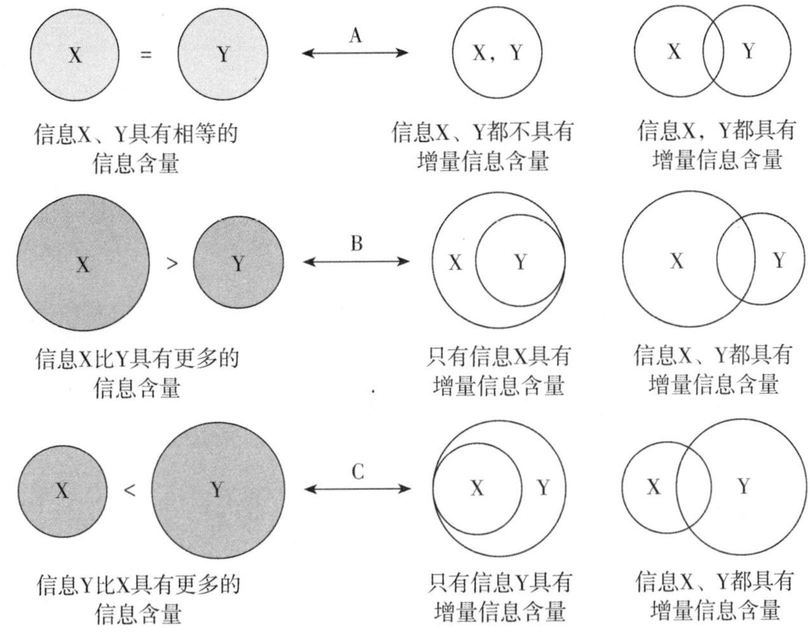

图3-2　增量信息含量与相对优势信息含量

这个分析结论的意义在于，IncInfo(X)与IncInfo(Y)的比较问题可转化为利用Vuong检验[129]，从备择回归模型中选择残差小的回归模型作为最佳回归模型，依此来判断会计信息价值相关性水平的相对高低。以检验每股收益EPS与每股经营活动净现金流量CFOPS之间的相对优势信息含量为例，设立回归模型$(3.26)_1$、$(3.26)_2$：

$$P = \alpha_0 + \alpha_1 \cdot CFOPS + \alpha_2 \cdot NAPS + \varepsilon,\quad \varepsilon \sim N(0,\ \sigma_1^2) \tag{3.26$_1$}$$

$$P = \beta_0 + \beta_1 \cdot EPS + \beta_2 \cdot NAPS + u,\quad u \sim N(0,\ \sigma_2^2) \tag{3.26$_2$}$$

其中，P表示每股市价，CFOPS表示每股经营活动净现金流量，NAPS表示每股净资产。

需检验的假设为H_0：$\sigma_1^2 = \sigma_2^2$；H_1：$\sigma_1^2 > \sigma_2^2$。如果经Vuong检验拒绝H_0，则接受H_1。

由于

$$Info(others_1) = Info(\sigma_1^2) = IncInfo(EPS) + Info(others_0)$$

$$Info(others_2) = Info(\sigma_2^2) = IncInfo(CFOPS) + Info(others_0)$$

$\sigma_1^2 > \sigma_2^2$则意味着，$Info(others_1) > Info(others_2) \Leftrightarrow IncInfo(EPS) > IncInfo(CFOPS)$。

因而，EPS的价值相关性就被认为强于CFOPS的。

Biddle等[128]关于增量信息含量的定义似乎是合理的，关于信息含量种类的划分似乎也是无懈可击的。但是，图3-1中信息X、Y的公共部分是什么，是指信息本身的公共部分，还是信息含量即决策后果的公共部分，或者是其他的含义。他们没有进一步研究，导致依此定义所构造的检验方法有一定的缺陷。比如，图3-1中的（a），X，Y都不具有增量信息含量，假定X，Y分别为每股收益EPS、每股净资产NAPS，那么以回归模型（3.22）进行回归，是不是意味着X，Y的回归系数就显著为零？是不是意味着信息X能完全替代信息Y？如果不能的话，这种情况如何进行检验？

两种信息比如每股收益EPS、每股净资产NAPS，是否有公共部分？如有的话，应该是什么？刘金雄（2016）[6] 对此问题做了研究，将其称为交互信息。下文对此加以阐述。

3.3.2 刘金雄（2016）的概念、评价方法的重构

两种信息比如每股收益EPS、每股净资产NAPS，其完全相同的部分可能是不存在的。但依Biddle等[128] 的思想，应该有所谓“公共”信息，只不过我们可能不知道而已。刘金雄（2016）[6] 将所谓的“公共”信息理解为共同作用于某一决策过程中，而不加定义地，理解为所谓交互信息。可用图3-3加以说明。

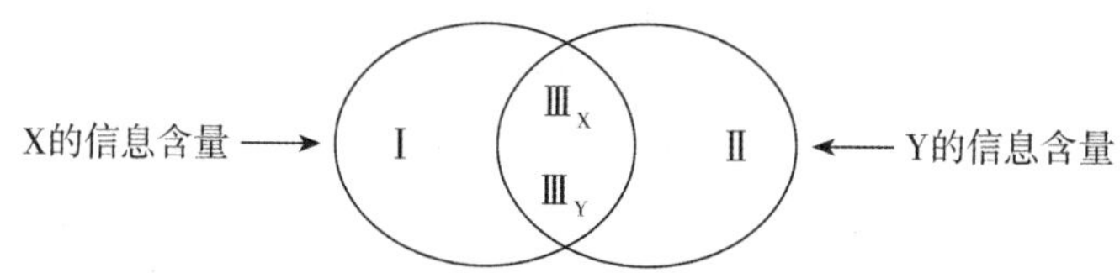

图3-3　信息含量的构成

为叙述的方便，下文不再采用Biddle等的记号Info（X|Y）与Info（Y|X），保留使用记号Info，并另外采用记号IncInfo，ConInfo表示增量信息含量与交互信息含量。

由图3-3可知，信息X、信息Y的信息含量分别为：

$$\text{Info}(X) = Ⅰ + Ⅲ_X,\ \text{Info}(Y) = Ⅱ + Ⅲ_Y \tag{3.27}$$

信息X、信息Y的增量信息含量分别为：

$$\text{IncInfo}(X) = Ⅰ,\ \text{IncInfo}(Y) = Ⅱ \tag{3.28}$$

其中，IncInfo表示增量信息。信息X、信息Y的“交互信息含量”Info(X^Y)可表达为：

$$\begin{aligned}\text{Info}(X\hat{}Y) &= \text{ConInfo}(X|Y) + \text{ConInfo}(Y|X)\\ &= Ⅲ_X + Ⅲ_Y\end{aligned} \tag{3.29}$$

ConInfo(X|Y)表示在给定信息Y的前提下信息X的交互信息含量，而ConInfo(Y|X)表示在给定信息X的前提下信息Y的交互信息含量。因此：

$$\text{Info}(X,\ Y) = \text{IncInfo}(X) + \text{Info}(X\hat{}Y) + \text{IncInfo}(Y) \tag{3.30}$$

$$\text{Info}(X) = \text{IncInfo}(X) + \text{ConInfo}(X|Y) \tag{3.31}$$

$$Info(Y) = IncInfo(Y) + ConInfo(Y|X) \tag{3.32}$$

由式（3.30）~式（3.32）可得：

$$Info(X, Y) = Info(X) + Info(Y) \tag{3.33}$$

且：

$$Info(X, Y) - Info(X) = IncInfo(Y) + ConInfo(Y|X) \tag{3.34}$$

$$Info(X, Y) - Info(Y) = IncInfo(X) + ConInfo(X|Y) \tag{3.35}$$

与Biddle等[128]的研究结论不同，式（3.34）和式（3.35）表明，(X，Y)的联合信息含量Info（X，Y）扣除信息Y的信息含量Info（Y）后的剩余部分，并不仅是信息X的增量信息含量IncInfo（X），还应包括信息Y对信息X所产生的交互影响ConInfo（X|Y）；(X，Y）的联合信息含量Info（X，Y）扣除信息X的信息含量Info（X）后的剩余部分，并不仅是信息Y的增量信息含量IncInfo（Y），还应包括信息X对信息Y所产生的交互影响ConInfo（Y|X）。

下面探讨信息含量如何评价问题。

假设满足上述信息含量评价需要的模型为：

$$P = \beta_0 + \varphi(X) + g(X, Y) + \phi(Y) + u, \quad u \sim N(0, \sigma^2) \tag{3.36}$$

则：

$$E(P|X, Y) = \beta_0 + \varphi(X) + g(X, Y) + \phi(Y) \tag{3.37}$$

因此：

$$\frac{\partial E(P|X, Y)}{\partial X} = \varphi'(X) + g'_X(X, Y)$$

$$\frac{\partial E(P|X, Y)}{\partial Y} = \phi'(Y) + g'_Y(X, Y)$$

基于市场反应系数作为信息含量评价指标的视角，信息X、信息Y的增量信息含量、交互信息含量、信息含量可形式化地表示为：

$$\begin{cases} IncInfo(X) = \varphi'(X) \\ ConInfo(X|Y) = g'_X(X, Y) \\ Info(X) = \varphi'(X) + g'_X(X, Y) \end{cases} \tag{3.38}$$

$$\begin{cases} IncInfo(Y) = \phi'(Y) \\ ConInfo(Y|X) = g'_Y(X, Y) \\ Info(Y) = \phi'(Y) + g'_Y(X, Y) \end{cases} \tag{3.39}$$

假设$g(X, Y)$的二阶偏导数连续，则：

$$g''_{XY}(X, Y) = g''_{YX}(X, Y) \tag{3.40}$$

为简单起见，可设$\varphi(X) = \beta_1 X$，$\phi(Y) = \beta_2 Y$，$g(X, Y) = \beta_2 XY$，代入式（3.36），可得出一个含增量信息、公共交互信息的简单回归模型：

$$P = \beta_0 + \beta_1 X + \beta_2 XY + \beta_3 Y + u, \quad u \sim N(0, \sigma^2) \tag{3.41}$$

在模型（3.41）下，信息X、信息Y的增量信息含量、交互信息含量、信息含量可形式化地表示为：

$$\begin{cases} IncInfo(X) = \beta_1 \\ ConInfo(X|Y) = \beta_2 Y \\ Info(X) = \beta_1 + \beta_2 Y \end{cases} \tag{3.42}$$

$$\begin{cases} IncInfo(Y) = \beta_3 \\ ConInfo(Y|X) = \beta_2 X \\ Info(Y) = \beta_3 + \beta_2 X \end{cases} \tag{3.43}$$

在模型（3.41）下，图3-1中的（a），信息X，Y都不具有增量信息含量，实证检验的结果应该是，β_1、β_3显著为零，而β_2显著异于零；图3-1中的（b），信息X，Y都具有增量信息含量，实证检验的结果应该是，β_1、β_2、β_3显著异于零；图3-1中的（c），只有信息X具有增量信息含量，实证检验的结果应该是，β_1、β_2显著异于零，β_3显著为零；图3-1中的（d），只有信息Y具有增量信息含量，实证检验的结果应该是，β_3、β_2显著异于零，β_1显著为零。

3.3.3 指标差异化与趋同性评价指标：增量信息变量、常识性信息变量、融合性信息变量

信息与信息含量是很难区分的两个概念，或者说，表面上容易区分，而实际上并不容易。如果将信息看成是一些具有一定形式的数据，而信息含量就是这些数据所能产生的可观察的后果。例如，设信息X= {A酒店经常闹鬼}、信息Y= {B酒店从不闹鬼}，如果信息X、Y对酒店的入住率没有影响，则信息X、Y没有信息含量，否则则有。

无论是图3-1还是图3-2，都是以集合来表示信息本身，又同时表示信息含量。图3-3延续了这一思路。图3-1、图3-2显示，以集合来表示信息，集合与交集的差集就是增量信息含量，即$IncInfo(X) = X - X \cap Y$，$IncInfo(Y) = Y - X \cap Y$，图形比较大的（或者图形面积比较大的），信息含量也比较大，因此，如果两集合不存在包含与被包含关系，就必定具有增量信息含量。并且，如图3-2（c）所示，当$X \subset Y$时，$IncInfo(X) = X - X \cap Y = \varnothing$，$IncInfo(Y) = Y - X \cap Y \neq \varnothing$，则信息X相对于Y没有增量信息含量，而信息Y相对于X则有增量信息含量。同时较之信息X，信息Y具有相对优势信息含量，即Info（X）<Info（Y）。当$X \not\subset Y$，$Y \not\subset X$时，$IncInfo(x) = X - X \cap Y \neq \varnothing$，$IncInfo(Y) = Y - X \cap Y \neq \varnothing$，则信息X相对于Y，Y相对于X都有增量信息含量，由于Y比X“大”，因此Info（X）<Info（Y）。

但是，以集合的包含关系来定义增量信息含量的方法，与Biddle等[128]关于增量信息含量的正式定义是有很大的区别的。正式的定义中是将两信息的联合信息含量与单个信息的信息含量进行比较，来确定另外一个变量是否具有增量信息

含量。正式的定义基于“由果索因”的思路，而图3-1、图3-2则是采用“由因推果”的方法——信息X是否具有增量信息含量要看 $IncInfo(X) = X - X \cap Y$ 是否等于∅。但是，信息含量是多种信息共同作用于决策目标后的结果，单个信息很难单独起作用，同时联合信息含量很难在图形中体现出来。

不同于以往的研究，这里的研究严格区分了信息与信息含量。首先将信息分解为常识性信息与增量信息，增量信息是针对本信息的常识性信息而言的。信息含量则是信息对于决策后果的评价。在此基础上，指标信息含量区分为差异化方面与趋同性方面的信息含量。

将信息分解为常识性信息与增量信息。比如将信息X分解为常识性信息x与增量信息Δx，信息 $X = x \oplus \Delta x$。可见，增量信息Δx是针对信息X的常识性信息x而言的。然而增量信息Δx是否具有增量信息含量，要视其与其他信息如信息Y相互作用所造成的决策后果而定。信息Y分解为常识性信息y与增量信息Δy，$Y = y \oplus \Delta y$。同样地，增量信息Δy是针对信息Y的常识性信息y而言的。Δx是否具有增量信息含量，要视其与信息Y的常识性信息y相互作用下对决策选择所造成的最终结果，Δy类似。

下面来探讨一下信息的分解与运算问题。

以“⊗”表示信息的相互作用，以“⊕”表示信息的分解，“⊗”与“⊕”的运算满足结合律与分配率。以（X，Y）表示信息X、Y的联合信息变量，其内涵是由信息X、Y相互作用下的结果，即 $(X, Y) = X \otimes Y$。

$$\begin{aligned}(X, Y) &= X \otimes Y \\ &= (x \oplus \Delta x) \otimes (y \oplus \Delta y) \\ &= (x \otimes y) \oplus (x \otimes \Delta y) \oplus (\Delta x \otimes y) \oplus (\Delta x \otimes \Delta y) \\ &= (x, y) \oplus (x, \Delta y) \oplus (\Delta x, y) \oplus (\Delta x, \Delta y)\end{aligned} \tag{3.44}$$

联合信息变量（X，Y）可以分解为增量信息变量（Δx，y）、（x，Δy），常识性信息变量（x，y），融合性信息变量（Δx，Δy）。其中，增量信息变量是用于反映指标差异化方面的信息变量，常识性信息变量与融合性信息变量是用于反映趋同性方面的信息变量。上述信息变量的分类如图3-4所示。

例如，要做一扇门，按常识，需做成高1.8米，宽0.9米。为了尽量增加采光量又不影响美观，这扇门的高度拟增加0.1米，宽拟加大0.05米，这个方案可行吗？

高度信息X=1.9=1.8⊕0.1，宽度信息Y=0.95=0.9⊕0.05。

（1）门的高宽联合常识性信息变量（x，y）=（1.8，0.9），其信息内涵包括：门的采光面积为1.62平方米，且符合美观要求。

（2）门高的增量信息变量（Δx，y）=（0.1，0.9），其信息内涵包括：在宽0.9米、高度1.8米的基础上，高度增加0.1米，增幅达5.56%（0.1÷1.8×100%），对于美观可能有不良影响，高宽比例由2∶1变为2.1∶1（1.8∶0.9→1.9∶0.9），

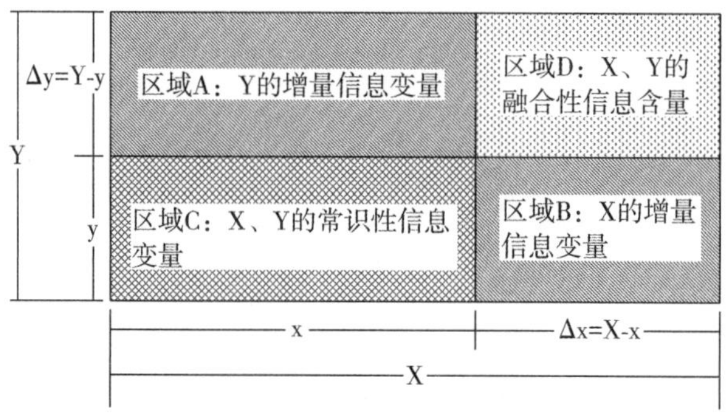

图3-4　信息变量的类型（二维的情形）

对采光量有影响——采光面积增加0.09平方米，增幅达5.56%（0.09÷1.62×100%）；门宽的增量信息变量（x，Δy）=（1.8，0.05），在宽0.9米、高度1.8米的基础上，宽度增加0.05米，增幅达5.56%（0.05÷0.9×100%），对于美观可能有不良影响，高宽比例由2∶1变为1.89∶1（1.8∶0.9→1.8∶0.95），对采光量有影响——采光面积增加0.09平方米，增幅达5.56%。

总之，增量信息变量（Δx，y）=（0.1，0.9）、（x，Δy）=（1.8，0.05），对于美观可能有不良影响，对采光量有影响——采光面积共增加0.18平方米，增幅达11.12%。

（3）融合性信息变量（Δx，Δy）=（0.1，0.05），单独考虑门的高度增加0.1米、宽度增加0.05米这一组增量信息，虽然对于采光量的影响不大，只增加0.005平方米，增幅仅为0.31%；不过，该融合性信息对美观影响比较大，如果门不“融入”这一“角块”，将严重影响美观，同时融入这一“角块”以后，新门的长宽比例仍维持在2∶1上。

根据以上分析，可接受该方案。

上述关于信息的分解与运算，可以推广到多个信息变量的情形。以三个变量为例来说明这个问题。设有信息X、Y、Z，$X=x\oplus\Delta x$，$Y=y\oplus\Delta y$，$Z=z\oplus\Delta z$，依信息含量运算规则，则有：

$$
\begin{aligned}
(X, Y, Z) &= X\otimes Y\otimes Z \\
&= (x\oplus\Delta x)\otimes(y\oplus\Delta y)\otimes(z\oplus\Delta z) \\
&= [(x\oplus\Delta x)\otimes(y\oplus\Delta y)]\otimes(z\oplus\Delta z) \\
&= [(x, y)\oplus(x, \Delta y)\oplus(\Delta x, y)\oplus(\Delta x, \Delta y)]\otimes(z\oplus\Delta z) \\
&= (x, y, z) \\
&\quad \oplus(x, y, \Delta z)\oplus(x, \Delta y, z)\oplus(\Delta x, y, z) \\
&\quad \oplus(x, \Delta y, \Delta z)\oplus(\Delta x, \Delta y, z)\oplus(\Delta x, y, \Delta z) \\
&\quad \oplus(\Delta x, \Delta y, \Delta z)
\end{aligned}
\tag{3.45}
$$

联合信息变量（X，Y，Z）可以分解为增量信息变量（Δx，y，z）、（x，Δy，z）、（x，y，Δz），常识性信息变量（x，y，z），融合性信息变量（Δx，Δy，z）、 （x，Δy，Δz）、（x，Δy，Δz）、（Δx，Δy，Δz）。其中，增量信息变量是用于反映指标差异化方面的信息变量，常识性信息变量与融合性信息变量是用于反映趋同性方面的信息变量。上述信息含量的分类如图3-5所示。

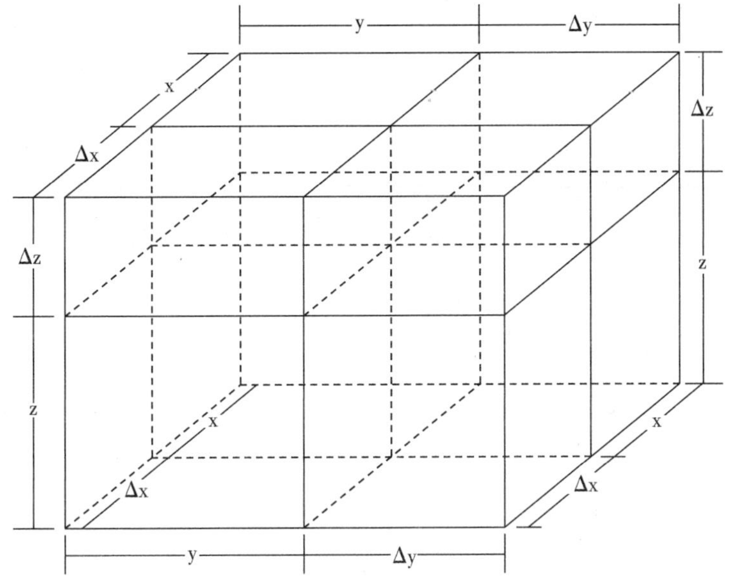

图3-5　信息变量的类型（三维的情形）

例如，要做一个长方体箱体，按常识，需做成长1.2米，宽0.9米，高1.8米。为了增加箱体容量又不影响美观，箱体的高度拟增加0.1米，长度增加0.08米，宽拟加大0.05米，这个方案可行吗？

长度信息X=1.28=1.2⊕0.08，宽度信息Y=0.95=0.9⊕0.05，高度信息Z=1.9=1.8⊕0.1。

（1）常识性信息变量（x，x）=（1.2，0.9，1.8），符合美观要求，长、宽、高的比例为1：0.75：1.5，容量为1.944立方米。

（2）增量信息变量（Δx，y，z）=（0.1，0.9，1.8）表明，在长1.2米、宽0.9米、高1.8米的基础上，长度增加0.08米，长、宽、高的比例变为1：0.70：1.41，对于美观可能有不良影响，对容量有影响——容量增加0.1296立方米，增幅达6.67%（0.1296÷1.944×100%）；（x，Δy，z）=（1.2，0.05，1.8）表明，在长1.2米、宽0.9米、高1.8米的基础上，宽度增加0.05米，长、宽、高的比例变为1：0.79：1.5，对于美观可能有不良影响，对容量有影响——容量增加0.108立方米，增幅达5.56%；（x，y，Δz）=（1.2，0.9，0.1）表明，在长1.2米、宽0.9米、高1.8米的基础上，高度增加0.1米，长、宽、高的比例变为1：0.75：1.58，对于美观可能有不良影响，对容量有影响——容量增加0.108立方米，增幅达5.56%。

总之，增量信息变量（Δx，y，z）=（0.1，0.9，1.8）、（x，Δy，z）=（1.2，0.05，1.8）、（x，y，Δz）=（1.2，0.9，0.1），对于美观没有不良影响，容量共增加0.4536立方米，增幅达17.78%。

（3）融合性信息变量（Δx，Δy，z）=（0.08，0.05，1.8）、（x，Δy，Δz）=（1.2，0.05，0.1）、（Δx，y，Δz）=（0.08，0.9，0.1）、（Δx，Δy，Δz）=（0.08，0.05，0.1）。

融合性信息变量（Δx，Δy，z）=（0.08，0.05，1.8），单独考虑箱体的长度增加0.08米、宽度增加0.05米，而高度1.8米保持不变这一组增量信息，虽然对于容量的影响不大，只增加0.0072立方米，增幅仅为0.37%；不过，该融合性信息对美观影响比较大，如果门不“融入”这一“角”，将严重影响美观，同时对美观的不良影响降低，长、宽、高的比例改善为1∶0.74∶1.41；类似地，（Δx，y，Δz）=（0.08，0.9，0.1）只增加容量0.0072立方米，增幅仅为0.37%，长、宽、高的比例改善为1∶0.70∶1.48；（x，Δy，Δz）=（1.2，0.05，0.1）只增加容量0.006立方米，增幅仅为0.31%，长、宽、高的比例改善为1∶0.79∶1.58；（Δx，Δy，Δz）=（0.08，0.05，0.1）只增加容量0.0004立方米，增幅仅为0.021%，长、宽、高的比例改善为1∶0.74∶1.48（在常识下的比例为1∶0.75∶1.5）。

所有融合性信息对容量的影响不大，一共只增加容量0.0208立方米，增幅仅为1.07%。不过，该融合性信息对美观影响比较大，如果长方体箱体不“融入”这四个“角”，将严重影响美观，至少这些“角块”可起到画龙点睛的作用。

根据以上的分析，可接受此方案。

下面再次引用第2章中的一个小案例来阐述本研究对于探讨会计信息价值相关性的重要意义。

第1章1.2节中探讨会计信息的有用性问题时，举了一个小案例——2020年3月24日、25日在市场交易的负净资产公司的会计数据与市值数据，数据见表1-3，用以阐明会计信息可能是“没用的”。该数据显示，公司市值严重偏离公司的净资产。公司净资产的绝对值越大，公司的市值并没有越小，似乎还有越来越大的趋势（见图1-1）。

按Biddle等（1995）的方法，以市值MV作为被解释变量，以总收益GE、净资产总值GNA作为解释变量进行回归分析，但都不显著。以单个变量作回归分析，却都显著。回归结果见表3-1。由此可见，对于负净资产公司来说，总收益、净资产总值没有增量信息含量，但单个变量有信息含量。

按刘金雄（2016）的方法[6]，以市值MV作为被解释变量，以总收益GE、净资产总值GNA以及它们的乘积作为解释变量进行回归分析，但都不显著。以单个变量作回归分析，却都显著。回归结果见表3-2。由此可见，交互信息（总收益×净资产）不显著，没有信息含量。本案例表明，总收益GE、净资产总值

表3-1　**增量信息含量：Biddle（1995）方法**

模型	解释变量			统计量		
	C	GE	GNA	R^2	Adj. R^2	F-统计量
I	22.336*** (6.336)	-0.202 (-1.098)	-0.094 (-0.484)	0.141	0.097	3.211*
Ⅱ	22.99*** (7.129)	-0.273** (-2.512)		0.136	0.115	6.309**
Ⅲ	21.849*** (6.231)		-0.265** (-2.278)	0.115	0.093	5.19**

备注：***表示在1%下显著，**表示在5%下显著，*表示在10%下显著。

被解释变量：MV——市值；解释变量：GNV——净资产总值，GE——总收益。

GNA具有信息含量，但不具有增量信息含量，其信息含量集中在总收益GE、净资产总值GNA的“公共信息”部分即“交互信息”部分，GE、GNA的“公共信息”以外的部分没有信息含量。这是一个有意义的结果，该结果表明，图3-1中的（b）“信息X、Y都具有增量信息含量”是不恰当的。

表3-2　**增量信息含量：刘金雄（2016）方法**

模型	解释变量				统计量		
	C	GE	GNA	GE*GNA	R^2	Adj. R^2	F-统计量
I	21.183*** (4.977)	-0.383 (-0.933)	-0.169 (-0.682)	-0.002 (-0.494)	0.147	0.08	2.181
Ⅱ	22.892*** (6.702)	-0.31 (-0.789)		0.000 (-0.098)	0.136	0.092	3.081*
Ⅲ	22.934*** (6.014)		-0.109 (-0.456)	0.002 (0.747)	0.127	0.083	2.845*
Ⅳ	23.888*** (7.563)			0.002** (2.365)	0.123	0.101	5.593**

备注：***表示在1%下显著，**表示在5%下显著，*表示在10%下显著。

被解释变量：MV——市值；解释变量：GNV——净资产总值，GE——总收益

按本研究所给的方法，以市值MV作为被解释变量，以CO_GNAGE——“净收益、净资产的联合常识性信息”变量、INC_GE——“总收益的增量信息”变量、INC_GNA——“净资产的增量信息”变量、INT_GNAGE GNV——“净收益、净资产的融合性信息”变量为解释变量进行回归分析，各个解释变量都显著。回归结果见表3-3。也就是说，虽然按照已有的方法，总收益GE、净资产总值GNA都具有信息含量而都不具有增量信息含量，其信息含量只集中在GE、

GNA的“交互信息”部分，但是，按照这里给出的方法，净收益、净资产的常识性信息、增量信息、融合性信息都具有信息含量。这也是我们这里所给出的方法定义所具有的重要意义。

表3-3　三种（常识性、增量、融合性）信息含量：刘金雄（本研究，2020）方法

项目	解释变量					统计量		
	C	CO_GNAGE	INC_GE	INC_GNA	INT_GNAGE GNV	R^2	Adj. R^2	F-统计
系数	43.496***	0.018**	-6.042***	-5.965***	0.032***	0.318	0.245	4.317***
t-值	(6.285)	(2.224)	(-3.037)	(-3.022)	(3.043)			

备注：***表示在1%下显著，**表示在5%下显著，*表示在10%下显著。

被解释变量：MV——市值；解释变量：CO_GNAGE——“净收益、净资产的联合常识性信息”变量，INC_GE——“总收益的增量信息”变量，INC_GNA——“净资产的增量信息”变量，INT_GNAGE GNV——“净收益、净资产的融合性信息”变量。变量的计量见3.4.1节。

3.4　指标差异化与趋同性评价（Ⅱ）：模型及评价方法

3.4.1　常识性信息含量、增量信息含量、融合性信息含量的设计与评价

信息于决策是否有用，取决于信息使用者（决策者）对信息是否了解，决策者对于信息越陌生，信息对于决策的影响越低。例如，设有可用于治疗疾病X的A、B、C三种药品。该选哪一种，用量多少，一个疗程要几天，普通人无法作出抉择，但医生知道。究其原因，虽然三种药品都有说明书，但普通人对于这些药品是完全陌生的，医生却不同，医生具有专业的知识，对于这些药品并不陌生，最为关键的是，医生可以根据病情，制订适当的用药方案。而且，同样的病，不同的医生用药是不同的，效果也不同。药的使用效果可知的部分是常识性信息，不可知的部分是陌生信息。普通人不具备药的常识性信息，医生则具备该信息。

一般地说，信息于决策可以分解为“常识性信息”与“陌生信息”，陌生信息就是本研究所说的“增量信息”。“陌生信息”要依靠常识性信息，才能对决策产生影响。“陌生信息”与“陌生信息”要进行融合才能对决策产生影响。

信息 $X = x \oplus \Delta x$，其中x为常识性信息，Δx为增量信息，同理，信息 $Y = y \oplus \Delta y$，其中y为常识性信息，Δy为增量信息。增量信息Δx、Δy分别是针对信息X、Y的常识性信息x、y而言的。

记：

$Co_XY = (x, y)$表示信息X、Y的联合常识性信息变量，$Inc\_X = X - x$，

$Inc_Y = Y - y$表示信息X、Y基于常识性信息的增量信息变量，Int_XY表示信息X、Y的融合性信息变量。

记P为被解释变量，若P中包含信息X、Y的常识性信息、增量信息或融合性信息，则相应地，信息X、Y被认为具有常识性信息含量、增量信息含量或融合性信息含量。为此，利用模型（3.44），可建立回归模型：

$$P = \alpha_0 + \alpha_1 \cdot Co\_XY + \alpha_2 \cdot Inc\_X + \alpha_3 \cdot Inc\_Y + \alpha_4 \cdot Int\_XY + \varepsilon, \quad \varepsilon \sim N(0, \sigma^2) \tag{3.46}$$

在实证中，如果回归系数$\hat{\alpha}_1$、$\hat{\alpha}_2$、$\hat{\alpha}_3$、$\hat{\alpha}_4$显著异于零，则相应地，信息X、Y具有常识性信息含量、增量信息含量（信息X）、增量信息含量（信息Y）或融合性信息含量。

类似地，关于三种信息，信息X、Y、Z利用模型（3.45），也可以探讨其常识性信息、增量信息以及融合性信息的问题。

$$\begin{aligned} P = {} & \alpha_0 + \alpha_1 \cdot Co\_XYZ + \alpha_2 \cdot Inc\_X + \alpha_3 \cdot Inc\_Y + \alpha_4 \cdot Inc\_Z \\ & + \alpha_5 \cdot Int\_XY + \alpha_6 \cdot Int\_XZ + \alpha_7 \cdot Int\_YZ \\ & + \alpha_8 \cdot Int\_XYZ + \varepsilon, \quad \varepsilon \sim N(0, \sigma^2) \end{aligned} \tag{3.47}$$

与以上的相类似，在实证中，如果回归系数$\hat{\alpha}_1$显著异于零，则信息X、Y、Z具有联合常识性信息含量；如果$\hat{\alpha}_2$、$\hat{\alpha}_3$、$\hat{\alpha}_4$显著异于零，则相应地，信息X、Y、Z具有增量信息含量（X、Y、Z）；如果$\hat{\alpha}_5$、$\hat{\alpha}_6$、$\hat{\alpha}_7$显著异于零，则相应地，信息X、Y、Z具有（局部）融合性信息含量（XY、XZ、YZ）；如果$\hat{\alpha}_8$显著异于零，则信息X、Y、Z具有（全面）融合性信息含量。

现在需要研究的问题是如何确定各种信息变量。

首先需要确定的是常识性信息变量。假设我们需要考察某个对象的三种信息X、Y、Z，如果我们知道了其中两种，就可以大致确定另外一种。当然，如果除了我们要考察的信息以外，还有其他信息作为参考，称之为参考信息，将使得某种信息的常识性信息更为准确。比如，一扇门，我们需考虑的变量包括门高X、门宽Y、门厚Z，通常这三个变量之间本身有一定的比例关系，所以我们知道其中两个，就可以估计另外一个，为了使得结果更准确些，还可以考虑楼层高度、墙壁的厚度等，诸如此类的变量称之为参考变量。设W_1，W_2，…，W_k为参考变量，可建立如下有关常识性信息变量的辅助回归模型：

$$X = \alpha_0 + \alpha_1 \cdot Y + \alpha_2 \cdot Z + \alpha_3 \cdot W_1 + \cdots + \alpha_{k+2} \cdot W_k + \varepsilon_1, \quad \varepsilon_1 \sim N(0, \sigma_1^2) \tag{3.48}$$

$$Y = \beta_0 + \beta_1 \cdot X + \beta_2 \cdot Z + \beta_3 \cdot W_1 + \cdots + \beta_{k+2} \cdot W_k + \varepsilon_2, \quad \varepsilon_2 \sim N(0, \sigma_2^2) \tag{3.49}$$

$$Z = \gamma_0 + \gamma_1 \cdot X + \gamma_2 \cdot Y + \gamma_3 \cdot W_1 + \cdots + \gamma_{k+2} \cdot W_k + \varepsilon_3, \quad \varepsilon_3 \sim N(0, \sigma_3^2) \tag{3.50}$$

模型（3.48）～（3.50）的回归系数分别为$\hat{\alpha}_i$，$\hat{\beta}_i$，$\hat{\gamma}_i$，$i = 0, 1, 2, \cdots, k+2$。记信息X、Y、Z的常识性信息变量为$Co_X = x$，$Co\_Y = y$，$Co\_Z = z$。在实证中，可以用拟合值来作为某一信息的常识性信息变量。相应地，就可以得到信息X、Y、Z的常识性信息模型：

$$Co\_X = x \approx \hat{x} = \hat{\alpha}_0 + \hat{\alpha}_1 \cdot Y + \hat{\alpha}_2 \cdot Z + \hat{\alpha}_3 \cdot W_1 + \cdots + \hat{\alpha}_{k+2} \cdot W_k \tag{3.51}$$

$$Co\_Y = y \approx \hat{y} = \hat{\beta}_0 + \hat{\beta}_1 \cdot X + \hat{\beta}_2 \cdot Z + \hat{\beta}_3 \cdot W_1 + \cdots + \hat{\beta}_{k+2} \cdot W_k \tag{3.52}$$

$$Co\_Z = z \approx \hat{z} = \hat{\gamma}_0 + \hat{\gamma}_1 \cdot X + \hat{\gamma}_2 \cdot Y + \hat{\gamma}_3 \cdot W_1 + \cdots + \hat{\gamma}_{k+2} \cdot W_k \tag{3.53}$$

确定了常识性信息变量后，增量信息变量可定义为：

$$Inc\_X = X - x \tag*{(3.54)$_1$}$$

$$Inc\_Y = Y - y \tag*{(3.54)$_2$}$$

$$Inc\_Z = Z - z \tag*{(3.54)$_3$}$$

联合常识性信息变量如Co_XY = (x，y)、融合性信息变量如Int_XY的确定就是一件较为困难的事，而且主观性比较强。这里选底数为信息变量乘积，指数为1/2、1、3/2的三种幂函数来构造这两类信息变量。考虑到会计数据中大多数为正的，负的为异常情况，只要信息变量中有一为负，所构造的联合常识性信息或融合性信息变量就为负的。

二元信息变量情形，以信息X、Y为例。按上述思路，信息X、Y的联合常识性信息变量可定义为如下三种形式：

$$Co1\_XY = (x, y) = |xy|^{1/2} \times \lambda(x, y) \tag{3.55}$$

$$Co2\_XY = (x, y) = |xy| \times \lambda(x, y) \tag{3.56}$$

$$Co3\_XY = (x, y) = |xy|^{3/2} \times \lambda(x, y) \tag{3.57}$$

其中，

$$\lambda(x, y) = \begin{cases} 1, & x > 0, \quad y > 0 \\ -1, & \text{其他} \end{cases} \tag{3.58}$$

信息X、Y的融合性信息变量可定义为如下三种形式：

$$Int1\_XY = |Inc\_X \cdot Inc\_Y|^{1/2} \times \lambda(Inc\_X, Inc\_Y) \tag{3.59}$$

$$Int2\_XY = |Inc\_X \cdot Inc\_Y| \times \lambda(Inc\_X, Inc\_Y) \tag{3.60}$$

$$Int3\_XY = |Inc\_X \cdot Inc\_Y|^{3/2} \times \lambda(Inc\_X, Inc\_Y) \tag{3.61}$$

其中，λ(Inc_X，Inc_Y)的定义同式（3. 58）。

三元信息变量情形，以信息X、Y、Z为例，与二元的情形相类似，信息X、Y、Z的联合常识性信息变量可定义为如下三种形式：

$$Co1\_XYZ = (x, y, z) = |xyz|^{1/2} \times \lambda(x, y, z) \tag{3.62}$$

$$Co2\_XYZ = (x, y, z) = |xyz| \times \lambda(x, y, z) \tag{3.63}$$

$$Co3\_XYZ = (x, y, z) = |xyz|^{3/2} \times \lambda(x, y, z) \tag{3.64}$$

其中，λ(x，y，z)的定义与式（3. 58）相类似，即：

$$\lambda(x, y, z) = \begin{cases} 1, & x > 0, \quad y > 0, \quad z > 0 \\ -1, & \text{其他} \end{cases} \tag{3.65}$$

信息X、Y、Z的局部融合性信息变量Int_XY、Int_XZ、Int_YZ类似于式（3. 59）~式（3. 61）所确定的三种形式，信息X、Y、Z的全面融合性信息变量可定义为如下的三种形式：

$$Int1\_XYZ = |Inc\_X \cdot Inc\_Y \cdot Inc\_Z|^{1/2} \times \lambda(Inc\_X,\ Inc\_Y,\ Inc\_Z) \tag{3.66}$$

$$Int2\_XYZ = |Inc\_X \cdot Inc\_Y \cdot Inc\_Z| \times \lambda(Inc\_X,\ Inc\_Y,\ Inc\_Z) \tag{3.67}$$

$$Int3\_XYZ = |Inc\_X \cdot Inc\_Y \cdot Inc\_Z|^{3/2} \times \lambda(Inc\_X,\ Inc\_Y,\ Inc\_Z) \tag{3.68}$$

其中，$\lambda(Inc_X,\ Inc_Y,\ Inc_Z)$的定义同式（3.65）。

需要特别指出的是，在二元信息X、Y的情形下，如果常识性信息变量取常量，即$Co_X = \alpha_0$，$Co\_Y = \beta_0$，则增量信息变量$Inc_X = X - \alpha_0$，$Inc\_Y = Y - \beta_0$，融合性信息变量取乘积即式（3.60）形式，将

$$Int\_XY = (X - \alpha_0)(Y - \beta_0) = XY - \beta_0 X - \alpha_0 Y + \alpha_0\beta_0$$

代入模型（3.46），就可得到模型（3.41）。这表明，刘金雄（2016）[6]所探讨的交互信息含量问题本质上是属于本研究中常识性信息变量取常量，融合性信息变量取乘积即（3.60）情形下的一个特例，因而本研究是对已有研究的一个重要发展。

最后，对上一节中表3-3有关变量的计量问题说明如下：

记X=GNA（总资产），Y=GE（总收益），不考虑参考变量，X、Y的常识性信息变量依模型（3.48）、模型（3.49）建立简单的辅助回归模型：$X = \alpha_0 + \alpha_1 \cdot Y + \varepsilon_1$，$\varepsilon_1 \sim N(0,\ \sigma_1^2)$以及$Y = \beta_0 + \beta_1 \cdot X + \varepsilon_2$，$\varepsilon_2 \sim N(0,\ \sigma_2^2)$。模型的回归系数分别为$\hat{\alpha}_i$，$\hat{\beta}_i$，$i = 0,\ 1$。信息X、Y的常识性信息变量x、y模型如下：$x \approx \hat{x} = \hat{\alpha}_0 + \hat{\alpha}_1 \cdot Y$，$y \approx \hat{y} = \hat{\beta}_0 + \hat{\beta}_1 \cdot X$，则增量信息变量为$Inc_X = X - x$，$Inc\_Y = Y - y$，融合性信息变量采用乘积的形式，即由式（3.60）所确定。

3.4.2 会计信息差异化程度的评价

3.4.2.1 研究问题

从数量上看，世间万物都有差异。会计信息差异化程度的评价，本质上是对信息含量高低的评价，实证上也就是会计信息对股价的影响程度的评价。已有研究中，关于会计信息差异化程度评价问题，主要是针对会计信息相对优势信息含量（Relative Information Content）问题，指的是一种或一类会计信息是否比另一种或另一类会计信息具有更多的信息含量[128]。此类研究可为准则制定机构等的工作提供理论指导，便于它们在多种可供选择的会计处理方法中选择一种或若干种具有更多信息含量的处理方法。

从定义上看，会计信息的增量信息含量与相对优势信息含量不同的是，前者要探讨的问题是信息X相对于其常识性信息Co_X新增的信息即增量信息Inc_X是否具有信息含量（X=Co_X⊕Inc_X）。假如信息含量可以用数量来度量，那么增量信息含量的比较问题为：

若Info（Inc_X）>0，X具有增量信息含量；若Info（Inc_X）=0，则不具有。

后者要探讨的是，相对于信息X与信息Y，Info（X）是否大于Info（Y）的问题。相对优势信息含量的比较问题为：

Info（X）> Info（Y）？若成立，X比Y具有更多的信息含量；

Info（X）= Info（Y）？若成立，X与Y具有相等的信息含量；

Info（X）< Info（Y）？若成立，Y比X具有更多的信息含量。

增量信息含量与相对优势信息含量，虽是不同的概念，但有密切的联系。由图3-4可知：

Info（X）= Info（Co_XY）+ Info（Inc_X）+Info（Int_XY）

Info（Y）= Info（Co_XY）+ Info（Inc_Y）+Info（Int_XY）

因此，

Info（X）> Info（Y）⇔Info（Inc_X）> Info（Inc_Y） (3.69)

也就是说，信息X的信息含量优于信息Y的，等价于信息X的增量信息含量优于Y的增量信息含量。换句话说，已有的研究中，相对优势信息含量问题，通常要与增量信息含量相联系。

对于会计信息差异性的研究，仅仅停留在相对优势信息含量的比较上，可能是不够的，还需要研究其他方面。例如，如果信息X的信息含量多于信息Y，不提供信息Y，对于决策的影响是否只是损失了信息Y的增量信息部分？进一步地，如果信息Y不具有增量信息含量，那么不提供Y，对决策是否有影响？信息对于决策的影响从功能上看，有差异性与趋同性两方面，相对优势信息含量是差异性评价中增量信息含量的对比，会计信息对决策的影响还包括趋同性方面。不提供一种会计信息，对决策的影响就不仅仅是损失增量信息含量，还对趋同性信息含量造成影响。

本研究将拓展对会计信息含量差异化研究，着眼于对会计信息的差异性与趋同性的信息含量的对比研究，包括差异性方面与趋同性方面信息含量的对比，差异性内部构成即增量信息的信息含量的对比（传统意义上的相对优势信息含量评价）以及趋同性内部构成诸如常识性信息含量与融合性信息含量的对比。

3.4.2.2 评价方法

1）现行的主要评价方法——Vuong检验

Vuong检验研究相对优势信息含量问题，也可用于评价会计信息含量差异程度的一般性问题。

记全部的信息为“all”，设有两类信息，信息类X、信息类Y，除信息类X、信息类Y以外的信息记为“$others_0$”，则有：

$$
\begin{aligned}
\text{Info (all)} &= \text{Info (X)} + \text{Info (Y)} + \text{Info}(others_0) \\
&= \text{Info (X)} + \text{Info}(others_1) \\
&= \text{Info (Y)} + \text{Info}(others_2)
\end{aligned}
$$

其中，Info（$others_1$）=Info（Y）+Info（$others_0$），Info（$others_2$）=Info（X）+Info（$others_0$）。于是，如果Info（$others_1$）<Info（$others_2$），就是Info（X）>Info（Y）。这个分析结论的意义在于，如果以股价P为被解释变量，以X_1，X_2，…，X_k为信息类X的表征变量，以其他变量Z_1，Z_2，…，Z_m（非信息类Y的表征变量）为解释变量，则信息类Y的信息含量包含在随机误差项中，即Info($others_1$)－Info($others_0$)；以股价P为被解释变量，以Y_1，Y_2，…，Y_l为信息类Y的表征变量，以其他变量Z_1，Z_2，…，Z_m（非信息类X的表征变量）为解释变量，则信息类X的信息含量包含在随机误差项中，即Info($others_2$)－Info($others_0$)。这样问题就可转化为利用Vuong检验[129]，从备择回归模型中选择残差小的回归模型作为最佳回归模型，依此来判断会计信息价值相关性水平的相对高低。设立下列的回归模型：

$$P = \alpha_0 + \sum_{i=1}^{k}\alpha_i X_i + \sum_{i=1}^{k}\gamma_j Z_j + \varepsilon,\quad \varepsilon \sim N(0,\ \sigma_1^2) \tag{3.70}$$

$$P = \beta_0 + \sum_{i=1}^{l}\beta_i Y_i + \sum_{j=1}^{m}\phi_j Z_j + u,\quad u \sim N(0,\ \sigma_2^2) \tag{3.71}$$

需检验的假设为H_0：$\sigma_1^2 = \sigma_2^2$；H_1：$\sigma_1^2 > \sigma_2^2$。如果经Vuong检验拒绝H_0，则接受H_1。由于

$$\mathrm{Info}(others_1) = \mathrm{Info}(\sigma_1^2) = \mathrm{Info}(Y) + \mathrm{Info}(others_0)$$

$$\mathrm{Info}(others_2) = \mathrm{Info}(\sigma_2^2) = \mathrm{Info}(X) + \mathrm{Info}(others_0)$$

$\sigma_1^2 > \sigma_2^2$则意味着，Info($others_1$)=Info(Y)+Info（$others_0$），Info($others_2$)=Info(X)+Info($others_0$)。Info($others_1$) > Info($others_2$)⇔Info(Y) > IncInfo(X)，因而，信息类Y的价值相关性就被认为强于X的。

运用Vuong检验，检验的统计量为：

$$Z = \frac{LR_n}{\sqrt{n}\,\hat{w}_n} \xrightarrow{D} N(0,\ 1) \tag{3.72}$$

其中，

$$LR_n = \sum_{i=1}^{n} LR_n(i) = \sum_{i=1}^{n}\left(\ln\frac{\hat{\sigma}_2}{\hat{\sigma}_1} + \frac{u_i^2}{2\hat{\sigma}_2^2} - \frac{\varepsilon_i^2}{2\hat{\sigma}_1^2}\right),\quad R_n(i) = \ln\frac{\hat{\sigma}_2}{\hat{\sigma}_1} + \frac{u_i^2}{2\hat{\sigma}_2^2} - \frac{\varepsilon_i^2}{2\hat{\sigma}_1^2} \tag{3.73}$$

$$\begin{aligned} \hat{w}_n^2 &= \frac{1}{n}\sum_{i=1}^{n} LR_n(i)^2 - \left[\frac{1}{n}\sum_{i=1}^{n} LR_n(i)\right]^2 \\ &= \frac{1}{n}\sum_{i=1}^{n}\left(\ln\frac{\hat{\sigma}_2}{\hat{\sigma}_1} + \frac{u_i^2}{2\hat{\sigma}_2^2} - \frac{\varepsilon_i^2}{2\hat{\sigma}_1^2}\right)^2 - \left\{\frac{1}{n}\sum_{i=1}^{n}\left(\ln\frac{\hat{\sigma}_2}{\hat{\sigma}_1} + \frac{u_i^2}{2\hat{\sigma}_2^2} - \frac{\varepsilon_i^2}{2\hat{\sigma}_1^2}\right)\right\}^2 \end{aligned} \tag{3.74}$$

2）市场反应程度评价方法

如果信息类X可用单变量X_1作为表征变量，信息类Y也可用单变量X_2作为表征变量，那么比较信息类X、信息类Y的信息含量差异程度，可以采用市场反应程度评价方法，只要比较X_1、X_2的市场反应系数的大小就可以。为此，需要

计算解释变量的有解释力变动（见2.6节）。假设X_3、X_4为控制变量，建立如下模型：

$$P=\gamma_0+\gamma_1\cdot X_1+\gamma_2\cdot X_2+\gamma_3\cdot X_3+\gamma_4\cdot X_4+\varepsilon,\quad \varepsilon\sim N(0,\ \sigma^2) \tag{3.75}$$

$$P=\phi_0+\phi_1\cdot X_1+\phi_2\cdot X_3+\phi_3\cdot X_4+u,\quad u\sim N(0,\ \sigma_1^2) \tag{3.76}$$

$$P=\varphi_0+\varphi_1\cdot X_2+\varphi_2 X_3+\varphi_3\cdot X_4+v,\quad v\sim N(0,\ \sigma_2^2) \tag{3.77}$$

$$P=\alpha_0+\alpha_1\cdot X_1+\xi,\quad \xi\sim N(0,\ \tau_1^2) \tag{3.78}$$

$$P=\beta_0+\beta_1\cdot X_2+\eta,\quad \eta\sim N(0,\ \tau_2^2) \tag{3.79}$$

其中，P为被解释变量，可表示诸如每股市价等因变量。

通过回归分析，分别估计式（3.75）~(3.79）中的参数值。全部的信息为“all”，除自变量以外的信息记为“others_0”，则有：

$$\begin{aligned}\text{Info}(\text{all})&=\text{Info}(X_1)+\text{Info}(X_2)+\text{Info}(X_3)+\text{Info}(X_4)+\text{Info}(\text{others}_0)\\&=\text{Info}(X_1)+\text{Info}(X_3)+\text{Info}(X_4)+\text{Info}(\text{others}_1)\\&=\text{Info}(X_2)+\text{Info}(X_3)+\text{Info}(X_4)+\text{Info}(\text{others}_2)\end{aligned}$$

因此：

$$\text{Info}(X_1)=\text{Info}(\text{others}_2)-\text{Info}(\text{others}_0)=\text{Info}(\sigma_2^2)-\text{Info}(\sigma^2) \tag{3.80}$$

$$\text{Info}(X_2)=\text{Info}(\text{others}_1)-\text{Info}(\text{others}_0)=\text{Info}(\sigma_1^2)-\text{Info}(\sigma^2) \tag{3.81}$$

随机误差项服从正态分布，表明其他信息解释了股价在正负3个标准差之间的变动。由式（3.80）可知，$\text{Info}(X_1)=\text{Info}(\sigma_2^2)-\text{Info}(\sigma^2)$，股价变动中的$3(\hat{\sigma}_2-\hat{\sigma})$应由EPS来解释，也就是，以0.999的概率，$X_1$解释了股价在$\pm3(\hat{\sigma}_2-\hat{\sigma})$之间的变动。

模型（3.78）是关于信息X_1即EPS的信息含量的一个模型，该模型不区分差异性信息与趋同性信息，可以作为总体意义上的信息含量的模型，因此，平均地，股价变动$3(\hat{\sigma}_2-\hat{\sigma})$归因于信息$X_1$的变动即信息$X_1$的有解释力变动$\Delta_{EPS-max}$满足$\hat{\alpha}_1\Delta_{X_1-max}=3(\hat{\sigma}_2-\hat{\sigma})$，即：

$$\Delta_{X_1-max}=\frac{3(\hat{\sigma}_2-\hat{\sigma})}{\hat{\alpha}_1} \tag{3.82}$$

同理，给出股价变动$3(\hat{\sigma}_1-\hat{\sigma})$归因于信息$X_2$的变动即信息$X_2$的有解释力变动$\Delta_{CFOPS-max}$满足$\hat{\beta}_1\Delta_{X_2-max}=3(\hat{\sigma}_1-\hat{\sigma})$，即：

$$\Delta_{X_2-max}=\frac{3(\hat{\sigma}_1-\hat{\sigma})}{\hat{\beta}_1} \tag{3.83}$$

信息X_1、X_2的有解释力变动比为：

$$\frac{1}{k}=\Delta_{X_1-max}/\Delta_{X_2-max}=\frac{\hat{\beta}_1}{\hat{\alpha}_1}\cdot\frac{\hat{\sigma}_2-\hat{\sigma}}{\hat{\sigma}_1-\hat{\sigma}} \tag{3.84}$$

为评价X_1、X_2的相对优势信息含量，设立如下的回归模型：

$$P=\lambda_0+\lambda_1\cdot(k\cdot X_1)+\lambda_2\cdot((k\cdot X_1)+X_2)+\lambda_3\cdot X_3+\lambda_4 X_4+\varepsilon,\quad \varepsilon\sim N(0,\ \sigma^2) \tag{3.85}$$

新变量$k\cdot X_1$的市场反应系数为$\lambda_1+\lambda_2$，X_2的市场反应系数为λ_2。因而对于

$k \cdot X_1$、X_2的相对优势信息含量的比较，可以简化为确定$|\lambda_1 + \lambda_2|$是否大于$|\lambda_2|$的问题。

（1）如果检验的结果为显著地，λ_1，$\lambda_2 > 0$或λ_1，$\lambda_2 < 0$成立，则$|\lambda_1 + \lambda_2| > |\lambda_2|$，因而$X_1$（即EPS）的相对优势信息含量要大于$X_2$（即CFOPS）的。

（2）如果检验的结果为显著地，$\lambda_2 > 0$，$\lambda_1 < 0$，则作补充检验：

$$P = \mu_0 + \mu_1 \cdot [(k \cdot X_1) + X_2] + \mu_2 \cdot X_2 + \mu_3 \cdot X_3 + \mu_4 \cdot X_4 + \varepsilon, \quad \varepsilon \sim N(0, \sigma^2) \tag{3.86}$$

式（3.86）中新变量$k \cdot X_1$的市场反应系数为μ_1，X_2的市场反应系数为$\mu_1 + \mu_2$。

① 如果检验结果为μ_1，$\mu_2 > 0$，则X_2的相对优势信息含量要大于X_1的；

② 如果检验结果为$\mu_1 < 0$，$\mu_2 > 0$，则需作变号变换，将$k \cdot X_1$乘以（−1）即为$(-k \cdot X_1)$，重新按模型（3.85）或模型（3.86）进行分析；

（3）如果检验的结果为显著地，$\lambda_1 > 0$，$\lambda_2 < 0$，与（2）的检验步骤相同。

3）两种评价方法的对比

从理论上看，这两种评价方法所得出的结论应该是一致的。如果不一致，应进一步查明原因，寻求经济理论的支持，选择符合理论预期的结果；如果无法查明原因，也无法获得有关经济理论的支持，应以Vuong检验方法下的结论为主，其他方法可以作为稳健性检验，这是因为拙作所建立的市场反应程度评价方法本身还需进一步完善以及解释变量的有解释力变动比可能存在计算误差等，而影响了评价的结论。

不过，市场反应程度评价方法与Vuong检验方法相比，具有一个重要的优势，就是可用于探讨一种信息对另一种信息的优势随某因素的变化而变化的情况。

3.5　本章小结

本章着重探讨了会计信息价值相关性的差异性与趋同性的指标与评价方法构建问题。已有的研究通常只针对差异性，会计信息的趋同性未见有文献涉及。

关于会计信息价值相关性的差异性与趋同性问题，本研究将其区分为个体性质的与指标性质的，并分别设计出指标与方法。个体性质的，本章设计出RD指标，探讨其理论依据以及作为分类指标的合理性。RD指标作为分类指标，可用于研究会计信息价值相关性的个体差异与趋同的问题。

会计信息价值相关性指标性质的差异性与趋同性问题，本章针对会计信息对决策的影响，将其划分为增量信息、常识性信息与融合性信息，并设计出评价指标及其构造方法。本章所做的研究，是对刘金雄（2016）[6]所探讨的交互信息含量的一个重要发展。除了“增量信息含量”以外，本章所探讨的“常识性信息含量”“融合性信息含量”是当前关于会计信息价值的研究文献中未曾涉及的，本着提出问题比解决问题重要的原则，本章提出概念与方法，只是作为一种尝试，远非能达到解决问题的目标，以期能起到抛砖引玉的作用。

在实证中，针对本章所建立的指标，可运用市场反应程度评价方法以及“等水平—标准差指标”的Vuong检验进行实证检验。

第4章 会计信息价值相关性的个体差异化与趋同性

4.1 概述

会计信息价值相关性影响因素的有关研究表明，会计信息价值相关性的高低受到企业的内在因素（如盈余持续性、盈余质量）和外在因素（市场化程度、制度环境）的影响，如Collins与Kothari（1989）[91]发现盈余反应系数ERC与盈余持续性、无风险利率、系统性风险等因素有关。由于不同的企业所具有的内在因素和所处的外部环境有所不同，已有的研究似乎表明：会计信息价值相关性在不同的企业间是存在差异的。或者说，会计信息价值相关性存在个体化差异。

"会计信息价值相关性存在个体化差异"这个判断看起来似乎是显而易见正确的，然而，已有的研究所提供的证据还不足以支撑这个判断。因为企业会计信息价值相关性同时受到许多因素的影响，有些是提升了会计信息价值相关性而有些则降低了会计信息价值相关性，这些因素对会计信息价值相关性的最终影响是提升还是降低还是没有影响，并非显而易见。例如，已有的研究发现，会计信息价值相关性与盈余持续性呈正向关系（Kothari（2001））[92]，与内部控制质量呈正向关系（董望等（2011））[95]。如果甲企业盈余持续性高、内部控制质量低，而乙企业则相反——盈余持续性低、内部控制质量高，现有理论无法对这两个企业会计信息价值相关性的高低作出判断。由于无法对两个企业的会计信息价值相关性的高低作出判断，因而对会计信息价值相关性是否存在个体化差异也无法作出判断。

会计信息价值相关性的影响因素问题的研究只能从单因素的角度区分不同企业会计信息价值相关性的强弱问题，不能区分现实中不同企业会计信息价值相关性的实际差异问题。其原因是缺少一套行之有效的、可用于区分不同企业会计信息价值相关性的实际差异问题的理论与方法。本研究第3章建立理论，提出用于区分不同企业会计信息价值相关性差异的指标即RD指标。本章的一个主要研究任务是要验证RD指标的有效性，即利用RD指标是否可以区分不同企业会计信息价值相关性的强弱。其二，如果能的话，那么我们实际上可以知道哪些企业的会计信息价值相关性较强，哪些企业的会计信息价值相关性较弱。在此基础上，本章将进一步研究会计价值相关性是否存在聚类的问题即趋同性问题，企业会计信息价值相关性是否会往某一方向趋同。其三，本章将探讨会计信息价值相关性的稳定性或变异性问题——现在会计信息价值相关性强的企业，其过去会计信息价值相关性是否也较强，其未来会计信息价值相关性是否也较强。

4.2 研究假设

第3章中所提出的RD指标，可用于分析、验证不同企业会计信息价值相关性的差异化问题，是本章分析这类问题的基本分析工具。这里为便于阐述这类分析、验证工作，关于RD指标的有关理论，择其要点，简述如下：

依DDM，假定公司将全部收益作为股利全部发放给股东，公司内在价值（每股）为 $IVPS = EPS/(r - \rho)$。$IVPS_t$ 表示每股的内在价值，r为必要的折现率，EPS为每股收益，ρ为收益的增长率。根据每股收益EPS及其增长率ρ可构造有关会计信息价值相关性的指标。由于 $\frac{\partial}{\partial(EPS)}(IVPS) = 1/(r - \rho) = IVPS/EPS$，因此市盈率的绝对值可用来作为衡量会计信息的价值相关度（Degree of Relevance，RD）的一个指标，即：

$$RD_1 = |MVPS/EPS| = |PER| \tag{4.1}$$

RD_1越高，表示EPS及其增长率ρ的价值相关性越高。对公司内在价值$IVPS_t$关于ρ求偏导，$\frac{\partial}{\partial \rho}(IVPS) = \frac{EPS}{(r - \rho)^2} = IVPS \cdot \frac{1}{r - \rho}$，即$\frac{\partial(IVPS)}{\partial \rho}/IVPS = \frac{1}{r - \rho} = \frac{IVPS}{NAPS} \cdot \frac{1}{ROE}$。因而可用每股市价与每股净资产比值的绝对值也就是“市净率”（Price Book Ratio，PBR）的绝对值，作为定义会计信息的价值相关性程度（Degree of Relevance，RD）的另一个指标，即：

$$RD_2 = |MVPS_t/NAPS_t| = |PBR| \tag{4.2}$$

RD_1与RD_2分别表示股价对盈利变动、盈利增长率变动的反应，因而会计信息的价值相关性程度指标RD可通过RD_1与RD_2加以定义。假定RD具有 $RD = f(RD_1) \cdot g(RD_2)$形式，并且$RD_1$、$RD_2$对RD的相对贡献为λ：μ，即 $\frac{\partial(RD)}{\partial(RD_1)} \cdot \frac{RD_1}{RD} = \lambda$，$\frac{\partial(RD)}{\partial(RD_2)} \cdot \frac{RD_2}{RD} = \mu$，解此二元方程组可得，$RD = cRD_1^{\lambda} \cdot RD_2^{\mu} = c[RD_1^{\lambda/(\lambda+\mu)} \cdot RD_2^{1-\lambda/(\lambda+\mu)}]^{\lambda+\mu}$，c为常数，记$\alpha = \lambda/(\lambda + \mu)$，并令c=1，可将RD指标简化为：

$$RD(\alpha) = RD_1^{\alpha} \cdot RD_2^{1-\alpha} \tag{4.3}$$

$RD(\alpha) = RD_1^{\alpha} \cdot RD_2^{1-\alpha}$，其中$RD_1$、$RD_2$对RD的相对贡献为λ：$\mu=\alpha/(1 - \alpha)$，

α称为会计信息价值相关度参数。RD(α)值越大，会计信息的价值相关性越高。

根据以上分析，提出如下的研究假设H1：

H1：RD指标是有效的，即RD值越大，会计信息的价值相关性越高。

依盈利增长率模型，企业的内在价值IVPS = EPS/(r − ρ)，企业会计信息价值相关性体现在两方面：一是企业内在价值对收益EPS变动的反应程度，即 $\frac{\partial}{\partial(EPS)}(IVPS) = 1/(r-\rho)$，二是对收益增长率ρ变动的反应程度，即 $\frac{\partial}{\partial\rho}(IVPS) = \frac{EPS}{(r-\rho)^2}$，由于不同企业的收益EPS、收益增长率ρ各不同，因此不同企业的会计信息价值性是不同的。基于此，提出如下的研究假设H2：

H2：会计信息的价值相关性存在个体差异。

虽然企业会计信息的价值相关性存在个体差异，但从整体上看，资本市场上的上市公司会计信息存在价值相关性，这表明，个体差异似乎没有影响到整体的特征，因此，上市公司的会计信息价值相关性具有趋同性趋势。我们感兴趣的是，上市公司的会计信息价值相关性的趋同性趋势是否具有聚类特征。所谓聚类特征的趋同性，是指上市公司整体的会计信息价值相关性与某一类企业的相同。从理论上看，企业会计信息价值相关性取决于企业内在价值对收益EPS变动的反应程度和对收益增长率ρ变动的反应程度，而从整个资本市场上来看，企业的收益EPS、收益增长率ρ可能存在着具有聚类特征的趋同性趋势，这就导致虽然企业会计信息的价值相关性存在个体差异，但资本市场上的上市公司从总体上看会计信息价值相关性可能与某一类企业的相同。基于此，提出如下的研究假设H3：

H3：会计信息的价值相关性具有聚类特征的趋同性趋势。

随着时间的推移，如果企业的盈利能力、收益的增长率没有确定性的变化趋势，由盈利增长模型，企业的内在价值也就没有明确的变化趋势。因而，企业内在价值对收益变动的反应程度、对收益增长率ρ变动的反应程度也难以具有确定性的变化趋势。可见，随着时间的推移，企业的会计信息价值相关性就难以呈现出确定性的变化趋势。不同企业的盈利能力、收益的增长率各不相同，其变动趋势也各不相同，因而会计信息价值相关性的变化趋势在不同的企业间可能表现出不同的特征：或稳定或变异。会计信息价值相关性的变化趋势具有稳定性的企业，若其现在会计信息价值相关性较强，则其过去也较强，其未来也较强。尽管会计信息价值相关性可能在不同企业间呈现出或稳定或变异的变动趋势，但我们仍提出会计信息价值相关性具有稳定变动趋势的研究假设。基于此，提出如下的研究假设H4：

H4：会计信息价值相关性的变动趋势具有稳定性特征。

4.3 研究设计

4.3.1 样本的h-分类与H类、H^C类

为了检验研究假设H1~H4，需要按某种属性$@_{-H}$对样本进行分类。

定义4.1（示性函数、分解集） 记x_1，x_2，…，x_n为一次抽样中所抽得的样本，$I=\{x_1, x_2, \cdots, x_n\}$，即I为所得样本形成的集合。定义示性函数如下：

$$h = h(x_i) = \begin{cases} 1, & x_i \in I，\ x_i\text{具有属性}@_{-H} \\ 0, & \text{其他} \end{cases} \tag{4.4}$$

并令分解集

$$H = \{x|x \in I，\ h(x) = 1\}，\ H^C = I - H \tag{4.5}$$

定义4.2（h-分类、H类、H^C类） $h = h(x_i)$是由式（4.4）所定义的示性函数，依该示性函数将样本集I分解为H与H^C，相应地，称此分类的结果为H类与H^C类。

定义4.1、定义4.2其实要说明的事实很简单，比如属性@表示“亏损”，H类就表示样本中亏损的企业，H^C类就是盈利或不盈不亏的企业。之所以在这里作抽象化的定义，是为了以后叙述各种分类方便起见。比如，为了做对称的分类研究，可以选做（1-h）-分类。从示性函数来看，刚好是相反的。

$$j = 1 - h = 1 - h(x_i) = \begin{cases} 0, & x_i \in I，\ x_i\text{具有属性}@_{-H} \\ 1, & \text{其他} \end{cases} \tag{4.6}$$

（1-h）-分类下，J^C类就是h-分类下的H^C类，J^C类就是h-分类下的H类。

4.3.2 变量定义

本章各模型中所涉及的变量见表4-1。

表4-1 变量定义

变量符号	变量名称	变量解释、估值
被解释变量		
P_{iT}	股价	公司i报告年度T的下一年4月30日的收盘价，被解释变量
解释变量		
EPS	每股净收益	公司i报告年度T的每股净收益
NAPS	每股净资产	公司i报告年度T末的每股净资产
控制变量		
SIZE	公司规模	公司i报告年度T末总资产取两次自然对数，即$SIZEi_T$=log（log（$Tasset_{iT}$）），$Tasset_{iT}$为公司的总资产

4.3.3 模型设计

验证H1~H4，可通过具有属性$@_{-H}$的公司的会计信息价值相关性是否高于其他的公司，为此，利用式（4.4）所定义的示性函数h对所得到的样本I进行h-分类。如果需验证的具有属性$@_{-H}$的企业，其会计信息价值相关性较强，则建立如下的回归模型：

$$
\begin{aligned}
P &= \lambda_0 + \lambda_1 \cdot EPS + \mu_1 \cdot h \cdot EPS + \lambda_2 \cdot NAPS + \mu_2 \cdot h \cdot NAPS + SIZE + \varepsilon \\
&= \lambda_0 + (\lambda_1 + \mu_1 h) \cdot EPS + (\lambda_2 + \mu_2 h) \cdot NAPS + SIZE + \varepsilon, \quad \varepsilon \sim N(0, \sigma^2)
\end{aligned}
\tag{4.7}
$$

市场对H类、H^c类净收益、净资产适用的反应系数分别为$\lambda_1 + \mu_1$、λ_1，$\lambda_2 + \mu_2$、λ_2。需要验证的问题是：$|\lambda_1 + \mu_1| \geq |\lambda_1|$，$|\lambda_2 + \mu_2| \geq |\lambda_2|$。检验的方法见“2.6基本评价方法”。

值得注意的是，由于H类、H^c类是混合在一起形成I的，如果需要只对H类样本的EPS数据做负号变换，而H^c类的EPS数据保持不变，则需要对I类做“$(-2^x h+1)$”变换，即对I中的每一个样本的EPS_i数据，乘以该样本的$(-2^x h+1)$。如果该样本属于H^c类，则该样本的$(-2^x h+1)$为“-1”，如果该样本属于H类，则该样本的$(-2^x h+1)$为“1”。

而如果需要只对H^c类样本的EPS数据做负号变换，而H类的EPS数据保持不变，则需要对I类做“$(-1+2^x h)$”变换，即对I中的每一个样本的EPS_i数据，乘以该样本的$(-1+2^x h)$。

4.3.4 样本选择与数据来源

以2007—2019年沪深两市所有A股上市公司为样本，所有数据均来自国泰安数据库和锐思数据库，去掉数据不全的样本（即该样本某些数据缺失，如只有“净收益”数据，没有“净资产”数据）；剔除金融业公司；剔除2007—2019年样本不全的公司（某些年份有该公司，某些年份没有该公司），但保留亏损公司，也保留了资产负债率大于1的公司。共得到964家上市公司，12 532个样本数据。

4.4 样本的描述性统计

各主要变量的描述性统计见表4-2。

由表4-2可以看出，自2007年至2019年这13年中的每一年，股价的均值均大于中位数，当年的最高股价是当年股价均价的10倍以上，当年的最低股价低于当年股价均价的8%。对上述的倍数按13年进行平均，可以发现，平均来看，

表4-2 主要变量的描述性统计

year	obs.	P					EPS					NAPS				
		max	min	media	average	std.	max	min	media	average	std.	max	min	media	average	std.
2007	964	183.13	4.26	11.645	15.678	13.954	5.374	−2.291	0.301	0.405	0.571	21.222	−3.755	3.316	3.622	2.217
2008	964	116.35	3.09	8.6	11.331	8.782	6.13	−22.412	0.212	0.245	0.964	13.596	−20.993	3.104	3.393	2.222
2009	964	129.03	3.5	11.925	14.67	10.058	4.824	−3.092	0.237	0.334	0.583	19.37	−23.961	3.284	3.626	2.509
2010	964	185.86	3.16	12.575	15.608	11.818	5.658	−1.272	0.293	0.436	0.569	19.654	−14.524	3.394	3.871	2.599
2011	964	225.98	1.82	8.62	11.014	10.414	8.91	−1.785	0.271	0.42	0.686	28.775	−13.834	3.516	4.025	2.879
2012	964	171.11	1.86	7.08	9.285	9.38	13.493	−3.008	0.231	0.356	0.776	34.15	−1.905	3.616	4.178	2.942
2013	964	163.88	1.52	7.57	9.86	9.225	17.534	−2.008	0.253	0.404	0.908	42.506	−0.172	3.84	4.477	2.96
2014	964	252.23	4.52	16.11	20.167	15.951	14.246	−3.415	0.234	0.382	0.731	48.434	−0.918	4.015	4.738	3.48
2015	964	251.2	2.39	11.72	14.357	12.343	13.099	−5.573	0.207	0.342	0.824	52.726	−0.728	4.14	4.917	3.556
2016	964	412.08	2.79	10.585	13.898	16.255	13.31	−2.8	0.23	0.332	0.66	60.419	−0.006	4.28	5.145	3.961
2017	964	667.83	2	8.145	12.068	23.727	21.56	−5.739	0.269	0.401	0.906	76.437	−0.529	4.337	5.412	4.469
2018	964	974	1.7	7.445	11.688	33.009	28.02	−4.21	0.237	0.385	1.134	93.463	−1.226	4.498	5.583	5.111
2019	964	1 265.7	0.85	6.31	11.413	42.641	32.8	−6.403	0.23	0.363	1.335	112.941	−2.679	4.509	5.816	5.812
average	964	384.491	2.574	9.872	13.157	16.735	14.228	−4.924	0.246	0.37	0.819	47.976	−6.556	3.834	4.523	3.44

最高股价是股价均价的29倍以上，最低股价相当于股价均价的19.6%。这说明，我国资本市场股价分化问题比较严重，低价股偏多，高价股的股价又偏高，投资者的投资风险较大。

从每股净收益EPS看，自2009年至2019年这13年间，EPS的均值与中位数差异较大，并且每一年EPS的均值均大于中位数。这说明，我国上市公司的业绩在一定程度上存在分化现象，业绩好的企业占少数，一半以上的企业其业绩低于平均数，业绩分化现象很普遍。比如，2019年，EPS的均值为0.363元，而中位数为0.23元，这意味着一半以上的企业，其业绩低于平均数0.363元，也就是说一半以上的企业，其业绩达不到均值的2/3。

从每股净资产NAPS来看，自2007年至2019年这13年间，NAPS的均值与中位数虽然差不多，但每一年NAPS的均值还是大于中位数。这说明，我国上市公司的净资产存在分化现象，一半以上的企业其净资产低于平均数。这也表明，我国上市公司的财务风险在一定程度上存在分化现象，财务风险低的企业占少数。

4.5　会计信息价值相关性差异化识别指标即RD指标的有效性

由式（4.1）、式（4.2）、式（4.3）所定义的RD指标，虽然已从理论上阐述了其作为会计信息价值相关性差异化识别指标的合理性，但验证RD指标的有效性以及有关RD指标的运用的实证研究很少①，作为会计信息价值相关性个体差异化研究的基本工具，当务之急是从实证上验证RD指标的有效性，即检验研究假设H1是否为真。如果H1为真，在一定程度上也验证了H2。

4.5.1　试验设计

RD指标即$RD(\alpha)=RD_1^{\alpha}\cdot RD_2^{1-\alpha}$，与参数$\alpha$有关，$\alpha\in[0,\ 1]$，$\alpha:(1-\alpha)$表示$RD_1$、$RD_2$对RD的相对贡献。RD指标的一个缺陷是并不知道参数α的确切值应该取哪一个，这对于验证RD的有效性是一个挑战。因为不可能穷尽参数α一切可能值，这里采用“极端值+随机值”的办法进行验证。极端值为0、1，随机值（由Excel中的Rand函数产生）为0.277776107、0.588024162、0.785148091，即$\alpha_1=0$，$\alpha_2=0.277776107$，$\alpha_3=0.588024162$，$\alpha_4=0.785148091$，$\alpha_5=1$，依次称为参数1、参数2、…、参数5。显然，$RD(0)=RD_2$，$RD(1)=RD_1$。

对本研究所筛选的2007—2019年沪深两市的964家上市公司共12 532个样本数据，按所选定的5个参数，都计算RD指标的值，共有62 660个RD值。964家

① 笔者已指导4位研究生进行了这方面的研究，见陈雪（2014）、邓忠卫（2014）、冯柳（2015）、叶倩（2015）[130~133]。

上市公司中的每一家上市公司有13个样本数据，每个样本数据有5个RD值，即共有65个RD值。在本试验中，若将RD指标作为一个函数来看的话，可以看成是一个有三个维度自变量的函数：样本公司i，年份Y，参数α，即：

$$RD=RD（i，Y，\alpha）=RD（P_{iY}，EPS_{iY}，NAPS_{iY}；\alpha） \quad (4.8)$$

由于i有n=964个可能取值，年份Y有y=13个可能取值，参数α有5个可能取值，RD可能取值共有62 660个（964×13×5）。对每个参数α，每个年份Y，Y=2007—2019，将该年份的公司样本按所给参数计算出的RD指标从高到低对样本进行分类，其中高RD值的一半样本所形成的集合记为P（Y，α），其余即低RD值的一半样本所形成的集合就是P^C(Y，v)，I=P（Y，α）+P^C(Y，α)。从这个角度来说，当样本属于P（Y，α_l），示性函数$p_l = 1$，样本属于P^C（Y，α），$p_l = 0$，l=1，2，…，5。为后续的叙述方便，以数学语言重述上述分类如下：给定年份Y，给定参数$\alpha = \bar{\alpha}$，

$$RD(i，Y，\alpha)\big|_{\alpha=\bar{\alpha}} = RD(i，Y，\bar{\alpha}) \quad (4.9)$$

$$@_{-\bar{\alpha}，P}|_{\bar{Y}} = \{\bar{\alpha}，P属性：样本的RD(i，Y，\bar{\alpha})位于给定年份\bar{Y}总样本中的前一半即第1至第482位\} \quad (4.10)$$

按（4.4）定义示性函数如下：

$$p_l = p_l(x_i)|_{\alpha_l，Y} = \begin{cases} 1, & x_i \in I，x_i具有属性@_{-\alpha_l，P}|_Y \\ 0, & 其他 \end{cases} \quad (4.11)$$

并令

$$P(Y，\alpha_l) = \{x|x \in I，p_l(x)|_{\alpha_l，Y} = 1\}，P(Y，\alpha_l)^C = I - P(Y，\alpha_l) \quad (4.12)$$

其中，l=1，2，…，5。由定义4.2，这里的分类相应地称为p－分类。

这里年份有13个，即Y=2007，2008，…，2019，参数α取“极端值+随机值”共5个值：0，0.277776107，0.588024162，0.785148091，1。分类P(Y，α_l)与P^C(Y，α_l)共有13×5共计65种可能，这相当于做了65个试验，其中13×2共计26个是极端参数值0、1下的试验，另外13×3共计39个是随机参数值0.277776107、0.588024162、0.785148091下的试验。

设样本数为n，按上述的分类方法，每年的独立不重复试验不超过$C_n^{n/2}$次，由Stirling公式$n! \approx \sqrt{2n\pi}\,(n/e)^n$，$C_n^{n/2} \approx \sqrt{2/n} \cdot 2^n$，乘以年份总数y，独立不重复试验不超过$y \cdot \sqrt{2/n} \cdot 2^n$次。本试验中n=954，y=13，独立不重复试验总次数的上限$y \cdot \sqrt{2/n} \cdot 2^n$也是个天文数字，大约为$5.2014 \times 10^{289}$次。65个试验，其中39个是随机参数值的试验，如果H1为真，不应该出现拒绝H1的试验。

根据以上分析，为检验H1，只需检验假设“对相同的参数α，相同的年份Y，RD值高的，会计信息价值相关性也高”。按照“2.6基本评价方法”，在实证分析中，对P(Y，α_l)与P^C(Y，α_l)先按模型（4.7）做基本评价检验，难以得出

结论的，再对模型（4.7）略作修改进行“等价-比较”评价检验。

4.5.2　实证结果分析

实证检验的结果见表4-3至表4-10，结果汇总见表4-11。

1）p1-分类（基于参数1）下的检验结果分析

此时$\alpha_1=0$，对P(Y，α_1)类与P^C(Y，α_1)类企业会计信息价值相关性的基本评价检验（基本回归分析）见表4-3，由表4-3可以看出，除了2008年以外，EPS与p1*EPS的回归系数均为正，NAPS与p1*NAPS的回归系数均为正。p1*NAPS的回归系数均在1%的水平上显著为正，这意味着市场对P(Y，α_1)类企业净资产的反应系数大于P^C(Y，α_1)类企业的。p1*EPS的回归系数除了2007年、2008年、2014年以外，显著大于零，而2007年、2014年的p1*EPS的回归系数，则显著为零。由此可见，市场对P(Y，α_1)类企业净收益的反应系数不低于P^C(Y，α_1)类企业的。p1-分类下基本评价检验结果表明，除了2008年，P(Y，α_1)类企业会计信息价值相关性强于P^C(Y，α_1)类企业的。

关于2008年，需要进一步运用“等价-比较”评价检验程序才能判断，结果见表4-4。回归结果显示，市场关于P^C(Y，α_1)类企业的EPS的回归系数可能为负，故需做“负号变换”（见4.3.3的有关阐述）。基于“等价-比较”评价检验程序对2008年的数据进行回归分析，表4-4中的第一个回归模型显示，NAPS与p1*NAPS的回归系数均显著为正，这意味着，如果假设市场对P(Y，α_1)类、P^C(Y，α_1)类企业净收益的反应系数相同，市场对P(Y，α_1)类企业净资产的反应系数大于P^C(Y，α_1)类企业的，这里Y=2008；表4-4中的第二、第三个回归模型显示，市场对P^C(Y，α_1)类企业净收益的反应系数可能为负，应对P^C(Y，α_1)类中的企业净收益作“负号变换”，而P(Y，α_1)类的维持不变，即构建新变量“（-1+2*p1)*EPS”取代原变量EPS，表4-4中的最后一个回归模型显示，(-1+2*p1)*EPS、p1*EPS的回归系数均显著为正，如果假设市场对P(Y，α_1)类、P^C(Y，α_1)类企业净收益的反应系数相同，这意味着，如果假设市场对P(Y，α_1)类、P^C(Y，α_1)类企业净资产的反应系数相同，市场对P(Y，α_1)类企业净收益的反应系数大于P^C(Y，α_1)类企业的。可见，基于2008年份的数据，“等价-比较”评价检验结果表明，P(Y，α_1)类企业会计信息价值相关性强于P^C(Y，α_1)类企业的。

总之，p1-分类（基于参数1）下的检验结果不能拒绝H1、H2。

2）p2-分类（基于参数2）下的检验结果分析

此时$\alpha_2=0.277776107$，对P(Y，α_1)类与P^C(Y，α_1)类企业会计信息价值相关性的基本评价检验（基本回归分析）见表4-5，由表4-5可以看出，EPS与

表4-3 **p1-分类（基于参数1）下的基本评价检验（基本回归分析）**

年份	C	EPS	NAPS	p1*EPS	(1-p1)*EPS	p1*NAPS	(1-p1)*NAPS	SIZE	R^2	Adj. R^2	F-statistic
2019	184.151***	1.471	1.257***	23.419***		0.937***		-59.748***	0.85	0.849	1 086.247***
	(6.138)	(1.308)	(7.915)	(16.836)		(4.288)		(-6.187)			
2018	151.884***	2.985**	1.165***	18.74***		0.891***		-48.955***	0.841	0.84	1 013.196***
	(6.231)	(2.318)	(8.039)	(12.644)		(4.382)		(-6.243)			
2017	99.284***	1.997**	1.133***	17.72***		0.78***		-31.731***	0.86	0.86	1 179.818***
	(6.006)	(2.212)	(10.337)	(16.293)		(5.303)		(-5.954)			
2016	138.103***	2.504***	1.278***	10.678***		1.465***		-43.531***	0.824	0.823	899.239***
	(10.493)	(3.203)	(14.686)	(10.518)		(11.62)		(-10.256)			
2015	154.495***	2.016***	1.213***	1.468**		2.253***		-48.441***	0.748	0.747	569.898***
	(13.048)	(4.742)	(14.287)	(2.328)		(21.127)		(-12.641)			
2014	175.815***	4.397***	1.226***	0.971		2.838***		-54.031***	0.605	0.603	293.799***
	(9.478)	(4.704)	(8.553)	(0.744)		(13.265)		(-8.985)			
2013	80.16***	0.327	0.996***	4.188***		1.437***		-25.176***	0.743	0.742	553.479***
	(9.015)	(1.284)	(13.291)	(8.76)		(14.64)		(-8.698)			

续表

年份	C	EPS	NAPS	p1*EPS	(1-p1)*EPS	p1*NAPS	(1-p1)*NAPS	SIZE	R^2	Adj. R^2	F-statistic
2012	54.58***	1.135*	1.032***	2.537***		1.779***		-17.175***	0.638	0.637	338.339***
	(5.659)	(1.91)	(9.982)	(3.783)		(15.985)		(-5.45)			
2011	70.006***	2.83***	1.019***	5.978***		1.46***		-21.914***	0.687	0.685	419.69***
	(7.274)	(4.67)	(9.432)	(7.749)		(10.314)		(-6.946)			
2010	109.335***	5.514***	1.182***	4.618***		2.22***		-34.043***	0.622	0.62	314.715***
	(8.85)	(6.879)	(8.079)	(3.929)		(10.67)		(-8.384)			
2009	64.766***	4.265***	0.979***	2.376***		2.416***		-19.187***	0.644	0.643	347.216***
	(6.397)	(6.665)	(8.315)	(2.69)		(15.486)		(-5.762)			
2008	22.614**	-0.609**	1.338***	2.725***		2.006***		-6.181*	0.499	0.496	190.752***
	(2.183)	(-1.978)	(10.034)	(4.44)		(13.957)		(-1.807)			
2007	29.957*	5.513***	1.01***	1.214		3.022***		-8.162	0.514	0.512	202.714***
	(1.881)	(4.167)	(4.719)	(0.774)		(12.165)		(-1.55)			
备注	1. ***表示在1%下显著，**表示在5%下显著，*表示在10%下显著，下同，不再赘述。 2. 除了2008年以外，基于各年p1-分类的回归结果都不能拒绝H1、H2。										

表4-4　　p1-分类（基于参数1）下的“等价-比较”评价检验（补充回归分析）

	C	EPS	NAPS	p1*EPS	(1-p1)*EPS	p1*NAPS	(1-p1)*NAPS	SIZE	R^2	Adj. R^2	F-statistic
2008	17.718*	-0.127	1.304***			2.43***		-4.65	0.489	0.486	229.041***
	(1.704)	(-0.437)	(9.699)			(22.433)		(-1.353)			
	50.351***	-1.158***	1.599***	8.423***				-14.817***	0.397	0.394	157.843***
	(4.518)	(-3.461)	(11.048)	(16.768)				(-4.017)			
	50.351***	7.265***	1.599***		-8.423***			-14.817***	0.397	0.394	157.843***
	(4.518)	(14.739)	(11.048)		(-16.768)			(-4.017)			
	C	(-1+2*p1)*ePS	NAPS	p1*EPS				SIZE	R^2	Adj. R^2	F-statistic
	50.351***	1.158***	1.599***	6.107***				-14.817***	0.397	0.394	157.843***
	(4.518)	(3.461)	(11.048)	(9.029)				(-4.017)			
备注	1.最后一个回归模型中，用（-1+2*p1）*EPS代替EPS，是为了对$P^C(Y,\alpha_1)$类中的企业净收益作“负号变换”，而$P(Y,\alpha_1)$类的维持不变而构建的新变量，这里Y=2008。回归结果均不能拒绝H1、H2。 2.基于2008年p1-分类的回归结果都不能拒绝H1、H2。										

p2*EPS的回归系数，NAPS与p2*NAPS的回归系数均在1%的水平上显著为正，这意味着市场对P(Y，α_2)类企业净收益、净资产的反应系数大于P^C(Y，α_2)类企业的，这里Y=2007—2019。可见，p2-分类下基本评价检验结果表明，P(Y，α_2)类企业会计信息价值相关性强于P^C(Y，α_2)类企业的。因而，在此情形下，H1、H2获得验证。

3）p3-分类（基于参数3）下的检验结果分析

此时α_3 = 0.588024162，对P(Y，α_3)类与P^C(Y，α_3)类企业会计信息价值相关性的基本评价检验（基本回归分析）见表4-6，由表4-6可以看出，EPS与p3*EPS的回归系数均为正，且p3*EPS的回归系数均在1%的水平上显著为正，这意味着市场对P(Y，α_1)类企业净收益的反应系数大于P^C(Y，α_1)类企业的。NAPS的回归系数均在1%的水平上显著为正，而p3*NAPS的回归系数除2008年、2016年、2017年、2018年、2019年外至少在10%的水平上为正，而2008年、2016年、2017年、2018年则显著为零。由此可见，市场对P(Y，α_1)类企业净资产的反应系数不低于P^C(Y，α_1)类企业的。p3-分类下基本评价检验结果表明，除了2019年，P(Y，α_1)类企业会计信息价值相关性强于P^C(Y，α_1)类企业的。需要指出的是，2007年的回归分析中，由于常数项不显著异于零，可能是由于模型设置错误所引起的，故去掉SIZE作为控制变量，重新进行回归分析，不过结果没有实质性变化。这方面的稳健性分析，后面多次出现，此处不再赘述。

关于2019年，运用“等价-比较”评价检验，结果见表4-8。表4-8分两部分：“参数3”与“参数4”。“参数3”部分中的第一个回归模型显示，NAPS与p3*NAPS的回归系数均在1%水平上显著为正，第二个回归模型显示，EPS与p3*EPS的回归系数均在1%水平上显著为正。可见，基于2019年的数据，“等价-比较”评价检验结果表明，P(Y，α_3)类企业会计信息价值相关性强于P^C(Y，α_3)类企业的，Y=2019。

P3-分类（基于参数3）下的检验结果不能拒绝H1、H2。

4）p4、p5-分类（基于参数4、5）下的检验结果分析

p4-分类、p5-分类（基于参数4、5）下的检验结果与p3-分类（基于参数3）下的检验结果相类似，简述如下：

p4-分类下的基本评价检验见表4-7，除2007年、2008年、2017年、2018年、2019年外，基本评价检验该分类下的各年份的P(Y，α_4)类企业会计信息价值相关性强于P^C(Y，α_4)类企业的。而对2007年、2008年、2017年、2018年、2019年的p4-分类下的“等价-比较”评价检验结果表明，P(Y，α_4)类企业会计信息价值相关性强于P^C(Y，α_4)类企业的（见表4-8）。可见，p4-分类（基于参数4）下的检验结果不能拒绝H1、H2。

表4-5 p2-分类（基于参数2）下的基本评价检验（基本回归分析）

年份	C	EPS	NAPS	p2*EPS	（1-p2）*EPS	p2*NAPS	（1-p2）*NAPS	SIZE	R^2	Adj. R^2	F-statistic
2019	121.489***	1.638**	0.948***	28.019***		0.407**		-38.938***	0.894	0.894	1 620.547***
	（4.749）	（2.007）	（7.145）	（25.473）		（2.157）		（-4.728）			
2018	102.803***	3.039***	0.929***	22.94***		0.571***		-32.731***	0.899	0.899	1 713.375***
	（5.311）	（3.834）	（8.301）	（22.912）		（3.62）		（-5.253）			
2017	73.642***	2.269***	0.932***	22.252***		0.209*		-22.991***	0.906	0.906	1 847.603***
	（5.358）	（3.653）	（10.621）	（27.091）		（1.715）		（-5.19）			
2016	145.519***	3.75***	1.247***	13.4***		1.107***		-45.772***	0.844	0.843	1 038.281***
	（11.841）	（5.759）	（15.291）	（14.804）		（9.455）		（-11.551）			
2015	176.356***	2.244***	1.187***	5.302***		1.62***		-55.138***	0.731	0.729	520.287***
	（14.532）	（5.761）	（13.612）	（7.461）		（14.04）		（-14.04）			
2014	220.807***	10.004***	1.086***	8.37***		2.157***		-68.721***	0.581	0.579	265.936***
	（11.81）	（14.13）	（7.328）	（5.262）		（10.444）		（-11.341）			
2013	90.202***	0.644**	1.017***	5.737***		1.113***		-28.287***	0.73	0.728	517.358***
	（9.976）	（2.486）	（13.213）	（12.125）		（11.766）		（-9.605）			

续表

年份	C	EPS	NAPS	p2*EPS	(1−p2)*EPS	p2*NAPS	(1−p2)*NAPS	SIZE	R^2	Adj. R^2	F-statistic
2012	55.311***	1.125***	0.889***	8.485***		0.855***		−16.941***	0.696	0.694	438.17***
	(6.236)	(3.276)	(10.668)	(14.858)		(7.704)		(−5.846)			
2011	71.466***	3.233***	0.929***	11.532***		0.712***		−22.088***	0.751	0.75	577.859***
	(8.297)	(7.274)	(10.296)	(17.084)		(5.531)		(−7.827)			
2010	110.465***	6.622***	1.054***	9.776***		1.616***		−34.28***	0.647	0.645	351.53***
	(9.264)	(9.433)	(7.671)	(8.467)		(8.165)		(−8.748)			
2009	71.502***	5.924***	0.951***	7.364***		1.73***		−21.301***	0.629	0.627	324.863***
	(6.894)	(10.704)	(8.134)	(7.918)		(10.86)		(−6.248)			
2008	29.174***	0.022	1.402***	9.748***		1.063***		−8.19**	0.485	0.482	180.511***
	(2.796)	(0.074)	(10.399)	(11.472)		(7.132)		(−2.376)			
2007	30.292*	6.742***	1.137***	4.452***		2.628***		−8.511	0.526	0.524	212.72***
	(1.924)	(6.672)	(5.533)	(3.264)		(11.142)		(−1.635)			
备注	基于各年p2-分类的回归结果都不能拒绝H1、H2。										

表4-6 p3-分类（基于参数3）下的基本评价检验（基本回归分析）

年份	C	EPS	NAPS	p3*EPS	（1-p3）*EPS	p3*NAPS	（1-p3）*NAPS	SIZE	R^2	Adj. R^2	F-statistic
2019	98.044***	2.184***	0.744***	34.141***		-0.439***		-30.787***	0.958	0.958	4 369.971***
	（6.14）	（4.796）	（8.899）	（51.766）		（-3.754）		（-5.987）			
2018	87.147***	3.331***	0.783***	26.857***		0.013		-27.221***	0.938	0.938	2 890.932***
	（5.785）	（5.921）	（8.94）	（36.02）		（0.109）		（-5.608）			
2017	81.509***	3.444***	0.888***	22.687***		0.141		-25.337***	0.923	0.923	2 298.89***
	（6.631）	（6.368）	（11.054）	（31.548）		（1.332）		（-6.392）			
2016	175.092***	4.852***	1.129***	20.088***		0.147		-54.664***	0.867	0.867	1 252.747***
	（15.831）	（8.923）	（14.659）	（25.181）		（1.513）		（-15.301）			
2015	248.997***	5.065***	1.581***	9.621***		0.805***		-78.902***	0.577	0.575	261.82***
	（16.947）	（11.305）	（14.441）	（6.732）		（5.921）		（-16.595）			
2014	240.66***	10.686***	0.958***	24.079***		0.675***		-74.523***	0.556	0.554	240.302***
	（12.543）	（13.718）	（5.644）	（11.795）		（3.711）		（-11.961）			
2013	127.166***	2.615***	1.366***	13.474***		0.425***		-40.737***	0.655	0.653	363.053***
	（12.723）	（9.818）	（15.771）	（16.017）		（4.015）		（-12.517）			

续表

年份	C	EPS	NAPS	p3*EPS	(1−p3)*EPS	p3*NAPS	(1−p3)*NAPS	SIZE	R^2	Adj. R^2	F-statistic
2012	81.61***	4.398***	1.039***	18.143***		0.169		−25.83***	0.628	0.626	323.705***
	(8.488)	(13.559)	(11.297)	(17.458)		(1.372)		(−8.22)			
2011	75.824***	3.916***	0.87***	14.901***		0.278**		−23.336***	0.774	0.773	656.566***
	(9.308)	(9.604)	(10.109)	(22.955)		(2.392)		(−8.736)			
2010	122.632***	8.533***	0.829***	15.697***		0.843***		−37.954***	0.635	0.633	332.822***
	(10.212)	(12.445)	(5.913)	(12.459)		(4.413)		(−9.606)			
2009	85.086***	7.877***	0.834***	13.196***		0.672***		−25.475***	0.547	0.545	231.535***
	(7.477)	(13.856)	(6.431)	(10.459)		(4.083)		(−6.805)			
2008	29.042***	0.313	1.373***	18.782***		−0.098		−7.834**	0.474	0.471	172.611***
	(2.751)	(1.049)	(9.905)	(17.325)		(−0.679)		(−2.245)			
2007	−2.474	7.376***	1.088***	21.997***		0.41*		2.54	0.563	0.561	246.712***
	(−0.163)	(9.7)	(5.872)	(14.431)		(1.781)		(0.506)			
	5.214***	7.394***	1.114***	22.003***		0.4*			0.563	0.561	308.566***
	(8.668)	(9.738)	(6.245)	(14.441)		(1.746)					
备注	1.2007年的回归分析中，常数项不显著异于零，可能是由于模型设置错误所引起的，为稳健起见，故去掉SIZE作为控制变量，重新进行回归分析，不过结果没有实质性变化。 2.除了2019年以外，基于各年p3−分类的回归结果都不能拒绝H1、H2。										

表4-7 p4-分类（基于参数4）下的基本评价检验（基本回归分析）

年份	C	EPS	NAPS	p4*EPS	(1-p4)*EPS	p4*NAPS	(1-p4)*NAPS	SIZE	R^2	Adj. R^2	F-statistic
2019	85.234***	2.38***	0.683***	34.654***		-0.48***		-26.499***	0.965	0.965	5 287.344***
	(5.846)	(5.757)	(8.842)	(58.931)		(-4.709)		(-5.641)			
2018	99.113***	3.836***	0.728***	29.052***		-0.351***		-30.774***	0.962	0.961	4 810.043***
	(8.478)	(9.183)	(10.594)	(51.011)		(-3.822)		(-8.165)			
2017	101.737***	4.181***	0.793***	24.84***		-0.237***		-31.476***	0.941	0.941	3 072.064***
	(9.601)	(9.348)	(11.286)	(40.448)		(-2.636)		(-9.206)			
2016	255.626***	15.836***	1.109***	11.026***		0.526***		-81.359***	0.696	0.694	438.27***
	(15.63)	(23.104)	(9.258)	(5.409)		(3.631)		(-15.419)			
2015	260.773***	5.309***	1.591***	11.455***		0.502***		-82.566***	0.549	0.547	233.457***
	(17.298)	(11.455)	(13.923)	(6.073)		(3.653)		(-16.916)			
2014	250.918***	10.467***	1.218***	36.017***		0.169		-78.117***	0.542	0.539	226.541***
	(12.937)	(13.168)	(6.949)	(12.96)		(0.909)		(-12.405)			
2013	135.752***	2.686***	1.341***	17.85***		-0.075		-43.301***	0.65	0.648	355.733***
	(13.47)	(9.985)	(15.157)	(18.827)		(-0.719)		(-13.191)			

续表

年份	C	EPS	NAPS	p4*EPS	(1−p4)*EPS	p4*NAPS	(1−p4)*NAPS	SIZE	R^2	Adj. R^2	F-statistic
2012	84.632***	4.552***	0.988***	22.297***		−0.138		−26.66***	0.642	0.64	343.324***
	(8.986)	(14.26)	(10.876)	(20.129)		(−1.188)		(−8.656)			
2011	78.689***	5.11***	0.673***	17.278***		−0.072		−24.032***	0.769	0.768	637.956***
	(9.601)	(12.891)	(7.675)	(25.114)		(−0.653)		(−8.932)			
2010	139.62***	11.529***	0.698***	16.245***		0.676***		−43.605***	0.537	0.535	222.266***
	(10.377)	(15.446)	(4.358)	(9.177)		(3.2)		(−9.849)			
2009	96.166***	8.028***	0.809***	19.846***		−0.028		−28.887***	0.553	0.551	237.137***
	(8.566)	(14.329)	(6.189)	(13.741)		(−0.176)		(−7.815)			
2008	35.992***	0.197	1.537***	21.106***		−0.464***		−10.115***	0.453	0.45	158.749***
	(3.349)	(0.642)	(10.824)	(18.077)		(−3.229)		(−2.847)			
2007	−10.146	7.157***	1.039***	33.365***		−0.756***		5.318	0.621	0.619	313.519***
	(−0.714)	(10.326)	(5.998)	(21.14)		(−3.499)		(1.134)			
2007	5.95***	7.195***	1.093***	33.334***		−0.774***			0.62	0.619	391.461***
	(10.663)	(10.391)	(6.561)	(21.121)		(−3.593)					
备注	1.2007年的回归分析中，常数项不显著异于零，可能是由于模型设置错误所引起的，为稳健起见，故去掉SIZE作为控制变量，重新进行回归分析，不过结果没有实质性变化。 2.除了2007年、2008年、2017年、2018年、2019年以外，基于各年p4−分类的回归结果都不能拒绝H1、H2。										

表4-8　p3-分类、p4-分类（基于参数3、4）下的“等价-比较”评价检验（补充回归分析）

	年份	C	EPS	NAPS	p3*EPS	(1-p3)*EPS	p3*NAPS	(1-p3)*NAPS	SIZE	R^2	Adj. R^2	F-statistic
参数3	2019	164.322***	16.707***	0.494***			3.911***		-54.527***	0.841	0.84	1 263.461***
		(5.3)	(23.911)	(3.04)			(24.663)		(-5.466)			
		88.415***	2.548***	0.682***	32.363***				-27.879***	0.957	0.957	5 385.408***
		(5.572)	(5.688)	(8.267)	(70.041)				(-5.447)			
	年份	C	EPS	NAPS	p4*EPS	(1-p4)*EPS	p4*NAPS	(1-p4)*NAPS	SIZE	R^2	Adj. R^2	F-statistic
参数4	2019	169.298***	17.843***	0.326**			3.761***		-55.868***	0.838	0.838	1 242.568***
		(5.428)	(25.993)	(1.972)			(24.217)		(-5.565)			
		74.877***	2.862***	0.594***	32.699***				-23.357***	0.964	0.964	6 460.959***
		(5.139)	(7.069)	(7.85)	(77.635)				(-4.969)			
	2018	185.611***	18.46***	0.232*			3.068***		-60.385***	0.858	0.857	1 444.397***
		(8.328)	(31.529)	(1.771)			(25.292)		(-8.416)			
		96.153***	4.34***	0.673***	27.466***				-29.976***	0.961	0.961	5 924.821***
		(8.185)	(10.869)	(9.948)	(69.948)				(-7.91)			
	2017	120.575***	16.842***	0.183			2.494***		-38.848***	0.841	0.84	1 268.433***
		(6.925)	(32.056)	(1.618)			(25.425)		(-6.918)			
		97.018***	4.648***	0.738***	23.627***				-30.045***	0.941	0.941	3 814.685***
		(9.261)	(11.285)	(10.968)	(57.939)				(-8.873)			

续表

	年份	C	EPS	NAPS	p4*EPS	(1-p4)*EPS	p4*NAPS	(1-p4)*NAPS	SIZE	R^2	Adj. R^2	F-statistic
参数4	2008	40.901***	1.262***	1.413***			1.052***		-11.815***	0.267	0.264	87.143***
		(3.289)	(3.629)	(8.608)			(7.787)		(-2.874)			
		32.18***	0.423	1.436***	18.906***				-8.939**	0.447	0.445	193.923***
		(2.998)	(1.412)	(10.316)	(19.842)				(-2.517)			
	2007	-5.487	13.458***	0.267			2.56***		3.59	0.444	0.441	191.244***
		(-0.319)	(17.766)	(1.301)			(14.241)		(0.632)			
		-14.23	8.192***	0.844***	29.355***				6.541	0.616	0.614	384.331***
		(-0.999)	(12.992)	(5.116)	(26.894)				(1.39)			
		5.377***	13.479***	0.304			2.546***			0.443	0.442	255.018***
		(7.974)	(17.819)	(1.546)			(14.28)					
		5.554***	8.27***	0.905***	29.197***					0.615	0.614	511.3***
		(10.091)	(13.161)	(5.687)	(26.883)							
备注	1.2007年的回归分析中，常数项不显著异于零，可能是由于模型设置错误所引起的，为稳健起见，故去掉SIZE作为控制变量，重新进行回归分析，不过结果没有实质性变化。 2.基于2019年p3-分类的回归结果都不能拒绝H1、H2；基于2007年、2008年、2017年、2018年、2019年p4-分类的回归结果都不能拒绝H1、H2。											

表4-9　p5-分类（基于参数5）下的基本评价检验（基本回归分析）

年份	C	EPS	NAPS	p5*EPS	(1-p5)*EPS	p5*NAPS	(1-p5)*NAPS	SIZE	R^2	Adj. R^2	F-statistic
2019	88.681***	2.451***	0.736***	35.542***		-0.695***		-27.51***	0.97	0.97	6 171.879***
	(6.489)	(6.349)	(9.755)	(68.242)		(-7.896)		(-6.246)			
2018	101.275***	4.27***	0.666***	29.579***		-0.494***		-31.207***	0.963	0.963	5 017.618***
	(8.856)	(10.423)	(9.689)	(54.092)		(-5.793)		(-8.461)			
2017	112.213***	5.156***	0.808***	24.639***		-0.372***		-34.757***	0.93	0.93	2 556.064***
	(9.757)	(10.574)	(10.298)	(37.536)		(-3.944)		(-9.362)			
2016	262.368***	16.191***	1.064***	12.434***		0.383**		-83.41***	0.69	0.688	426.432***
	(15.968)	(23.476)	(8.73)	(5.057)		(2.564)		(-15.726)			
2015	268.707***	5.299***	1.6***	12.602***		0.229*		-84.981***	0.534	0.532	219.771***
	(17.615)	(11.09)	(13.51)	(5.874)		(1.689)		(-17.196)			
2014	257.5***	10.459***	1.287***	43.231***		-0.121		-80.263***	0.533	0.531	218.809***
	(13.196)	(13.015)	(7.244)	(13.085)		(-0.64)		(-12.668)			
2013	138.751***	3.003***	1.372***	19.072***		-0.251**		-44.23***	0.571	0.569	255.034***
	(12.405)	(10.086)	(13.945)	(14.223)		(-2.123)		(-12.142)			

续表

年份	C	EPS	NAPS	p5*EPS	(1−p5)*EPS	p5*NAPS	(1−p5)*NAPS	SIZE	R^2	Adj. R^2	F-statistic
2012	88.591***	4.842***	0.931***	26.554***		−0.468***		−27.77***	0.625	0.623	319.241***
	(9.193)	(14.79)	(9.912)	(20.18)		(−3.968)		(−8.81)			
2011	99.889***	10.163***	0.35***	11.301***		0.363**		−31.138***	0.539	0.536	223.793***
	(8.655)	(19.792)	(2.808)	(6.486)		(2.221)		(−8.221)			
2010	144.359***	12.479***	0.545***	18.193***		0.427**		−45.016***	0.512	0.509	200.784***
	(10.463)	(16.059)	(3.22)	(8.566)		(1.971)		(−9.912)			
2009	103.93***	8.766***	0.76***	22.15***		−0.317*		−31.329***	0.513	0.51	201.745***
	(8.909)	(15.139)	(5.538)	(11.892)		(−1.861)		(−8.153)			
2008	41.812***	0.513	1.673***	21.305***		−0.791***		−11.956***	0.314	0.31	87.644***
	(3.466)	(1.486)	(10.352)	(11.13)		(−4.756)		(−2.998)			
2007	0.684	7.657***	0.957***	37.725***		−1.281***		2.055	0.608	0.606	297.645***
	(0.047)	(10.467)	(5.016)	(22.234)		(−6.015)		(0.429)			
	6.899***	7.659***	0.981***	37.738***		−1.293***			0.608	0.607	372.327***
	(12.471)	(10.473)	(5.39)	(22.255)		(−6.118)					
备注	1.2007年的回归分析中，常数项不显著异于零，可能是由模型设置错误所引起的，为稳健起见，故去掉控制变量SIZE，重新进行回归分析，结果没有实质性变化。 2.除了2007年、2008年、2009年、2012年、2013年、2017年、2018年、2019年以外，基于各年p5-分类的回归结果都不能拒绝H1、H2。										

表4-10 p5-分类（基于参数5）下的“等价-比较”评价检验（补充回归分析）

年份	C	EPS	NAPS	p5*EPS	（1-p5）*EPS	p5*NAPS	（1-p5）*NAPS	SIZE	R^2	Adj. R^2	F-statistic
2019	162.539***	20.219***	-0.078			3.362***		-53.01***	0.824	0.823	1 118.791***
	（4.931）	（29.325）	（-0.435）			（21.387）		（-4.992）			
	67.179***	3.422***	0.507***	32.765***				-20.755***	0.968	0.968	7 236.38***
	（4.863）	（9.067）	（7.058）	（82.678）				（-4.657）			
2018	199.221***	19.997***	-0.001			2.833***		-64.373***	0.85	12.773	
	（8.767）	（34.435）	（-0.008）			（23.816）		（-8.795）			
	97.993***	5.152***	0.552***	27.295***				-30.335***	0.962	0.962	6 057.93***
	（8.438）	（13.325）	（8.243）	（70.846）				（-8.095）			
2017	135.734***	18.251***	0.06			2.263***		-43.521***	0.828	0.827	1 151.827***
	（7.524）	（34.095）	（0.501）			（22.854）		（-7.477）			
	105.246***	6.018***	0.695***	22.712***				-32.635***	0.929	0.929	3 143.48***
	（9.192）	（13.698）	（9.443）	（51.404）				（-8.818）			
2013	146.892***	3.829***	1.279***			0.805***		-46.894***	0.48	0.478	221.687***
	（11.955）	（11.92）	（11.845）			（7.967）		（-11.719）			
	134.903***	3.199***	1.321***	17.283***				-43.036***	0.569	0.567	316.507***
	（12.2）	（11.279）	（13.819）	（16.54）				（-11.935）			
2012	96.645***	6.32***	0.792***			1.004***		-30.474***	0.465	0.463	208.798***
	（8.412）	（16.599）	（7.093）			（9.087）		（-8.111）			
	84.659***	5.239***	0.855***	23.324***				-26.61***	0.619	0.617	389.134***
	（8.765）	（16.682）	（9.227）	（22.39）				（-8.414）			

续表

年份	C	EPS	NAPS	p5*EPS	(1−p5)*EPS	p5*NAPS	(1−p5)*NAPS	SIZE	R^2	Adj. R^2	F-statistic
2009	108.841***	10.903***	0.443***			0.994***		−32.857***	0.441	0.439	189.13***
	(8.719)	(18.501)	(3.074)			(7.138)		(−7.991)			
	101.476***	9.212***	0.673***	19.909***				−30.571***	0.511	0.509	250.672***
	(8.743)	(17.451)	(5.21)	(13.996)				(−7.991)			
2008	50.885***	1.067***	1.591***			0.345**		−14.921***	0.225	0.222	69.662***
	(3.981)	(2.94)	(9.275)			(2.473)		(−3.53)			
	37.218***	0.944***	1.473***	15.718***				−10.524***	0.298	0.295	101.609***
	(3.061)	(2.804)	(9.334)	(10.284)				(−2.617)			
2007	−5.165	14.552***	−0.115			2.093***		3.957	0.406	0.404	164.06***
	(−0.29)	(17.845)	(−0.507)			(11.381)		(0.672)			
	−10.372	9.916***	0.415**	30.453***				5.62	0.594	0.592	350.163***
	(−0.709)	(15.509)	(2.422)	(25.123)				(1.162)			
	6.806***	14.559***	−0.069			2.074***			0.406	0.404	218.722***
	(9.996)	(17.861)	(−0.319)			(11.422)					
	6.621***	9.975***	0.469***	30.31***					0.593	0.592	466.264***
	(11.788)	(15.648)	(2.848)	(25.13)							
备注	1.2007年的回归分析中，常数项不显著异于零，可能是由于模型设置错误所引起的，为稳健起见，故去掉SIZE作为控制变量，重新进行回归分析，不过结果没有实质性变化。 2.基于2007年、2008年、2009年、2012年、2013年、2017年、2018年、2019年p5-分类的回归结果都不能拒绝H1、H2。										

表4-11　　p_l-分类下的最终实证结果汇总（l=1，2，3，4，5）

年份	p1-分类	p2-分类	p3-分类	p4-分类	p5-分类	年份	p1-分类	p2-分类	p3-分类	p4-分类	p5-分类
2019	强	强	强	强	强	2012	强	强	强	强	强
2018	强	强	强	强	强	2011	强	强	强	强	强
2017	强	强	强	强	强	2010	强	强	强	强	强
2016	强	强	强	强	强	2009	强	强	强	强	强
2015	强	强	强	强	强	2008	强	强	强	强	强
2014	强	强	强	强	强	2007	强	强	强	强	强
2013	强	强	强	强	强						
备注	表中所列示的结果为p_l-分类（基于参数l）下，$P(Y,\alpha_l)$，$P^C(Y,\alpha_l)$对比结果。如Y=2019，l=1即$\alpha_1=0$，表中第2行、第2列“强”，表示P(2019,0)的企业会计信息价值相关性强于$P^C(2019,0)$的。										

P5-分类下的基本评价检验见表4-9，除2007年、2008年、2009年、2012年、2013年、2017年、2018年、2019年外，基本评价检验该分类下的各年份的$P(Y，\alpha_5)$类企业会计信息价值相关性强于$P^C(Y，\alpha_5)$类企业的。而对这些年份的p5-分类下的“等价-比较”评价检验结果表明，$P(Y，\alpha_5)$类企业会计信息价值相关性强于$P^C(Y，\alpha_5)$类企业（见表4-10）。可见，p5-分类（基于参数5）下的检验结果不能拒绝H1、H2（见表4-11）。

4.6　会计信息价值相关性的个体差异化倾向与聚类特征的趋同性趋势

4.5节中探讨的RD指标可用于识别会计信息价值相关性的差异化，也相当于从实证上验证了会计信息价值相关性存在个体差异化，但从整体上看，资本市场上的上市企业会计信息存在价值相关性，这表明，个体差异似乎没有影响到整体的特征，因此，上市公司的会计信息价值相关性具有聚类特征的趋同性趋势。事物有共性也有个性，这或许是普遍真理。

然而，是否也有可能，差异化倾向与聚类特征的趋同性趋势是相互制约而不是可独立存在的态势。也就是，差异化倾向越强（越弱），聚类特征的趋同性趋势越低（越高）。也就是说，并不能根据总体呈现某种特征，就认为个体也往该特征趋同。举例来说，不能因为总体呈现的是“长方形”的形态特征，而认为个体是往“长方形”的形态特征趋同——个体可能呈现“长方形”，也可能呈现“三角形”或其他如“梯形”的形态特征。

上述可能性表明，探讨会计信息价值相关性的聚类特征趋同性趋势的困难之处在于，哪怕此类趋同性存在，所趋同的，也可能与总体表现出来的特征不同——比如，个体表现出来的是等边三角形，而总体表现出来的是四边形。所以，当没有发现个体存在与总体相同特征的证据，或许也不能证明个体不存在聚类特征的趋同性趋势。这就是检验会计信息价值相关性的聚类特征趋同性趋势的困难所在。

4.6.1　试验设计

上述的分析表明，个体趋同所表现出来的特征，与总体所表现出来的特征可能不同。但是，不能排除个体趋同所表现出来的特征与总体所表现出来的特征可能相同的情形，因此，探讨会计信息价值相关性的聚类特征趋同性趋势，可以设法去寻找某些特定类别个体A，其所表现出来的会计信息价值相关性特征与总体的相同，如果存在这类个体A，则表明个体往A趋同。只不过，当这样的A没被发现或不存在，则不能证明聚类特征趋同性不存在，个体的趋同仍然可能是存在的。

设具有特定属性$@_{-\Delta}$的个体类别为Δ，要验证的问题是Δ类企业会计信息价值相关性是否与总体的相同。

记x_1，x_2，…，x_n为一次抽样中所抽得的样本，$I=\{x_1, x_2, \cdots, x_n\}$，即I为所得样本形成的集合。定义示性函数如下：

$$\delta=\delta(x_i)=\begin{cases}1, & x_i\in I,\ x_i\text{具有属性}@_{-\Delta}\\ 0, & \text{其他}\end{cases} \tag{4.13}$$

并令

$$\Delta=\{x|x\in I,\ \delta(x)=1\},\ \Delta^C=I-\Delta \tag{4.14}$$

回归模型（4.7）可改写为：

$$P=\lambda_0+\lambda_1\cdot EPS+\mu_1\cdot\delta\cdot EPS+\lambda_2\cdot NAPS+\mu_2\cdot\delta\cdot NAPS+SIZE+\varepsilon,\ \varepsilon\sim N(0,\ \sigma^2) \tag{4.15}$$

市场对Δ类、Δ^C类净收益、净资产适用的反应系数分别为$\lambda_1+\mu_1$、λ_1，$\lambda_2+\mu_2$、λ_2。需要验证的问题是：μ_1，μ_2是否显著为零。如果：（1）μ_1，μ_2显著为零，或者（2）$|\lambda_1+\mu_1|>|\lambda_1|$，$|\lambda_2+\mu_2|<|\lambda_2|$，或者（3）$|\lambda_1+\mu_1|<|\lambda_1|$，$|\lambda_2+\mu_2|>|\lambda_2|$，则Δ类、$\Delta^C$类企业会计信息价值相关性是相同的，进而Δ类企业会计信息价值相关性与总体的相同。检验的方法见第2章“2.6基本评价方法”。

定义4.3　定义

$$\Delta>\Delta^C,\ \Delta<\Delta^C,\ \Delta\sim\Delta^C \tag{4.16}$$

分别表示Δ类的企业会计信息价值相关性强于Δ^C类的，Δ类的企业会计信息价值相关性弱于Δ^C类的，Δ类的企业会计信息价值相关性与Δ^C类是无差异的。

Δ类的构造采用RD指标从总样本中选择合适的样本。$RD(\alpha) = RD_1^{\alpha} \cdot RD_2^{1-\alpha}$与参数α有关，这里仍采用4.5节所选定的5个参数值，即样本公司i，年份Y，参数α，即：

$RD = RD(i, Y, \alpha_l) = RD(P_{iY}, EPS_{iY}, NAPS_{iY}; \alpha_l)$

$i=1\sim964$；$Y=2007\sim2019$；$\alpha_1 = 0$，$\alpha_2 = 0.277776107$，$\alpha_3 = 0.588024162$，$\alpha_4 = 0.785148091$，$\alpha_5 = 1$。

1）q_l-分类

整体上的企业会计信息价值相关性可能与全体企业价值相关性的平均水平相近，Δ类可能就是下列所谓的Q类：RD值位于中间的那些。定义Q类属性如下：

$$@_{-\alpha,\ Q}|_{\overline{Y}} = \{\alpha,\ Q属性：样本的RD(i,\ Y,\ \alpha)位于给定年份\overline{Y}总样本中的中间一半即第242至第723位\} \tag{4.17}$$

并令示性函数

$$q_l = q_l(x_i)|_{\alpha_l,\ Y} = \begin{cases} 1, & x_i \in I,\ x_i具有属性@_{-\alpha_l,\ Q}|_Y \\ 0, & 其他 \end{cases} \tag{4.18}$$

并令

$$Q(Y,\ \alpha_l) = \{x|x \in I,\ q_l(x)|_{\alpha_l,\ Y} = 1\},\ Q^C(Y,\ \alpha_l) = I - Q(Y,\ \alpha_l) \tag{4.19}$$

其中，l=1，2，…，5。

实证检验中，只要将模型（4.15）中的δ换为q_l即可，l=1，2，…，5。

2）s_l-分类

整体上的企业会计信息价值相关性可能并不与全体企业价值相关性的平均水平相近，而与全体企业价值相关性的平均水平上方的位置相近，Δ类可能就是下列所谓的S类：高RD值的一半中位于中间1/3的那些。定义S类属性如下：

$$@_{-\alpha,\ S}|_{\overline{Y}} = \{\alpha,\ S属性：样本的RD(i,\ Y,\ \alpha)位于给定年份\overline{Y}总样本中的上六分之一与三分之一方位数之间即第162至第321位\} \tag{4.20}$$

并令示性函数

$$s_l = s_l(x_i)|_{\alpha_l,\ Y} = \begin{cases} 1, & x_i \in I,\ x_i具有属性@_{-\alpha_l,\ S}|_Y \\ 0, & 其他 \end{cases} \tag{4.21}$$

并令

$$S(Y,\ \alpha_l) = \{x|x \in I,\ s_l(x)|_{\alpha_l,\ Y} = 1\},\ S^C(Y,\ \alpha_l) = I - S(Y,\ \alpha_l) \tag{4.22}$$

其中，l=1，2，…，5。

实证检验中，只要将模型（4.15）中的δ换为s_l即可，l=1，2，…，5。

3）t_l-分类

整体上的企业会计信息价值相关性可能并不与全体企业价值相关性的平

均水平相近，而与全体企业价值相关性的平均水平上方的位置相近，Δ类可能就是下列所谓的T类：高RD值的一半中位于后1/2的那些。定义T类属性如下：

$$@_{-\alpha,\ T}|_{\overline{Y}}=\{\alpha，T属性：样本的RD(i,\ Y,\ \alpha)位于给定年份\overline{Y}总样本中的上四分之一方位数与中位数之间即第242至第482位\}\tag{4.23}$$

并令示性函数

$$t_l=t_l(x_i)|_{\alpha_l,\ Y}=\begin{cases}1, & x_i\in I,\ \ x_i具有属性@_{-\alpha_l,\ T}|_Y\\0, & 其他\end{cases}\tag{4.24}$$

并令

$$T(Y,\ \alpha_l)=\{x|x\in I,\ \ t_l(x)|_{\alpha_l,\ Y}=1\},\ \ T^C(Y,\ \alpha_l)=I-T(Y,\ \alpha_l)\tag{4.25}$$

其中，l=1，2，…，5。

实证检验中，只要将模型（4. 15）中的δ换为t_l即可，l=1，2，…，5。

4）u_l-分类

整体上的企业会计信息价值相关性可能既不与全体企业价值相关性的平均水平相近，也不与全体企业价值相关性的平均水平上方的位置相近，而可能与全体企业价值相关性的平均水平下方的位置相近（与T类相对称的位置上），Δ类可能就是下列所谓的U类：低RD值的一半中位于前1/2的那些。定义U类属性如下：

$$@_{-\alpha,\ U}|_{\overline{Y}}=\{\alpha，U属性：样本的RD(i,\ Y,\ \alpha)位于给定年份\overline{Y}总样本中的中间一半即第483至第723位\}\tag{4.26}$$

并令示性函数

$$u_l=u_l(x_i)|_{\alpha_l,\ Y}=\begin{cases}1, & x_i\in I,\ \ x_i具有属性@_{-\alpha_l,\ U}|_Y\\0, & 其他\end{cases}\tag{4.27}$$

并令

$$U(Y,\ \alpha_l)=\{x|x\in I,\ \ u_l(x)|_{\alpha_l,\ Y}=1\},\ \ U^C(Y,\ \alpha_l)=I-U(Y,\ \alpha_l)\tag{4.28}$$

其中，l=1，2，…，5。

实证检验中，只要将模型（4. 15）中的δ换为u_l即可，l=1，2，…，5。

5）v_l-分类

整体上的企业会计信息价值相关性可能既不与全体企业价值相关性的平均水平相近，也不与全体企业价值相关性的平均水平上方的位置相近，而可能与全体企业价值相关性的平均水平下方的位置相近（与S类相对称的位置上），Δ类可能就是下列所谓的V类：低RD值的一半中位于中间1/3的那些。定义V类属性如下：

$$@_{-\alpha,\ V}|_{\overline{Y}}=\{\alpha，V属性：样本的RD(i,\ Y,\ \alpha)位于给定年份\overline{Y}总样本中的中间一半即第644至第803位\}\tag{4.29}$$

并令示性函数

$$v_l = v_l(x_i)|_{\alpha_l,\ Y} = \begin{cases} 1, & x_i \in I,\ \ x_i\text{具有属性}@_{-\alpha_l,\ V}|_Y \\ 0, & \text{其他} \end{cases} \tag{4.30}$$

并令

$$V(Y,\ \alpha_l) = \{x|x \in I,\ \ v_l(x)|_{\alpha_l,\ Y} = 1\},\ V^C(Y,\ \alpha_l) = I - V(Y,\ \alpha_l) \tag{4.31}$$

其中，l=1，2，…，5。

实证检验中，只要将模型（4. 15）中的δ换为v_l即可，l=1，2，…，5。

4.6.2 实证结果分析

设具有特定属性$@_{-\Delta}$的个体类别为Δ，要验证的问题是Δ类企业会计信息价值相关性是否与总体的相同。按模型（4. 15）进行回归分析。本研究中Δ选上述的q_l-分类、s_l-分类、t_l-分类、u_l-分类、v_l-分类，l=1，2，…，5。按“2. 6基本评价方法”，根据研究需要对这些分类实施基本评价检验程序与“等价-比较”评价检验程序，分别做了215、187、142、228、234次，共计1 006次的回归分析，大大超过了“4. 5”中为检验H1，对q_l-分类所进行的104次回归分析。限于篇幅，这里不一一列示这1 006次回归分析的具体结果，只列示各种分类下实证检验的最终结果，见表4-12至表4-16。

4.6.3 五种分类下的检验结果分析

1）q_l-分类（基于参数α_l，l=1，2，…，5）下的检验结果分析

q_l-分类（基于参数1）下关于企业会计信息价值相关性的趋同性问题的探讨，实际上是比较Q(Y，α_l)类，Q^C(Y，α_l)类企业会计信息价值相关性的强弱问题。当二者是无差异的，则表明总体会计信息价值相关性趋同于Q(Y，α_l)的。由于Y=2007—2019，共13个取值，l=1~5，5个取值，相当于共进行了13×5=65个试验。表4-12中所列示的结果为q_l-分类（基于参数1）下的65个试验结果，进行了基本评价检验程序与“等价-比较”评价检验程序的共计215次的回归分析。表4-12所列示的是Q(Y，α_l)类对Q^C(Y，α_l)类企业会计信息价值相关性对比中Q(Y，α_l)类企业的对比结果。例如，Y=2019，l=1即$\alpha_1 = 0$，表中第2行、第2列的结果为“弱”，表示Q(2019，0)类的企业会计信息价值性相关性弱于Q^C(2019，0)类的，即Q(2019，0) < Q^C(2019，0)（记号定义见定义4. 3）。

表4-12显示，除了2014年q1-分类下，Q(2014，0)类的企业会计信息价值相关性与Q^C(2014，0)类的是无差异的，其他的分类都是有差异的。但是与p_l-分类不同的是，p_l-分类下（即按RD的高低进行分类）可以得到一致的结果：P(Y，α_l) > P^C(Y，α_l)，即Y=2007，2008，…，2019，l=1，2，…，5，见表4-12。

在 q_1-分类下，即RD值位于中间的那些个体组成 $Q(Y, \alpha_1)$，无法得到一致的结果。

表4-12　　q_l-分类下实证检验的最终结果汇总（l=1，2，3，4，5）

年份	q_1-分类	q_2-分类	q_3-分类	q_4-分类	q_5-分类
2019	弱	弱	弱	弱	强
2018	弱	弱	弱	强	强
2017	弱	弱	弱	强	强
2016	弱	弱	强	强	强
2015	弱	强	强	强	强
2014	无差异	强	强	强	强
2013	弱	强	强	强	强
2012	弱	强	强	强	强
2011	弱	强	强	强	强
2010	弱	强	强	强	强
2009	弱	强	强	强	强
2008	强	强	强	强	强
2007	弱	强	强	强	强
备注	表中所列示的结果为 q_l-分类（基于参数l）下，$Q(Y, \alpha_l)$，$Q^C(Y, \alpha_l)$对比结果。如Y=2019，l=1即 $\alpha_1=0$，表中第2行、第2列为“弱”，表示 $Q(2019, 0)$的企业会计信息价值相关性弱于 $Q^C(2019, 0)$的。				

实证结果为 $Q(Y, \alpha_l) > Q^C(Y, \alpha_l)$的，在 q_1-分类下，没有观测到这样的试验结果；在 q_2-分类下，Y=2007—2015，可观测到这样的试验结果；在 q_3-分类下，Y=2007—2016，可观测到这样的试验结果；在 q_4-分类下，Y=2007—2018，可观测到这样的试验结果；在 q_5-分类下，Y=2007—2019，全部试验都可观测到这样的试验结果。

实证结果为 $Q(Y, \alpha_l) < Q^C(Y, \alpha_l)$的，在 q_1-分类下，Y=2007—2019，$Y \neq 2014$，即除2014年以外都观测到这样的试验结果；在 q_2-分类下，Y=2016—2019，可观测到这样的试验结果；在 q_3-分类下，Y=2017—2019，可观测到这样的试验结果；在 q_4-分类下，Y=2019，即只在2019年可观测到这样的试验结果；

在 q_5-分类下，没有观测到这样的试验结果。

实证结果为 $Q(Y, \alpha_1) \sim Q^C(Y, \alpha_1)$的，仅有一个试验——只在Y=2014，$q_1$-分类下才观测到这样的试验结果。

实证结果为 $Q(Y, \alpha_1) > Q^C(Y, \alpha_1)$的，似乎随着α的增加，能观测到这样结果的试验数呈递增趋势。在总共65个试验中，实证结果为 $Q(Y, \alpha_1) > Q^C(Y, \alpha_1)$的，$\alpha = \alpha_1 = 0$，能观测到这样结果的试验数是0；$\alpha = \alpha_2 = 0.277776107$，能观测到这样结果的试验数是9；$\alpha = \alpha_3 = 0.588024162$，则是10；$\alpha = \alpha_4 = 0.785148091$，则能观测到这样结果的试验数是12；$\alpha = \alpha_5 = 1$，则能观测到这样结果的试验数是13。

实证结果为 $Q(Y, \alpha_1) < Q^C(Y, \alpha_1)$的，似乎随着α的增加，能观测到这样结果的试验数呈递减趋势。在总共65个试验中，实证结果为 $Q(Y, \alpha_1) < Q^C(Y, \alpha_1)$的，$\alpha = \alpha_1 = 0$，能观测到这样结果的试验数是12；$\alpha = \alpha_2 = 0.277776107$，能观测到这样结果的试验数是4；$\alpha = \alpha_3 = 0.588024162$，则能观测到这样结果的试验数是2；$\alpha = \alpha_4 = 0.785148091$，则能观测到这样结果的试验数是1；$\alpha = \alpha_5 = 1$，则能观测到这样结果的试验数是0。

总之，q_l-分类（基于参数 α_l，l=1，2，…，5）下的检验结果不能拒绝H2，但不能接受H3。

2）s_l-分类（基于参数 α_l，l=1，2，…，5）下的检验结果分析

表4-13显示，除了2011年 s_1-分类以及2019年 s_3-分类下，产生会计信息价值相关性的趋同趋势，即 $S(2011, \alpha_1) \sim S^C(2011, \alpha_1)$，$S(2019, \alpha_3) \sim S^C(2019, \alpha_3)$，其他的分类相对于此趋同性而言都是有差异的。

实证结果为 $S(Y, \alpha_1) > S^C(Y, \alpha_1)$的，可从总共65个试验中的58个观测到此结果。其中，在 s_1-分类下，Y=2007—2016，Y ≠ 2011，可观测到9个这样的试验结果；在 s_2-分类下，Y=2007—2017，可观测到11个这样的试验结果；在 s_3-分类下，Y=2007—2018，可观测到12个这样的试验结果；在 s_4-分类下，Y=2007—2019，可观测到13个这样的试验结果；在 s_5-分类下，Y=2007—2019，可观测到13个这样的试验结果。实证结果为 $S(Y, \alpha_1) > S^C(Y, \alpha_1)$的，似乎随着α的增加，能观测到这样结果的试验数也呈递增趋势。

实证结果为 $S(Y, \alpha_1) < S^C(Y, \alpha_1)$的，仅可从总共65个试验中的5个观测到此结果。在 s_1-分类下，Y=2017—2019，可观测到3个这样的试验结果；在 s_2-分类下，Y-2018—2019，可观测到2个这样的试验结果；在 s_3-分类、s_4-分类、s_5-分类下，没有观测到这样的试验结果。实证结果为 $S(Y, \alpha_1) < S^C(Y, \alpha_1)$的，似乎随着α的增加，能观测到这样结果的试验数则呈递减趋势。

总之，s_l-分类（基于参数 α_l，l=1，2，…，5）下的检验结果不能拒绝H2，

但不能接受H3。

表4-13　　s_l-分类下实证检验的最终结果汇总（l=1，2，3，4，5）

年份	s_1-分类	s_2-分类	s_3-分类	s_4-分类	s_5-分类
2019	弱	弱	无差异	强	强
2018	弱	弱	强	强	强
2017	弱	强	强	强	强
2016	强	强	强	强	强
2015	强	强	强	强	强
2014	强	强	强	强	强
2013	强	强	强	强	强
2012	强	强	强	强	强
2011	无差异	强	强	强	强
2010	强	强	强	强	强
2009	强	强	强	强	强
2008	强	强	强	强	强
2007	强	强	强	强	强

3）t_l-分类（基于参数α_l，l=1，2，…，5）下的检验结果分析

表4-14显示，除了在5个试验中发现会计信息价值相关性的趋同趋势外，即$T(2007,\alpha_1) \sim T^C(2007,\alpha_1)$、$T(2012,\alpha_1) \sim T^C(2012,\alpha_1)$、$T(2013,\alpha_1) \sim T^C(2013,\alpha_1)$，$T(2016，\alpha_2) \sim T^C(2016，\alpha_2)$，$T(2019，\alpha_4) \sim T^C(2019，\alpha_4)$，其他的分类下的试验中，会计信息价值相关性都是有差异的，即尚未发现有关趋同性的证据。

实证结果为$T(Y，\alpha_l) > T^C(Y，\alpha_l)$的，可从总共65个试验中的51个观测到此结果。其中，在t_1-分类下，Y=2008—2011，2014，2015，可观测到6个这样的试验结果；在t_2-分类下，Y=2007—2015，可观测到9个这样的试验结果；在t_3-分类下，Y=2007—2017，可观测到11个这样的试验结果；在t_4-分类下，Y=2007—2018，可观测到12个这样的试验结果；在t_5-分类下，Y=2007—2019，可观测到13个这样的试验结果。实证结果为$T(Y，\alpha_l) > T^C(Y，\alpha_l)$的，似乎随着α的增加，能观测到这样结果的试验数也呈递增趋势。

实证结果为$T(Y，\alpha_l) < T^C(Y，\alpha_l)$的，仅可从总共65个试验中的9个观测到此结果。其中，在t_1-分类下，Y=2016—2019，可观测到4个这样的试验结果；在s_2-分类下，Y=2017—2019，可观测到3个这样的试验结果；在s_3-分类，Y=

表4-14　t_l-分类下实证检验的最终结果汇总（l=1，2，3，4，5）

年份	t_1-分类	t_2-分类	t_3-分类	t_4-分类	t_5-分类
2019	弱	弱	弱	无差异	强
2018	弱	弱	弱	强	强
2017	弱	弱	强	强	强
2016	弱	无差异	强	强	强
2015	强	强	强	强	强
2014	强	强	强	强	强
2013	无差异	强	强	强	强
2012	无差异	强	强	强	强
2011	强	强	强	强	强
2010	强	强	强	强	强
2009	强	强	强	强	强
2008	强	强	强	强	强
2007	无差异	强	强	强	强

2018，2019，可观测到2个这样的试验结果；在s_4-分类、s_5-分类下，没有观测到这样的试验结果。实证结果为$T(Y,\ \alpha_l)<T^C(Y,\ \alpha_l)$的，似乎随着α的增加，能观测到这样结果的试验数则呈递减趋势。

总之，t_l-分类（基于参数α_l，l=1，2，…，5）下的检验结果不能拒绝H2，但不能接受H3。

4）u_l-分类（基于参数α_l，l=1，2，…，5）下的检验结果分析

表4-15显示，除了在6个试验中发现会计信息价值相关性的趋同趋势，即$U(2008,\alpha_2)\sim U^C(2008,\alpha_2)$、$U(2009,\alpha_2)\sim U^C(2009,\alpha_2)$，$U(2007,\alpha_3)\sim U^C(2007,\alpha_3)$、$U(2011,\alpha_3)\sim U^C(2011,\alpha_3)$、$U(2016,\alpha_3)\sim U^C(2016,\alpha_3)$，$U(2007,\alpha_4)\sim U^C(2007,\alpha_4)$，其他的分类下的试验中，会计信息价值相关性都是有差异的，即尚未发现有关趋同性的证据。

实证结果为$U(Y,\ \alpha_l)>U^C(Y,\ \alpha_l)$的，可从总共65个试验中的26个观测到此结果。其中，在u_1-分类和u_2-分类下，没有观测到这样的试验结果；在u_3-分类下，Y=2008—2010，2012—2015，可观测到7个这样的试验结果；在u_4-分类下，Y=2008—2016，可观测到9个这样的试验结果；在u_5-分类下，Y=2007—2016，

表4-15　u_l-分类下实证检验的最终结果汇总（l=1，2，3，4，5）

年份	u_1-分类	u_2-分类	u_3-分类	u_4-分类	u_5-分类
2019	弱	弱	弱	弱	弱
2018	弱	弱	弱	弱	弱
2017	弱	弱	弱	弱	弱
2016	弱	弱	无差异	强	强
2015	弱	弱	强	强	强
2014	弱	强	强	强	强
2013	弱	弱	强	强	强
2012	弱	弱	强	强	强
2011	弱	弱	无差异	强	强
2010	弱	弱	强	强	强
2009	弱	无差异	强	强	强
2008	弱	无差异	强	强	强
2007	弱	弱	无差异	无差异	强

可观测到10个这样的试验结果。实证结果为$U(Y,\alpha_l) > U^C(Y,\alpha_l)$的，似乎随着α的增加，能观测到这样结果的试验数也呈递增趋势。

实证结果为$U(Y,\alpha_l) < U^C(Y,\alpha_l)$的，仅可从总共65个试验中的33个观测到此结果。其中，在u_1-分类下，Y=2007—2019，可观测到13个这样的试验结果；在u_2-分类下，Y=2007，2010—2019，可观测到11个这样的试验结果；在u_3-分类下，Y=2017—2019，可观测到3个这样的试验结果；在u_4-分类下，Y=2017—2019，可观测到3个这样的试验结果；在u_5-分类下，Y=2017—2019，可观测到3个这样的试验结果。实证结果为$U(Y,\alpha_l) < U^C(Y,\alpha_l)$的，似乎随着α的增加，能观测到这样结果的试验数则呈递减趋势。

总之，u_l-分类（基于参数α_l，l=1，2，…，5）下的检验结果不能拒绝H2，但不能接受H3。

5）v_l-分类（基于参数α_l，l=1，2，…，5）下的检验结果分析

表4-16显示，除了在7个试验中发现会计信息价值相关性的趋同趋势，即$V(2010,\alpha_2) \sim V^C(2010,\alpha_2)$，$V(2009,\alpha_3) \sim V^C(2009,\alpha_3)$，$V(2009,\alpha_4) \sim V^C(2009,\alpha_4)$、$V(2010,\alpha_4) \sim V^C(2010,\alpha_4)$、$V(2011,\alpha_4) \sim V^C(2011,\alpha_4)$、$V(2014,\alpha_4) \sim V^C(2014,\alpha_4)$，$V(2010,\alpha_5) \sim V^C(2010,\alpha_5)$，其他的分类下的试验中，会计信息价值相关性都是有

差异的，即尚未发现有关趋同性的证据。

表4-16　v_l-分类下实证检验的最终结果汇总（l=1，2，3，4，5）

年份	v_1-分类	v_2-分类	v_3-分类	v_4-分类	v_5-分类
2019	弱	弱	弱	弱	弱
2018	弱	弱	弱	弱	弱
2017	弱	弱	弱	弱	弱
2016	弱	弱	弱	弱	弱
2015	弱	弱	弱	强	强
2014	弱	弱	强	无差异	强
2013	弱	弱	强	强	弱
2012	弱	弱	弱	强	强
2011	弱	弱	弱	无差异	弱
2010	弱	无差异	弱	无差异	无差异
2009	弱	弱	无差异	无差异	强
2008	弱	弱	弱	强	强
2007	弱	弱	弱	弱	弱

实证结果为$V(Y，\alpha_l)>V^C(Y，\alpha_l)$的，仅可从总共65个试验中的11个观测到此结果。其中，在v_1-分类和v_2-分类下，没有观测到这样的试验结果；在v_3-分类下，Y=2013，2014，可观测到2个这样的试验结果；在v_4-分类下，Y=2008，2012，2013，2015，可观测到4个这样的试验结果；在v_5-分类下，Y=2008，2009，2012，2014，2015，可观测到5个这样的试验结果。实证结果为$V(Y，\alpha_l)>V^C(Y，\alpha_l)$的，似乎随着α的增加，能观测到这样结果的试验数也呈递增趋势。

实证结果为$V(Y，\alpha_l)<V^C(Y，\alpha_l)$的，可从总共65个试验中的47个观测到此结果。其中，在v_1-分类下，Y=2007—2019，可观测到13个这样的试验结果；在v_2-分类下，Y=2007—2019，Y ≠ 2010，可观测到12个这样的试验结果；在v_3-分类下，Y=2007—2019，Y ≠ 2009，2013，2014，可观测到10个这样的试验结果；在v_4-分类下，Y=2007，2016—2019，可观测到5个这样的试验结果；在v_5-分类下，Y=2007，2011，2013，2016—2019，可观测到7个这样的试验结果。实证结果为$U(Y，\alpha_l)<U^C(Y，\alpha_l)$的，似乎随着α的增加，能观测到这样结果的试验数则呈递减趋势（除了v_5-分类以外）。

总之，v_l-分类（基于参数α_l，l=1，2，…，5）下的检验结果不能拒绝H2，但不能接受H3。

4.6.4　五种分类下检验结果的进一步分析

构造Δ类的目标是希望Δ类中的企业会计信息价值相关性与总体的相同，利用4.5节实证分析已得到的结论——RD指标越高，会计信息价值相关性也越强。本研究中Δ类是利用RD指标的高低从各年样本中选择合适的样本。Δ类有5种分类方法：q_1-分类、s_1-分类、t_1-分类、u_1-分类、v_1-分类，每一类又有5种小分类，总共25种分类。对13年中的每一年的数据按这25种分类方法进行分类，相当于每一类方法都有13个样本数据，但没有哪种分类方法能使13年中的每一年分类都有$\Delta \sim \Delta^c$的结果，因而从一般意义上看，会计信息价值相关性并不与这25类中的任一种趋同。换句话说，这里提供的证据虽然不能验证H3，却进一步验证了H2。

虽然Δ的分类未能找到会计信息的趋同类，但进一步归纳总结似乎也是必要的，有助于进一步理解会计信息的差异化，并为以后进一步寻找会计信息的趋同类提供必要的理论指导。

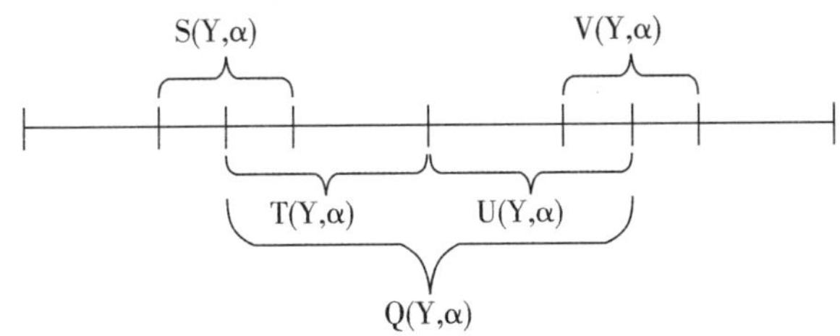

图4-1　Δ的分类方法示意图

Δ的分类事实上采用的是对称分类法。如图4-1所示，“q_1-分类”取相关性高低中的中间一半；“s_1-分类”取相关性高低中上方一半的中间1/3；“t_1-分类”取相关性高低中上方一半的后一半；“u_1-分类”与“t_1-分类”对称，取相关性高低中下方一半的前一半；“v_1-分类”与“s_1-分类”对称，取相关性高低中下方一半的中间1/3。采用对称分类法，当前未能找到会计信息价值相关性的趋同类，是方法本身不可行，还是参数选择有问题，下面略作探讨。

$RD(\alpha) = RD_1^{\alpha} \cdot RD_2^{1-\alpha}$，RD=RD（i，Y，$\alpha_1$）=RD（$P_{iY}$，$EPS_{iY}$，$NAPS_{iY}$；$\alpha_1$），i=1~964；Y=2007~2019；$\alpha_1 = 0$，$\alpha_2 = 0.277776107$，$\alpha_3 = 0.588024162$，$\alpha_4 = 0.785148091$，$\alpha_5 = 1$。Δ分类=$q_1$-分类、$s_1$-分类、$t_1$-分类、$u_1$-分类、$v_1$-分类，与参数α、年份Y有关。Δ=Q(Y，$\alpha_1$)、S(Y，$\alpha_1$)、T(Y，$\alpha_1$)、U(Y，$\alpha_1$)、V(Y，$\alpha_1$)，包括五种类型。为探讨上述问题，即“未能找到会计信息价值相关性的趋同类，是方法本身不可行，还是参数选择有问题”，这里不再区分Δ具体为哪一种，而探讨如下问题：试验结果为$\Delta < \Delta^c$、$\Delta > \Delta^c$、$\Delta \sim \Delta^c$的试验数是否与年份Y、参数α有关。

基于年度、参数角度各试验结果下的试验数见表4-17。表中“弱”表示试验结果为$\Delta < \Delta^C$，“强”表示试验结果为$\Delta > \Delta^C$，“无差异”表示试验结果为$\Delta \sim \Delta^C$。表4-17最后一通栏行可以看出，总共325个试验中，结果为“弱”的试验数为112，占总试验数的34.5%；结果为“强”的试验数为192，占总试验数的59.0%；结果为“无差异”的试验数为21，占总试验数的6.5%。这就意味着，Δ的这种所谓“对称”分类法所产生的试验结果是“不对称”的：总体看，34.5%的概率为“弱”，59.0%的概率为“强”，6.5%的概率为“无差异”。

表4-17　**基于年度、参数各种试验结果下的试验数**

试验结果		2019	2018	2017	2016	2015	2014	2013	2012	2011	2010	2009	2008	2007	行小计
弱	参数1	5	5	5	4	3	2	3	3	3	3	3	2	3	44
	参数2	5	5	4	3	2	1	2	2	2	1	1	1	2	31
	参数3	4	4	3	1	1	0	0	1	1	1	0	1	1	18
	参数4	3	2	2	1	0	0	0	0	0	0	0	0	1	9
	参数5	2	2	2	1	0	0	1	0	1	0	0	0	1	10
	列小计	19	18	16	10	6	3	6	6	7	5	4	4	8	112
强	参数1	0	0	0	1	2	2	1	1	1	2	2	3	1	16
	参数2	0	0	1	1	3	4	3	3	3	3	3	3	3	30
	参数3	0	1	2	3	4	5	5	4	3	4	4	4	3	42
	参数4	1	3	3	4	5	4	5	5	4	4	4	5	3	50
	参数5	3	3	3	4	5	5	4	5	4	4	5	5	4	54
	列小计	4	7	9	13	19	20	18	18	15	17	18	20	14	192
无差异	参数1	0	0	0	0	0	1	1	1	1	0	0	0	1	5
	参数2	0	0	0	1	0	0	0	0	0	1	1	1	0	4
	参数3	1	0	0	1	0	0	0	0	1	0	1	0	1	5
	参数4	1	0	0	0	0	1	0	0	1	1	1	0	1	6
	参数5	0	0	0	0	0	0	0	0	0	1	0	0	0	1
	列小计	2	0	0	2	0	2	1	1	3	3	3	1	3	21
列小计汇总	弱	19	18	16	10	6	3	6	6	7	5	4	4	8	112
	强	4	7	9	13	19	20	18	18	15	17	18	20	14	192
	无差异	2	0	0	2	0	2	1	1	3	3	3	1	3	21
	合计	25	25	25	25	25	25	25	25	25	25	25	25	25	325
备注	1.表中“弱”表示试验结果为$\Delta < \Delta^C$，“强”表示试验结果为$\Delta > \Delta^C$，“无差异”表示试验结果为$\Delta \sim \Delta^C$。 2.表中的数字表示各种结果下的试验数。														

年度视角下，(1) 结果为“弱”的试验数，按年度递增顺序——2007—2019年，对应的试验数分别为8、4、4、5、7、6、6、3、6、10、16、18、19，其中，最大试验数为19、最小的为3，平均值8.6，中位数6，可见，一半以上的年份即超过7年的试验结果为“弱”的试验数小于平均值8.6，然而最大数为19，远大于平均值8.6与中位数6，说明数据分布波动大，“不对称”；如图4-2所示，数据呈现先递减后递增再次递减而后又递增的特征，其最基本特征是先递减后递增。

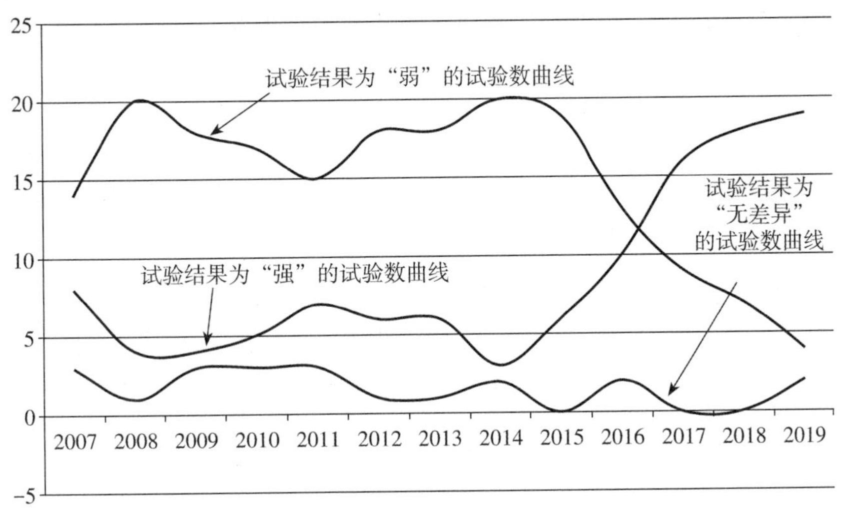

图4-2　年度视角下各试验结果的试验数曲线

(2) 结果为“强”的试验数，按年度递增顺序，对应的试验数分别为14、20、18、17、15、18、18、20、19、13、9、7、4，其中最大数为20、最小数为4，平均值14.8，中位数17。可见，一半以上的年份即超过7年的试验，其试验结果为“强”的试验数大于平均值14.8，然而最小数为4，远小于平均值14.8与中位数17，说明数据分布波动大，“不对称”；如图4-2所示，数据呈现先递增后递减再次递增而后又递减的特征，其最基本特征是先递增后递减。

(3) 结果为“无差异”的试验数，按年度递增顺序，对应的试验数分别为3、1、3、3、3、1、1、2、0、2、0、0、2，其中，最大数为3、最小数为0，平均值1.6，中位数2。最大数是平均值的2倍，是中位数的1.5倍，说明数据分布波动大，“不对称”，且数据较小，出现“无差异”的试验概率低。如图4-2所示，数据呈现低幅度波动特征。

以上分析表明，Δ的这种所谓“对称”分类法，大概率的结果为“强”、次之为“弱”，最低的为“无差异”；“对称”分类法的结果又与年份高度相关，越靠近当前，大概率的结果为“弱”，次之为“强”，最低的为“无差异”。

基于参数的视角，见表4-17的三个通栏行。如图4-3所示，按参数的递增顺序——参数1~参数5，试验结果为“弱”的试验数分别为44、31、18、9、10，呈递减特征；结果为“弱”的试验数分别为16、30、42、50、54，呈递增特征；结果为“无差异”的试验数分别为5、4、5、6、1，前四个参数下该结果的试验数差别不大，到参数5，变动大一些。将各结果下的试验数除以总试验数，大致就算出各种试验的结果。按参数的递增顺序——参数1~参数5，试验结果为“弱”的概率分别为0.677、0.477、0.277、0.138、0.154（即44/65、31/65、18/65、9/65、10/65）；试验结果为“强”的概率分别为0.246、0.462、0.646、0.769、0.831（即16/65、30/65、42/65、50/65、54/65）；试验结果为“无差异”的概率分别为0.077、0.062、0.077、0.092、0.015（即5/65、4/65、5/65、6/65、1/65）。可见，Δ的这种所谓“对称”分类法，与参数值高度相关，参数值越高，大概率的结果为“强”；参数值越低，大概率的结果为“弱”；但无论参数值高或低，试验结果为“无差异”的概率都很低。

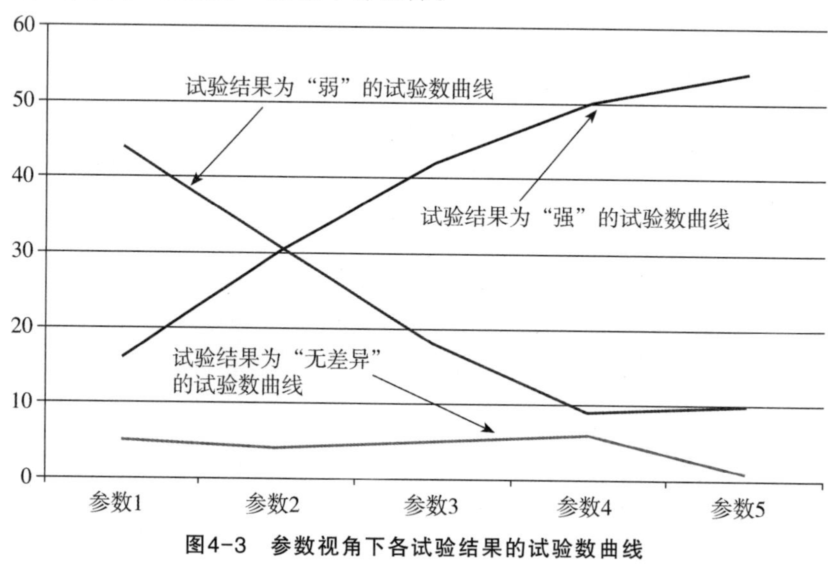

图4-3 参数视角下各试验结果的试验数曲线

4.7 会计信息价值相关性的变动趋势

4.6.2节中的图4-2似乎已经暗示，会计信息价值相关性可能随时间变化而变化，这与理论上的预期是一致的。不同企业的盈利能力、收益的增长率各不相同，其变动趋势也各不相同，因而会计信息价值相关性的变化趋势在不同的企业间可能表现出不同的特征：或稳定或变异。会计信息价值相关性的变化趋势具有稳定性的企业，若其现在会计信息价值相关性较强，则其过去也较强，其未来也较强。

4.5节、4.6节提供的证据表明，会计信息价值相关性的差异化是普遍存在的，究其原因可能是盈利能力、收益的增长率及其变动趋势各不相同，最终难以找到趋同类。如果存在会计信息价值相关性的趋同类，那么最终可能会引导我们得出会计信息价值相关性的变动趋势的稳定性结论。尽管可能无法观测到会计信息价值相关性具有稳定性的变动趋势，我们仍然需要从实证上加以探测。

4.7.1　试验设计

4.5节、4.6节关于样本的分类，即p_1-分类、q_1-分类、s_1-分类、t_1-分类、u_1-分类、v_1-分类，事实上是一种有差异的分类，称之为“差异性分类”方法。这些分类方法主要利用了样本公司i的RD指标，RD指标与年份Y、参数α有关，如式（4.8）所示，即：

$RD=RD(I, Y, \alpha)=RD(P_{iY}, EPS_{iY}, NAPS_{iY}; \alpha)$

为了探讨会计信息价值相关性的变动趋势问题，我们将采用“穿透性分类”方法，而不是“差异性分类”方法。其思路是，确定某一年的分类（下称“基年分类”）后，其他年份都不需要再分类，其他年份的分类与基年分类相同，形象地说，基年分类穿透到所给年份去。例如，$I=\{x_{1t}, x_{2t}, x_{3t}, x_{4t}, x_{5t}, x_{6t}\}$，$x_{it}$的角标中的第一个角标表示某样本的编号，第二个角标表示时间如年份。假定有三年的数据，“差异性分类”方法下，基于某分类规则h-分类，设第1年分类为$H(1)=\{x_{11}, x_{21}, x_{31}\}$，第2年分类为$H(2)=\{x_{12}, x_{22}, x_{42}\}$，第3年分类为$H(3)=\{x_{13}, x_{23}, x_{53}\}$，三年的分类都是不同的。“穿透性分类”方法首先需指定“基年”，如以第2年为基年，分类规则h-分类下第2年的分类就是$H(2)=\{x_{12}, x_{22}, x_{42}\}$，而第1年的分类就是$\overline{H}(1)=\overline{H}(1)|_{t=2\to 1}=\{x_{11}, x_{21}, x_{41}\}$，$\overline{H}(3)=\overline{H}(3)|_{t=2\to 3}=\{x_{13}, x_{23}, x_{43}\}$。简言之，“差异性分类”方法强调某分类规则“h-分类”一致地用于各年，而“穿透性分类”方法则强调某分类规则“h-分类”只运用于“基年”，“基年”的分类结果一致地运用于其他各年。下面给出“穿透性分类”法的定义。

定义4.4（“穿透性分类”法）　记$I=\bigcup_{t=1}^{T} I_t$为所选取的总样本集，$I_t=\{x_{1t}, x_{2t}, \cdots, x_{nt}\}=\{x_{it}|i=1, 2, \cdots, n\}$，其中$x_{it}$的第一个角标表示样本的编号为i。“穿透性分类”法是指按下列方法确定基年分类$K(\overline{Y}, \alpha)$以及将$K(\overline{Y}, \alpha)$穿透到其他年份Y（记为$\overline{Y}\to Y$）形成分类$\overline{K}(Y, \alpha)=\overline{K}(Y, \alpha)|_{\overline{Y}\to Y}$，即：

（1）基年分类$K(\overline{Y}, \alpha)$。在$Y=\overline{Y}$年份采用p-分类法（按$Y=\overline{Y}$年份样本RD值的高低选样本中高RD的一半）得基年分类$K(\overline{Y}, \alpha)=\{x_{j\overline{Y}}|j\in J\}$，$K^C(\overline{Y}, \alpha)=I_{\overline{Y}}-K(\overline{Y}, \alpha)$，其中J为所选样本的编号。

（2）其他年份 $Y \neq \overline{Y}$ 的分类 $K(Y, \alpha)$：令

$$\overline{K}(Y, \alpha) = \overline{K}(Y, \alpha)|_{\overline{Y} \to Y} = \{x_{jY}|j \in J\}, \ \overline{K}^C(Y, \alpha) = I_Y - \overline{K}(Y, \alpha) \tag{4.32}$$

需要指出的是，无论是基年分类还是其他年份的分类，可统一记为 $\overline{K}(Y, \alpha)$。

定义4.5 “穿透性分类”法下的示性函数可定义为：

$$k_{it} = \begin{cases} 1, & x_{it} \in \overline{K}(t, \alpha) \\ 0, & 其他 \end{cases} \tag{4.33}$$

需要研究的问题是，假定 $\overline{K}(\overline{Y}, \alpha) > \overline{K}^C(\overline{Y}, \alpha)$，是否有 $\overline{K}(Y, \alpha) > \overline{K}^C(Y, \alpha)$？可采用模型（4.7）进行研究，只需将（4.7）中的h用（4.34）中所定义的 k_{it} 代替即可。

“穿透性分类”是基年依赖型的，确定了基年分类，就确定了其他年份的样本分类，进而就确定了整个样本分类。当然，“穿透性分类”也依赖于所选的参数α。同一参数α，选择的基年不同，最终的“穿透性分类”也不同。在接下来的研究中，参数α另选一随机值0.574230642，即α = 0.574230642。基年的确定采用“对称”的处理方式：2007—2019年中选2007年、2010年、2013年、2016年、2019年作为基年得到5种“穿透性分类”，分别对其进行分析，以观测会计信息价值相关性的变动趋势。

4.7.2 实证结果分析

选参数α = 0.574230642，分别以2007年、2010年、2013年、2016年、2019年作为基年进行分类，运用模型（4.7）进行回归分析，按“2.6基本评价方法”，根据研究需要对这些分类实施基本评价检验程序与“等价-比较”评价检验程序，分别做了22次、22次、47次、33次、23次共计147次的回归分析。限于篇幅，这里不一一列示这147次回归分析的具体结果，只列示各种分类下实证检验的最终结果，见表4-18。

从表4-18可以看出：

（1）以2007年作为基年所做的基年分类，穿透到未来各年，企业的会计信息价值相关性，基年强的，在未来各年仍然为强的。

（2）以2010年作为基年所做的基年分类，穿透到未来及过去各年，企业的会计信息价值相关性，基年强的，未来各年仍然为强的，而且其过去也强。

（3）以2013年作为基年所做的基年分类，穿透到未来及过去各年，企业的会计信息价值相关性，先从无差异（2007年）变为弱（2008—2012年），再变到基年的强（2013年）、基年之后先维持强（2014—2016年），然后过渡到无差异（2017年），最后变为弱（2018年、2019年）。简言之，基年强的，其未来可能为

强或弱或无差异，而其过去可能为弱或无差异。

（4）以2016年作为基年所做的基年分类，穿透到未来及过去各年，企业的会计信息价值相关性，先从无差异（2007年）变为弱（2008年），再变回无差异（2009年），之后变为弱（2010—2012年），再反转为强（2013—2015年），到基年维持在强的状态（2016年），基年之后维持强不变（2016—2019年）。简言之，基年强的，其未来仍为强，而其过去可能为强、或为弱或为无差异。

（5）以2019年作为基年所做的基年分类，穿透到过去各年，企业的会计信息价值相关性，先从强（2007年）变为无差异（2008—2010年），再变为强（2011—2018年）。简言之，基年强的，其过去主要为强，个别年份可能为无差异。

表4-18　　“穿透性分类”下会计信息价值相关性变动趋势的检验结果

年份	$\overline{K}$_2007		$\overline{K}$_2010		$\overline{K}$_2013		$\overline{K}$_2016		$\overline{K}$_2019	
2019	未来	强		强		弱	未来	强	2019，基年	强
2018	↑	强	未来	强	未来	弱	↑	强		强
2017		强	↑	强	↑	无差异		强		强
2016		强		强		强	2016，基年	强	过去	强
2015		强		强		强		强	↓	强
2014		强		强		强		强		强
2013		强		强	2013，基年	强	过去	强		强
2012		强		强		弱	↓	弱		强
2011		强		强	过去	弱		弱		强
2010		强	2010，基年	强	↓	弱		弱		无差异
2009		强	过去	强		弱		无差异		无差异
2008		强	↓	强		弱		弱		无差异
2007	2007，基年	强		强		无差异		无差异		强
备注	表中箭头表示从基年分类到其他各年分类的方向，箭头向上表示的是“从基年往未来”，箭头向下表示的是“从基年往过去”。									

通过5种穿透性分类的实证结果表明，应拒绝H4。企业会计信息价值相关性的变动趋势从个体层面上看，不具有稳定性，可能与个体企业的市场竞争力有关。好的企业受到市场的追捧，企业的会计信息容易反映到股价上，而差的企业

则受到市场的冷落，企业的会计信息难以反映到股价上。不同年份作为基年，所选择到的企业，其竞争力也是不同的，其过去、未来的市场竞争力的变化可能没有明确的趋势，因而，不同基年分类穿透到未来、过去观测企业会计信息的价值相关性，也就难以有一致的结论。企业会计信息价值相关性从个体层面上看，不具有稳定性，或许并不是坏事，这或许是市场效率的一种体现。这一切仅仅是猜测，需进一步研究。

4.8 本章小结

基于第3章已建立的理论模型，本章着重从实证上探讨企业会计信息价值相关性的差异化与趋同性及其他相关问题。其中最为基本的是，验证企业会计信息价值相关性差异化的识别指标——RD指标的有效性问题。

本章的实证结果表明，其一，RD指标是有效的，即利用RD指标可以区分不同企业会计信息价值相关性的强弱性。其二，虽然企业会计信息的价值相关性受到许多因素的影响，有些因素增强了而有些因素则降低了企业信息价值相关性，但从最终结果来看，差异化是根本的：会计信息价值相关性存在个体差异而不是无差异。其三，会计信息价值相关性处于动态变化之中，例如，企业会计信息价值相关性当前处于“强”状态的，其过去或“强”或“弱”或“无差异”皆有可能，其未来变化趋势也是如此。其四，已有证据主要支持会计信息价值相关性的差异化，当前已获证据不足以支持会计信息价值相关性存在聚类特征的趋同性趋势，同样也不能否定可能存在聚类特征的趋同性趋势。

最后，需要强调的是，从方法论上看，本章研究的重要意义在于，找到了能有效区分会计信息价值相关性差异化的指标——RD指标，并将其作为分析工具（建立一些分类方法如“差异性分类”方法与“穿透性分类”方法）用于有关问题的研究，即初步开展了RD指标的应用研究。而后一研究其实是最为重要的。

第5章 会计信息价值相关性的指标差异化与趋同性

5.1 概述

要使信息对决策有用，该信息应当便于信息使用者理解和使用；否则，不具备可理解性的信息或许可比作日常中很少人看得懂的“天书”，难以对决策产生影响。为了使会计信息不致成为让人难以看懂的“天书”，达到可理解性的质量要求，会计上一般要求企业提供的会计信息应该清晰明了，便于投资者理解。例如，我国的《企业会计准则——基本准则》第十四条规定：企业提供的会计信息应当清晰明了，便于信息使用者理解和使用。

如果企业按会计准则的要求去提供会计信息，一般认为，可保证会计信息具有清晰明了的特征。只要熟悉财务会计的程序与方法，就能对会计信息有比较深刻的理解。按会计准则的要求，财务会计历经三个主要会计程序：确认、计量与报告，才能对外披露。其中，会计确认是三个程序中影响最大的一个程序，该程序界定了交易或事项是否可被作为某一会计期间的会计要素并最终被包含在会计报告之中，因此，同一笔业务，由于确认标准不同，企业所披露的信息也有可能完全不同。尽管如此，只要将会计处理的程序、方法、会计政策、会计估计等充分对外披露，会计信息使用者就能理解、识别企业所提供的会计信息。

但是，会计信息的清晰明了的质量特征已受到现代会计的挑战，会计信息很难说已经具有清晰明了的质量特征，因为会计数据已经是基于各种计量属性、方法、理念下的数据的简单加总，其经济含义很难说得清楚。收入、费用的数据有些是已实现的，有些是未实现的。正如第1章所指出的，当企业的净资产、会计盈余都大于零，会计信息可能还好理解些，但是当公司的净资产小于零，由于这些公司的市价仍为正，这些负值的净资产表示什么意义，无法说清楚。

随着经济的发展，企业的业务越来越复杂，会计处理也越来越复杂，会计信息是否具备清晰明了的这种可理解性质量特征，全然依赖于会计人员的职业判断。姑且不论会计信息是否已具备了可理解性的质量特征，会计信息是如何被使用者理解的，至今仍是个谜。

信息被用于投资决策之中，对信息的理解与运用若与对其他知识的学习研究相一致，亦遵循先易后难、先已知后未知的循序渐进的认知规律，会计信息可被分解为常识性信息与增量信息。由于事物的各个特征之间可能存在一定的关联性，依据这种关联性就能推知各种常识，也就是说，事物某特征的常识性信息可由其他信息所推知。例如，假如我们考察的事物为“房屋的一扇大门”，通常来说，门高与宽有一定的比例，知道其中的一者就可以推知另一方。增量信息是新增的信息——实际信息扣除常识性信息后的剩余信息。从认知的角度来看，常识性信息就是可理解部分（或者说是已知的部分）；而增量信息是目前尚未被理解部分（或者说目前是未知的部分，需进一步加以理解的部分）。可见，针对所给定的信息，常识性信息量与增量信息量之间存在着此消彼长的关系。常识性信息量“多”了，增量信息量就“少”了，反之亦然。事实上，将信息变量X分解为常识性信息变量x与增量信息变量Δx，信息 $X = x \oplus \Delta x$，则x与Δx的此消彼长是显而易见的。基于所给定的信息，其中的增量信息量越少，常识性信息量就越“多”，信息中能被理解的部分就越大；反之亦然。

对于信息使用者来说，常识性信息是当前能被理解的信息，信息中常识性信息所占比例越大，信息使用者依此类信息所做决策的把握程度就越高，决策失误的风险就越低。如果增量信息为空集，信息就是常识性信息，依此类信息所作出的决策，就几乎是一个确定性事件，不会有任何的决策失误的风险。而如果常识性信息为空集，信息就全为未能被理解的未知信息，依此类信息所作出的决策，后果几乎就是一个随机事件，没有任何的准确性可言。

常识性信息是降低决策风险、提高决策正确率的基础。信息中的常识性部分与增量性质部分的区分，因人而异，并且随着人的认知水平的提高，信息中的常识性信息量就随之提高，增量信息量便降低了。越多的投资者掌握投资标的的常识性信息，市场竞争就越充分，投资所带来的利润空间就越小。为了提高利润，投资者就要选择带有较多增量信息量的投资标的，这类投资标的可能是丰厚利润的来源。当然，决策失误的风险也是存在的。例如，对于某投资者来说，企业A的信息为，净资产X=100、净利润Y=20、净现金流量Z=10，而净资产、净利润、净现金流量的常识性信息分别为x=90、y=15、z=15，则增量信息为Δx=10、Δy=5、Δz=-5。如果该企业的未来前景被看好，将被纳入投资组合；若被看空，将被移出投资组合。无论企业A的未来属于哪一种情况，企业A都将因为增量信息不为空集（Δx=10，Δy=5，Δz=-5）而成为投资决策的标的。可见，增量信息的作用在于引导投资者去关注、追逐感兴趣的投资决策的标的。

关于投资标的的增量信息是多维度的，只有加以融合，才有可能对投资标的作出较为准确的判断，提高决策的准确度。以上述的企业A为投资标的，设定一个“参照标的”——其净资产、净利润、净现金流量恰好等于企业A的常识性信息下的相应数据（90，15，15），那么，企业A的净资产比“参照标的”多10单位，净利润比“参照标的”多5单位，而净现金流量比“参照标的”少5单位。如果投资者能对此增量信息加以融合，形成融合性信息，记为（10，10，-5），既然不是孤立地看待这些数据，投资者就有可能对企业A的诸如以下各种重要问题作出研判：企业A是否优于（或劣于或类似于）“参照标的”？如果企业A优于“参照标的”，优越的程度有多高？企业A是否被高估？还是被低估？由于“参照标的”因其信息均为常识性信息（增量信息为空集）可被准确估值，利用对增量信息的融合可对企业A作出与“参照标的”相对比的评价，最终，就有可能对企业A作出较为准确的投资决策。

5.2 研究假设

根据5.1中的分析，信息的三个被认知模块（常识性信息、增量信息、融合性信息）各司其职，实现信息的可理解性和有用性，最终体现在投资者的投资决策之中，故本章提出如下的研究假设：

H1：股价与会计信息的常识性信息、增量信息、融合性信息显著相关。

将会计信息按认知功能进行分析，会计信息的三个被认知模块（常识性信息、增量信息、融合性信息）各司其职，共同引导信息使用者作出最终决策。投资者既要保证决策的准确性，也要考虑投资的盈利性，若投资决策未能确保一定的可接受的准确性，就算投资标的的盈利性很高，这样的投资决策的意义可能也不大。反过来，如果投资决策准确率很高，但盈利性很低，那么这样的投资项目也没多大的意义，因此，在投资决策中，准确性与盈利性同等重要。会计信息的趋同性信息（常识性信息、融合性信息）决定投资决策的准确性，而会计信息的差异性信息（即增量信息）决定投资决策的盈利性。基于此，提出如下的研究假设：

H2：会计信息的趋同性信息与差异性信息将具有相同的信息含量。

在趋同性中，常识性信息可用于构造“参照标的”，参照标的的增量信息为空集，因而可对参照标的作出准确评价，是投资决策准确性的基本保证。而融合性信息可用于将标的与参照标的进行对比评价，对比评价越准确，对标的的评价就越准确。因而，投决策的准确性既取决于对参照标的评价的准确性，也取决于对比评价的准确性，两者同等重要。基于此，提出如下的研究假设：

H3：在趋同性中，常识性信息与融合性信息也具有相同的信息含量。

研究假设H1至H3探讨的是信息如何认知的问题，接下来探讨会计信息的预测功能差异及强弱问题。会计信息主要由资产负债表、利润表、现金流量表构成，这三张报表所提供的会计信息侧重点有所不同——分别反映企业的财务状况、经营成果和现金流量的信息。因而，从信息的预测功能来说，会计信息有助于信息使用者预测企业未来产生现金流的能力，这三张报表所提供的信息虽可相互补充，但各报表的预测能力存在差异。以净收益、净资产、净现金流量分别作为利润表、资产负债表、现金流量表的表征变量，就意味着这三个指标的信息含量是不同的。净收益、净资产是基于权责发生制加工出来的信息，而净现金流量是基于收付实现制加工出来的信息。它们所遵循的会计确认标准信息有所不同，将导致预测价值也有强弱之分。权责发生制是基于经济业务的归属期来确认收入、费用的，而收付实现制则是基于现款的收支期来确认收入、费用的。无论现款的收支期发生在哪一期（如上一期、本期、下一期），体现的都是产生现金流的“果”——经济业务的最终后果，现款的收支期与经济业务的归属期很可能不一致，无非就是现款的收支期或者提前或者滞后于经济业务的归属期。经济业务是影响现金流的“因”——经济业务驱动形成企业的上一期或本期或下一期的现金流。也就是说，经济业务是“因”，现金流是“果”。按照“因果”说（刘金雄，2016）[6]，“因”的信息含量应该强于“果”的。净收益的信息含量强于净现金流量的。由于企业的净资产是股东投入资本与留存在企业的净收益的累积结果，从这个意义上看，净收益是“因”，净资产是“果”，净收益的信息含量强于净资产的。由于扣除投入资本的影响后，净资产的变动表现是当期的净收益，而假定净收益的信息含量强于净现金流量的，基于此，则可假定净资产的信息含量强于净现金流量的。根据以上分析，作出以下研究假设：

H4：净收益、净资产、净现金流量的信息含量有强弱之分。

H4a：净收益的信息含量强于净现金流量的；

H4b：净收益的信息含量强于净资产的；

H4c：净资产的信息含量强于净现金流量的。

5.3 研究设计

5.3.1 模型设计

1）净收益、净资产、净现金流量的三种认知性信息变量的设计

会计信息主要由资产负债表、利润表、现金流量表构成，其价值相关性问题的研究，需要考察这三张报表的表征变量每股净收益EPS、每股净资产NAPS、每股净现金流量CFOPS的价值相关性问题，为此，需计量这三大表征变量各自的三种认知性信息变量即常识性信息变量、增量信息变量、融合性信息变量。为今后叙述方便，以单字母X、Y、Z分别表示每股净收益、每股净资产、每股净现金流量，即：

X=EPS，每股净收益

Y=NAPS，每股净资产

Z=CFOPS，每股净现金流量

由3.4节所确定的方法，选择资产负债率ADR、企业规模size作为参考信息。以

$W_1=1/ADR$，$W_2=\ln(\ln(asset))$

作为参考变量，其中ADR为企业的资产负债率，asset为企业的总资产，ln表示以常数e为底的自然对数。由第3章的有关常识性信息变量的辅助回归模型（3.48）~模型（3.50），可建立如下模型：

$$X = \alpha_0 + \alpha_1 \cdot Y + \alpha_2 \cdot Z + \alpha_3 \cdot W_1 + \alpha_4 \cdot W_2 + \varepsilon_1, \quad \varepsilon_1 \sim N(0, \sigma_1^2) \tag{5.1}$$

$$Y = \beta_0 + \beta_1 \cdot Y + \beta_2 \cdot Z + \beta_3 \cdot W_1 + \beta_4 \cdot W_2 + \varepsilon_2, \quad \varepsilon_2 \sim N(0, \sigma_2^2) \tag{5.2}$$

$$Z = \gamma_0 + \gamma_1 \cdot X + \gamma_2 \cdot Y + \gamma_3 \cdot W_1 + \gamma_4 \cdot W_2 + \varepsilon_3, \quad \varepsilon_3 \sim N(0, \sigma_3^2) \tag{5.3}$$

模型（5.1）~模型（5.3）的回归系数分别为$\hat{\alpha}_i$，$\hat{\beta}_i$，$\hat{\gamma}_i$，$i=0, 1, 2, \cdots, 4$。记信息X、Y、Z的常识性信息变量为$Co_X = x$，$Co\_Y = y$，$Co\_Z = z$。由常识性信息模型（3.51）~模型（3.53），以拟合值来作为某一信息的常识性信息变量，相应地，就可以得到净收益（信息X）、净资产（信息Y）、净现金流量（信息Z）的常识性信息模型（5.4）~模型（5.6）：

$$Co\_X = x \approx \hat{x} = \hat{\alpha}_0 + \hat{\alpha}_1 \cdot Y + \hat{\alpha}_2 \cdot Z + \hat{\alpha}_3 \cdot W_1 + \hat{\alpha}_4 \cdot W_2 \tag{5.4}$$

$$Co\_Y = y \approx \hat{y} = \hat{\beta}_0 + \hat{\beta}_1 \cdot Y + \hat{\beta}_2 \cdot Z + \hat{\beta}_3 \cdot W_1 + \hat{\beta}_4 \cdot W_2 \tag{5.5}$$

$$Co\_Z = z \approx \hat{z} = \hat{\gamma}_0 + \hat{\gamma}_1 \cdot X + \hat{\gamma}_2 \cdot Y + \hat{\gamma}_3 \cdot W_1 + \hat{\gamma}_4 \cdot W_2 \tag{5.6}$$

增量信息变量的计算依模型$(3.54)_1$~模型$(3.54)_3$，即：

$$Inc\_X = X - x \qquad (5.7)_1$$

$$Inc\_Y = Y - y \qquad (5.7)_2$$

$$Inc\_Z = Z - z \qquad (5.7)_3$$

定义二元、三元的符号函数如下：

$$\lambda(u, v) = \begin{cases} 1, & u > 0, \ v > 0 \\ -1, & \text{others} \end{cases} \tag{5.8}$$

$$\lambda(u, v, t) = \begin{cases} 1, & u > 0, \ v > 0, \ t > 0 \\ -1, & \text{others} \end{cases} \tag{5.9}$$

三元联合常识性信息变量

$Co\_XYZ = (x, y, z)$

的计量有三种形式，由模型（3.62）~模型（3.64）所确定，即：

$$Co1\_XYZ = (x, y, z) = |xyz|^{1/3} \times \lambda(x, y, z) \tag{5.10}$$

$$Co2\_XYZ = (x, y, z) = |xyz| \times \lambda(x, y, z) \tag{5.11}$$

$$Co3\_XYZ = (x, y, z) = |xyz|^{4/3} \times \lambda(x, y, z) \tag{5.12}$$

$\lambda(x, y, z)$由式（5.9）确定。

信息X、Y的局部融合性信息变量

$$Int\_XY=(Inc\_X,\ Inc\_Y)$$

的计量有三种形式，由模型（3.59）~模型(3.61）所确定，即：

$$Int1\_XY=|Inc\_X\cdot Inc\_Y|^{1/2}\times\lambda(Inc\_X,\ Inc\_Y) \tag{5.13}$$

$$Int2\_XY=|Inc\_X\cdot Inc\_Y|\times\lambda(Inc\_X,\ Inc\_Y) \tag{5.14}$$

$$Int3\_XY=|Inc\_X\cdot Inc\_Y|^{3/2}\times\lambda(Inc\_X,\ Inc\_Y) \tag{5.15}$$

其中，$\lambda(Inc_X,\ Inc_Y)$由式（5.8）确定。信息X、Y、Z的其他局部融合性信息变量Int_XZ、Int_YZ的计量也有三种形式，类似于由式（5.13）~式（5.15）所确定的三种形式。

信息X、Y、Z的全面融合性信息变量由模型（3.66)~模型(3.68）确定，即：

$$Int1\_XYZ=|Inc\_X\cdot Inc\_Y\cdot Inc\_Z|^{1/2}\times\lambda(Inc\_X,\ Inc\_Y,\ Inc\_Z) \tag{5.16}$$

$$Int2\_XYZ=|Inc\_X\cdot Inc\_Y\cdot Inc\_Z|\times\lambda(Inc\_X,\ Inc\_Y,\ Inc\_Z) \tag{5.17}$$

$$Int3\_XYZ=|Inc\_X\cdot Inc\_Y\cdot Inc\_Z|^{3/2}\times\lambda(Inc\_X,\ Inc\_Y,\ Inc\_Z) \tag{5.18}$$

其中，$\lambda(Inc_X,\ Inc_Y,\ Inc_Z)$由式（5.9）确定。

2）净收益（信息X)、净资产（信息Y)、净现金流量（信息Z）的信息含量的检验模型

关于净收益（信息X)、净资产（信息Y)、净现金流量（信息Z）的信息含量探讨，主要探讨其常识性信息、增量信息以及融合性信息的问题。由式（3.83）得：

$$\begin{aligned}P=&\alpha_0+\alpha_1\cdot Co\_XYZ+\alpha_2\cdot Inc\_X+\alpha_3\cdot Inc\_Y+\alpha_4\cdot Inc\_Z\\&+\alpha_5\cdot Int\_XY+\alpha_6\cdot Int\_XZ+\alpha_7\cdot Int\_YZ\\&+\alpha_8\cdot Int\_XYZ+\varepsilon,\quad \varepsilon\sim N(0,\ \sigma^2)\end{aligned} \tag{5.19}$$

其中，Co_XYZ可选式（5.10）~式（5.12）三种形式中的一种；Int_XY、Int_XZ、Int_YZ也有三种形式，可按式（5.13）~式（5.15）的方式确定；Int_XYZ的三种形式由式（5.16）~式（5.18）确定。回归分析中，如果回归系数$\hat{\alpha}_1$显著异于零，则信息X、Y、Z具有联合常识性信息含量；如果$\hat{\alpha}_2$、$\hat{\alpha}_3$、$\hat{\alpha}_4$显著异于零，则相应地，信息X、Y、Z具有增量信息含量；如果$\hat{\alpha}_5$、$\hat{\alpha}_6$、$\hat{\alpha}_7$显著异于零，则相应地，信息X、Y、Z具有（局部）融合性信息含量（分别关于X与Y的、X与Z的、Y与Z的)；如果$\hat{\alpha}_8$显著异于零，则信息X、Y、Z具有（全面）融合性信息含量。

3）趋同性信息与差异性信息的信息含量对比检验

净收益（信息X)、净资产（信息Y)、净现金流量（信息Z）的三个被认知模块（常识性信息、增量信息、融合性信息）中的趋同性信息（常识性信息与融合性信息）与差异性信息（增量信息）的信息含量对比问题，就是Inc_X、Inc_Y、Inc_Z与Co_XYZ、Int_XY、Int_XZ、Int_YZ、Int_XYZ的信息含量的对比问题，由于涉及多个变量信息含量的检验问题，运用Vuong检验比较合适（见第3章3.4.2)，可采用的检验模型为：

$$P = \alpha_0 + \alpha_2 \cdot Inc\_X + \alpha_3 \cdot Inc\_Y + \alpha_4 \cdot Inc\_Z + \varepsilon, \quad \varepsilon \sim N(0, \sigma_1^2) \tag{5.20}$$

$$P = \beta_0 + \beta_1 \cdot Co\_XYZ + \beta_2 \cdot Int\_XY + \beta_3 \cdot Int\_XZ + \beta_4 \cdot Int\_YZ + \beta_5 \cdot Int\_XYZ + \varepsilon, \quad u \sim N(0, \sigma_2^2) \tag{5.21}$$

需检验的假设为H0：$\sigma_1^2 = \sigma_2^2$；H1：$\sigma_1^2 > \sigma_2^2$。如果经Vuong检验不能拒绝H0，这就验证了本章的研究假设H2。

4）常识性信息与融合性信息的信息含量对比检验

净收益（信息X）、净资产（信息Y）、净现金流量（信息Z）的三个被认知模块（常识性信息、增量信息、融合性信息）中的趋同性信息（常识性信息与融合性信息）内部信息含量的对比问题，也就是Co_XYZ与Int_XY、Int_XZ、Int_YZ、Int_XYZ的信息含量的对比问题，运用Vuong检验比较合适，可采用的检验模型为：

$$P = \alpha_0 + \alpha_2 \cdot Inc\_X + \alpha_3 \cdot Inc\_Y + \alpha_4 \cdot Inc\_Z + \alpha_5 \cdot Int3\_XY + \alpha_6 \cdot Int3\_XZ + \alpha_7 \cdot Int2\_YZ + \alpha_8 \cdot Int1\_XYZ + \varepsilon, \quad \varepsilon \sim N(0, \sigma_1^2) \tag{5.22}$$

$$P = \beta_0 + \beta_1 \cdot Co1\_XYZ + \beta_2 \cdot Inc\_X + \beta_3 \cdot Inc\_Y + \beta_4 \cdot Inc\_Z + u, \quad u \sim N(0, \sigma_2^2) \tag{5.23}$$

需检验的假设为H0：$\sigma_1^2 = \sigma_2^2$；H1：$\sigma_1^2 > \sigma_2^2$。如果经Vuong检验不能拒绝H0，这就验证了本章的研究假设H3。

5）相对优势信息含量的对比检验

由式（3.69），Info（X）> Info（Y）⇔Info（Inc_X）>I nfo（Inc_Y），即信息X的信息含量优于信息Y的，等价于信息X的增量信息含量优于Y的增量信息含量。净收益（信息X）、净资产（信息Y）、净现金流量（信息Z）这三种主要会计信息相互之间的相对优势信息含量的对比问题，在实证中，也就是对Inc_X与Inc_Z、Inc_X与Inc_Y、Inc_Y与Inc_Z之间的相对优势信息含量进行检验。由于只涉及两种会计信息的信息含量的对比问题，既可以运用Vuong检验，也可采用市场反应程度评价方法进行检验（见第3章3. 4. 2）。

下面以净收益（信息X）与净现金流量（信息Z）为例，简述相对优势信息含量的实证分析模型如下：

$$P = \alpha_0 + \alpha_1 \cdot Co\_XYZ + \alpha_2 \cdot Inc\_X + \alpha_3 \cdot Inc\_Y + \alpha_5 \cdot Int\_XY + \alpha_6 \cdot Int\_XZ + \alpha_7 \cdot Int\_YZ + \alpha_8 \cdot Int\_XYZ + \varepsilon, \quad \varepsilon \sim N(0, \sigma_1^2) \tag{5.24}$$

$$P = \beta_0 + \beta_1 \cdot Co\_XYZ + \beta_2 \cdot Inc\_Y + \beta_3 \cdot Inc\_Z + \beta_5 \cdot Int\_XY + \beta_6 \cdot Int\_XZ + \beta_7 \cdot Int\_YZ + \beta_8 \cdot Int\_XYZ + u, \quad u \sim N(0, \sigma_2^2) \tag{5.25}$$

需检验的假设为H0：$\sigma_1^2 = \sigma_2^2$；H1：$\sigma_2^2 > \sigma_1^2$。如果经Vuong检验H0，这就验证了本章的研究假设H4a。

由于只涉及两种会计信息的信息含量的对比问题，也可采用市场反应程度评价方法进行检验（见第3章3. 4. 2）。为此，则需要计算解释变量的有解释力变动（见第2章2. 6节）。假设X_3、X_4为控制变量，建立如下模型：

$$P=\gamma_0+\gamma_1\cdot Co\_XYZ+\gamma_2\cdot Inc\_X+\gamma_3\cdot Inc\_Y+\gamma_4\cdot Inc\_Z+\gamma_5\cdot Int\_XY+\gamma_6\cdot Int\_XZ +\gamma_7\cdot Int\_YZ+\gamma_8\cdot Int\_XYZ+\varepsilon,\quad \varepsilon\sim N(0,\ \sigma_T^2) \tag{5.26}$$

$$P=\phi_0+\phi_1\cdot Co\_XYZ+\phi_2\cdot Inc\_Y+\phi_3\cdot Inc\_Z+\phi_4\cdot Int\_XY+\phi_5\cdot Int\_XZ +\phi_6\cdot Int\_YZ+\phi_7\cdot Int\_XYZ+\varepsilon,\quad \varepsilon\sim N(0,\ \sigma_1^2) \tag{5.27}$$

$$P=\varphi_0+\varphi_1\cdot Co\_XYZ+\varphi_2\cdot Inc\_X+\varphi_3\cdot Inc\_Y+\varphi_4\cdot Int\_XY+\varphi_5\cdot Int\_XZ +\varphi_6\cdot Int\_YZ+\varphi_7\cdot Int\_XYZ+\varepsilon,\quad \varepsilon\sim N(0,\ \sigma_2^2) \tag{5.28}$$

$$P=\alpha_0+\alpha_1\cdot X+\xi,\quad \xi\sim N(0,\ \tau_1^2) \tag{5.29}$$

$$P=\beta_0+\beta_1\cdot Z+\eta,\quad \eta\sim N(0,\ \tau_2^2) \tag{5.30}$$

其中，P为被解释变量，表示每股市价。

平均地，股价变动$3(\hat{\sigma}_1-\hat{\sigma})$归因于信息X的变动即信息X的有解释力变动$\Delta_{X-max}$满足$\hat{\alpha}_1\Delta_{X-max}=3(\hat{\sigma}_1-\hat{\sigma})$，即：

$$\Delta_{X-max}=\frac{3(\hat{\sigma}_1-\hat{\sigma}_T)}{\hat{\alpha}_1} \tag{5.31}$$

同理，给出股价变动$3(\hat{\sigma}_2-\hat{\sigma})$归因于信息Z的变动即信息Z的有解释力变动$\Delta_{Z-max}$满足$\hat{\beta}_1\Delta_{Z-max}=3(\hat{\sigma}_2-\hat{\sigma})$，即：

$$\Delta_{Z-max}=\frac{3(\hat{\sigma}_2-\hat{\sigma}_T)}{\hat{\beta}_1} \tag{5.32}$$

信息X、Z的有解释力变动比为：

$$\frac{1}{k}=\Delta_{X-max}/\Delta_{Z-max}=\frac{\hat{\beta}_1}{\hat{\alpha}_1}\cdot\frac{\hat{\sigma}_1-\hat{\sigma}_T}{\hat{\sigma}_2-\hat{\sigma}_T} \tag{5.33}$$

为评价X、Z的相对优势信息含量，则设立如下的回归模型：

$$P=\lambda_0+\lambda_1\cdot Co\_XYZ+\lambda_2\cdot(k\cdot Inc\_X)+\lambda_3\cdot Inc\_Y+\lambda_4\cdot(Inc\_Z+k\cdot Inc\_X) +\lambda_5\cdot Int\_XY+\lambda_6\cdot Int\_XZ+\lambda_7\cdot Int\_YZ+\lambda_8\cdot Int\_XYZ+\varepsilon,\quad \varepsilon\sim N(0,\ \sigma^2) \tag{5.34}$$

新变量k · Inc_X的市场反应系数为$\lambda_2+\lambda_4$，Inc_Z的市场反应系数为λ_4。因而对于k · Inc_X、Inc_Z的相对优势信息含量的比较，可以简化为确定$|\lambda_2+\lambda_4|$是否大于$|\lambda_4|$的问题。

（1）如果检验的结果为显著地，λ_2，$\lambda_4>0$或λ_2，$\lambda_4<0$成立，则$|\lambda_2+\lambda_4|>|\lambda_4|$，因而k · Inc_X的相对优势信息含量要大于Inc_Z的，即EPS的相对优势信息含量要大于CFOPS的。

（2）如果检验的结果为显著地，$\lambda_4>0$，$\lambda_2<0$，则作补充检验：

$$P=\mu_0+\mu_1\cdot Co\_XYZ+\mu_2\cdot(k\cdot Inc\_X+Inc\_Z)+\mu_3\cdot Inc\_Y+\mu_4\cdot Inc\_Z+\mu_5\cdot Int\_XY +\mu_6\cdot Int\_XZ+\mu_7\cdot Int\_YZ+\mu_8\cdot Int\_XYZ+\varepsilon,\quad \varepsilon\sim N(0,\ \sigma^2) \tag{5.35}$$

模型（5.35）中新变量k · Inc_X的市场反应系数为μ_2，Inc_Z的市场反应系数为$\mu_2+\mu_4$。

① 如果检验结果为μ_2，$\mu_4>0$或μ_2，$\mu_4<0$成立，因而Inc_Z的相对优势信息含量要大于k · Inc_X的，即CFOPS的相对优势信息含量要大于EPS的；

② 如果检验结果为$\mu_2<0$，$\mu_4>0$，则需作变号变换，将k·Inc_X乘以（-1）即为-k·Inc_X，重新按模型（5.34）或模型（5.35）进行分析。

（3）如果检验的结果为显著地，$\lambda_2>0$，$\lambda_4<0$，将Inc_Z乘以（-1）即为-Inc_Z，重新按模型（5. 34）或模型（5. 35）进行分析。

5.3.2　变量定义

本章各模型中所涉及的变量如表5-1所示。

表5-1　**变量定义**

变量符号	变量名称	变量解释、估值
被解释变量		
P_{iT}	股价	公司i报告年度T的下一年4月30日的收盘价，被解释变量
解释变量		
X	每股净收益，EPS	公司i报告年度T的每股净收益
Y	每股净资产，NAPS	公司i报告年度T末的每股净资产
Z	经营性净现金流量，CFOPS	公司i报告年度T经营活动产生的现金流
CO_X	EPS的常识性信息	由模型（5.1）、模型（5.4）进行估算
CO_Y	NAPS的常识性信息	由模型（5.2）、模型（5.5）进行估算
CO_Z	CFOPS的常识性信息	由模型（5.3）、模型（5.6）进行估算
CO_XYZ	EPS、NAPS、CFOPS联合常识性信息变量	
CO1_XYZ	EPS、NAPS、CFOPS联合常识性信息变量_1	由模型（5.10）进行估算
CO2_XYZ	EPS、NAPS、CFOPS联合常识性信息变量_2	由模型（5.11）进行估算
CO3_XYZ	EPS、NAPS、CFOPS联合常识性信息变量_3	由模型（5.12）进行估算
Inc_X	EPS的增量信息	由模型$(5.7)_1$确定，即Inc_X=X-Co_X
Inc_Y	NAPS的增量信息	由模型$(5.7)_2$确定，即Inc_Y=Y-Co_Y
Inc_Z	CFOPS的增量信息	由模型$(5.7)_3$确定，即Inc_Z=Z-Co_Z
Int_XY	EPS、NAPS的局部融合性信息变量	

续表

变量符号	变量名称	变量解释、估值
Int1_XY	EPS、NAPS的局部融合性信息变量_1	由 模型（5.13）确定
Int2_XY	EPS、NAPS的局部融合性信息变量_2	由 模型（5.14）确定
Int3_XY	EPS、NAPS的局部融合性信息变量_3	由 模型（5.15）确定
Int_XZ	EPS、NAPS的局部融合性信息变量	
Int1_XZ	EPS、COPS的局部融合性信息变量_1	比照 模型（5.13）进行确定
Int2_XZ	EPS、COPS的局部融合性信息变量_2	比照 模型（5.14）进行确定
Int3_XZ	EPS、COPS的局部融合性信息变量_3	比照 模型（5.15）进行确定
Int_YZ	EPS、NAPS的局部融合性信息变量	
Int1_YZ	NAPS、COPS的局部融合性信息变量_1	比照 模型（5.13）进行确定
Int2_YZ	NAPS、COPS的局部融合性信息变量_2	比照 模型（5.14）进行确定
Int3_YZ	NAPS、COPS的局部融合性信息变量_3	比照 模型（5.15）进行确定
Int_XYZ	EPS、NAPS、CFOPS的全面融合性信息变量	
Int1_XYZ	EPS、NAPS、CFOPS的全面融合性信息变量_1	由 模型（5.16）确定
Int2_XYZ	EPS、NAPS、CFOPS的全面融合性信息变量_2	由 模型（5.17）确定
Int3_XYZ	EPS、NAPS、CFOPS的全面融合性信息变量_3	由 模型（5.18）确定

5.3.3 样本选择与数据来源

以2007—2019年沪深两市所有A股上市公司为样本，所有数据均来自国泰安数据库和锐思数据库，剔除金融业公司，去掉数据不全的样本公司，但保留亏损公司，也保留了资产负债率大于1即负资产的公司，共得到32 590个样本数据。

5.4 样本的描述性统计

各主要变量的描述性统计见表5-2。

由表5-2可以看出，自2007年至2019年这13年中的每一年，股价的均值均大于中位数，当年的最高股价是当年股价均价的10倍以上，当年的最低股价低

表5-2　　主要变量的描述性统计

年份	样本数	P					EPS					NAPS					CFOPS				
		max	min	media	average	std.	max	min	media	average	std.	max	min	media	average	std.	max	min	media	average	std.
2007	1 476	183.13	4.1	11.405	15.195	13.397	5.374	−3.09	0.29	0.38	0.575	21.222	−8.139	3.184	3.48	2.244	20.415	−7.646	0.288	0.443	1.363
2008	1 556	116.35	3.09	8.535	11.28	8.68	6.428	−22.412	0.2	0.231	1.011	19.633	−21.18	3.061	3.282	2.351	25.396	−11.29	0.275	0.401	1.275
2009	1 784	175.17	3.5	12.47	17.508	15.293	4.824	−4.259	0.268	0.362	0.577	23.141	−23.961	3.234	3.713	2.743	14.37	−8.029	0.408	0.616	1.162
2010	2 089	230.67	2.92	15.15	19.042	14.278	5.658	−2.884	0.386	0.488	0.549	29.707	−14.524	3.793	4.738	3.588	19.633	−7.271	0.279	0.345	1.259
2011	2 327	225.98	1.69	10.68	13.051	10.334	8.91	−2.732	0.373	0.466	0.611	28.775	−13.834	4.206	4.86	3.186	17.98	−11.047	0.186	0.203	1.242
2012	2 502	171.11	1.86	8.575	11.444	10.206	13.493	−3.008	0.288	0.377	0.63	34.15	−1.905	4.181	4.705	2.884	36.273	−9.56	0.271	0.426	1.506
2013	2 254	163.88	0.73	9.52	12.562	10.823	17.534	−2.036	0.276	0.399	0.732	42.506	−0.59	4.191	4.697	2.837	16.534	−11.248	0.284	0.372	1.097
2014	2 404	370.52	3.96	19.74	26.018	22.884	14.246	−4.828	0.274	0.393	0.664	48.434	−1.979	4.19	4.82	3.17	66.355	−16.345	0.305	0.474	2.069
2015	2 577	251.2	2.39	14.88	19.725	17.145	16.539	−6.024	0.248	0.353	0.759	52.726	−4.421	4.092	4.801	3.259	14.946	−2.935	0.603	0.779	0.74
2016	2 930	412.08	1.73	13.84	19.093	17.947	13.31	−2.8	0.288	0.394	0.602	60.419	−0.421	4.274	5.061	3.666	96.18	−12.969	0.322	0.542	2.543
2017	3 341	667.83	1.29	11.18	17.013	20.561	21.56	−6.83	0.33	0.455	0.753	76.437	−1.304	4.529	5.351	3.886	17.635	−83.174	0.257	0.309	1.999
2018	3 576	974	0.78	9.7	14.346	21.958	28.02	−9.57	0.273	0.335	0.965	93.463	−6.126	4.485	5.321	4.332	32.945	−109.808	0.303	0.443	2.311
2019	3 374	1 265.7	0.23	8.965	17.313	35.722	32.8	−10.71	0.28	0.381	1.118	112.941	−21.545	4.548	5.616	4.903	35.99	−50.95	0.434	0.657	1.785
average	2 476.154	400.586	2.175	11.895	16.43	16.864	14.515	−6.245	0.29	0.386	0.734	49.504	−9.225	3.998	4.65	3.311	31.896	−26.319	0.324	0.462	1.565

于当年股价均价的1/3。对上述的倍数按13年进行平均，可以发现，平均来看，最高股价是股价均价的24倍以上，最低股价低于股价均价的1/7。这说明，我国资本市场股价分化比较严重，低价股偏多，高价股的股价又偏高，投资者的投资风险较大。

从每股净收益EPS看，自2007年至2019年这13年间，EPS的均值与中位数差异较大，并且每一年EPS的均值均大于中位数。这说明，我国上市公司的业绩在一定程度上存在分化现象，业绩好的企业占少数，一半以上的企业其业绩低于平均数，业绩分化现象很普遍。比如，2019年，EPS的均值为0. 381元，而中位数为0. 28元，这意味着一半以上的企业，其业绩低于平均数0. 28元，也就是一半以上的企业，其业绩达不到均值的3/4。

从每股净资产NAPS来看，自2007年至2019年这13年间，NAPS的均值与中位数虽然差不多，但每一年NAPS的均值还是大于中位数。这说明，我国上市公司的净资产存在分化现象，一半以上的企业其净资产低于平均数。这也表明，我国上市公司的财务风险在一定程度上存在分化现象，财务风险低的企业占少数。

从每股经营活动净现金流量CFOPS来看，自2007年至2019年这13年间，CFOPS的均值与中位数差异严重，每一年CFOPS的均值均大于中位数，这种差异程度还高于EPS的。按13年平均，EPS、NAPS、CFOPS的中位数与均值分别为0. 75、0. 86、0. 70。这说明，我国上市公司的CFOPS存在较强的分化现象，一半以上的企业其CFOPS低于平均数，这也表明，我国上市公司的净现金流量存在分化现象，经营活动净现金流量好的企业占少数。

5.5 常识性信息、增量信息、融合性信息之信息含量的实证分析

将会计信息按认知功能进行分析，会计信息的三个被认知模块（常识性信息、增量信息、融合性信息）各司其职，共同引导信息使用者作出最终决策，决策反映到股价上，就是信息含量。需要探讨的是，会计信息（三张主要报表）的信息含量是否包含了这三类信息（常识性信息、增量信息、融合性信息）的信息含量。为此，可选取分别代表这三张报表的主要指标即EPS、NAPS与CFOPS按模型（5. 19）研究。重引模型（5. 19）如下：

$$
\begin{aligned}
P = {} & \alpha_0 + \alpha_1 \cdot Co\_XYZ + \alpha_2 \cdot Inc\_X + \alpha_3 \cdot Inc\_Y + \alpha_4 \cdot Inc\_Z \\
& + \alpha_5 \cdot Int\_XY + \alpha_6 \cdot Int\_XZ + \alpha_7 \cdot Int\_YZ \\
& + \alpha_8 \cdot Int\_XYZ + \varepsilon, \quad \varepsilon \sim N(0, \sigma^2)
\end{aligned}
$$

其中，Co_XYZ、Int_XY、Int_XZ、Int_YZ、Int_XYZ都有三种信息变量形式（见表5-1），共有3^5=243种回归结果。如果Co_XYZ、Int_XY、Int_XZ、Int_YZ、

Int_XYZ分别选信息变量_x_1、_x_2、_x_3、_x_4、_x_5，（x_i=1，2，3，见表5-1），以模型（5.19）进行回归，则称以模型（5.19）（变量形式 x_1-$x_2x_3x_4$-x_5）进行回归。例如，如果这些变量都选信息变量_1，则称以模型（5.19）（变量形式1-111-1）进行回归。

目前还难以确定信息变量的哪一种形式作为常识性信息、增量信息、融合性信息的代理变量形式较为合适。选不同的信息变量形式对各年的数据进行回归，回归的结果也不同。在实证中，对各年的数据按多种信息变量形式进行测试的结果显示，回归的R^2越低，变量系数的显著性水平越低。也就是说，不同年度的数据与信息变量的形式具有较高的关联度。为了验证H1，这里采用主回归与辅助回归的形式——并不是针对每一年选一组信息变量形式，而是先针对各年（2007—2019年的每一年）的数据统一选模型（5.19）（变量形式1-332-1）进行回归，对于个别年份回归结果不能支持H1的，另选其他更好的信息变量形式进行回归作为补充回归，看能否支持研究假设H1。

也许这种分析方法可能被视为不太稳健，但事实并非如此。例如，2019年的数据中，使用模型（5.19）（变量形式1-332-1）进行回归，结果显示，Co_XYZ、Int_XY、Int_XZ、Int_YZ、Int_XYZ的回归系数在5%水平下都显著，但Int_XYZ的回归系数在10%水平下不显著；以模型（5.19）（变量形式3-111-1）进行回归，所有的变量系数都在1%水平下显著。这表明，在不同的代理变量形式（信息变量取不同形式即变量形式1-332-1与3-111-1）下，回归结论并不相同，只能说选择变量形式1-332-1不完全支持H1，而选择变量形式3-111-1则完全支持H1。问题是该选哪一种结论。由于无法知道哪一种代理变量形式是合适的，如果基于一个判断——合适的结果是合适的代理变量的产物，那么能支持研究假设的代理变量是合适的，因为研究假设是有一定的理论或事实根据的，因此，以2019年的数据进行回归分析，虽然变量形式1-332-1不完全支持H1，但变量形式3-111-1完全支持H1，我们应该接受而不是拒绝H1，如果拒绝的话，反而是不稳健的，因此，如果采用某种信息变量形式（见表5-1）进行回归，其结果拒绝H1，其实还不能拒绝H1，只有所有的信息变量形式拒绝H1，才能拒绝H1。

主回归即模型（5.19）（变量形式1-332-1）的回归结果见表5-3，补充回归的回归结果见表5-4。

由表5-3，信息X、Y、Z（即EPS、NAPS、CFOPS）的联合常识性信息含量方面，除了2010年、2011年、2017年以外，其他各年的数据都支持会计信息具有联合常识性信息含量，由表5-4，2010年的数据基于模型（5.19）（变量形式1-111-3）、2011年的数据基于模型（5.19）（变量形式1-222-2）、2017年的数据基于模型（5.19）（变量形式2-332-1）都支持会计信息具有联合常识性信息含量。

表5-3 H1的主回归——模型（5.19）（变量形式1-332-1）的回归结果

年份	C	CO1_XYZ	INC_X	INC_Y	INC_Z	INT3_XY	INT3_XZ	INT2_YZ	INT1_XYZ	R^2	Adj. R^2	F-statistic
2019	12.987*** （21.789）	1.443** （2.33）	19.698*** （24.448）	4.614*** （18.385）	8.026*** （11.923）	0.019*** （4.103）	0.114*** （12.759）	0.146*** （12.547）	0.154 （0.268）	0.545	0.544	562.991***
2018	12.163*** （39.725）	0.578* （1.65）	12.195*** （31.794）	3.003*** （24.59）	3.372*** （12.062）	0.01*** （3.495）	0.109*** （31.456）	0.242*** （36.171）	−0.337 （−1.06）	0.724	0.724	1 171.479***
2017	16.382*** （22.291）	1.19 （1.249）	30.204*** （20.802）	4.393*** （15.719）	3.176*** （10.659）	−0.01* （−1.66）	0.032*** （5.225）	0.106*** （3.446）	2.267*** （5.536）	0.587	0.586	591.799***
2016	29.041*** （52.952）	−11.415*** （−19.715）	52.25*** （48.248）	6.713*** （41.305）	3.155*** （20.386）	−0.005 （−0.775）	0.005*** （3.27）	−0.079*** （−3.36）	−0.049 （−0.121）	0.631	0.63	624.505***
2015	28.995*** （38.175）	−7.332*** （−12.454）	53.558*** （22.215）	17.11*** （26.826）	148.867*** （25.412）	0.083*** （4.449）	0.3** （2.128）	−0.025 （−0.062）	12.049*** （7.422）	0.39	0.388	205.505***
2014	31.804*** （38.57）	−7.005*** （−8.819）	41.295*** （22.31）	9.308*** （21.285）	3.138*** （9.773）	0.025** （2.268）	−0.017* （−1.679）	0.067 （1.113）	−0.174 （−0.186）	0.273	0.27	112.182***
2013	10.659*** （19.831）	1.759*** （2.952）	12.867*** （21.815）	2.304*** （12.4）	−0.379* （−1.892）	0.02*** （10.025）	0.455*** （2.585）	−0.201* （−1.821）	−1.402*** （−2.631）	0.315	0.313	129.152***
2012	11.809*** （31.011）	−0.811** （−2.053）	15.123*** （25.986）	3.026*** （23.102）	0.142 （1.176）	0.022*** （11.114）	0.113*** （2.604）	−0.023 （−0.735）	−0.632 （−1.615）	0.406	0.404	213.164***
2011	12.408*** （32.326）	0.062 （0.145）	17.404*** （27.413）	2.887*** （31.723）	0.127 （0.863）	0.073*** （10.193）	0.67*** （8.644）	−0.01 （−0.172）	−1.151*** （−2.944）	0.503	0.501	293.351***
2010	15.626*** （10.948）	2.34 （1.552）	18.175*** （7.818）	3.123*** （10.962）	1.032*** （3.41）	−0.021 （−0.848）	0.447*** （4.482）	−0.473*** （−5.069）	−2.204*** （−3.306）	0.41	0.408	180.719***
2009	19.37*** （24.443）	−3.53*** （−4.525）	29.236*** （24.882）	5.52*** （20.939）	2.183*** （7.511）	−0.227*** （−4.523）	0.094 （0.275）	−0.349*** （−2.643）	−1.59* （−1.88）	0.421	0.419	161.436***
2008	9.119*** （29.718）	2.473*** （6.544）	9.646*** （16.809）	3.468*** （12.673）	0.718*** （4.216）	−0.1*** （−10.07）	−0.236*** （−2.775）	−0.137* （−1.886）	−2.174*** （−4.671）	0.392	0.389	124.636***
2007	9.704*** （14.819）	4.768*** （6.78）	16.749*** （15.725）	3.203*** （10.768）	0.88*** （3.721）	0.101*** （3.494）	−0.269 （−1.501）	−0.156** （−1.99）	−5.044*** （−6.671）	0.385	0.382	114.968***

备注：***表示在1%下显著，**表示在5%下显著，*表示在10%下显著，X=EPS（每股净收益），Y=NAPS（每股净资产），Z=CFOPS（每股经营活动现金流），下同，不再赘述。

表5-4　　H1的补充回归结果——模型（5.19）（变量形式1-111-3，2-222-2，1-222-2，2-332-1，1-221-2）

年份	模型（5.19）（变量形式1-111-3）											
	C	CO1_XYZ	INC_X	INC_Y	INC_Z	INT1_XY	INT1_XZ	INT1_YZ	INT3_XYZ	R^2	Adj. R^2	F-statistic
2019	14.274*** （22.621）	1.277** （1.964）	23.003*** （22.379）	5.323*** （20.957）	11.375*** （16.158）	1.741*** （3.848）	1.788** （2.035）	1.208*** （3.456）	0*** （7.129）	0.498	0.497	466.965***
2016	28.701*** （52.38）	−11.086*** （−19.262）	50.387*** （44.495）	6.694*** （41.298）	3.216*** （20.394）	−0.781*** （−2.927）	2.572*** （5.073）	−0.343* （−1.872）	0.002*** （2.907）	0.633	0.632	630.732***
2010	12.764*** （9.081）	4.437*** （3.042）	15.794*** （7.265）	2.92*** （10.779）	1.058*** （4）	−4.52*** （−11.217）	2.521*** （4.288）	−1.558*** （−4.936）	0.058*** （3.713）	0.434	0.431	198.966***
	模型（5.19）（变量形式2-222-2）											
	C	CO2_XYZ	INC_X	INC_Y	INC_Z	INT2_XY	INT2_XZ	INT2_YZ	INT2_XYZ	R^2	Adj. R^2	F-statistic
2018	12.71*** （66.024）	0.036*** （13.109）	10.473*** （32.591）	3.152*** （40.765）	4.269*** （20.868）	0.325*** （8.771）	0.583*** （4.013）	−0.161*** （−6.691）	−0.013*** （−5.237）	0.749	0.749	1 332.276***
2009	16.613*** （50.071）	−0.251*** （−3.011）	27.353*** （28.009）	4.639*** （21.236）	1.031*** （2.899）	−1.898*** （−7.802）	1.484* （1.792）	0.768*** （3.825）	0.793*** （2.716）	0.43	0.428	167.536***

续表

年份	模型（5.19）（变量形式 1-222-2）											
	C	CO1_XYZ	INC_X	INC_Y	INC_Z	INT2_XY	INT2_XZ	INT2_YZ	INT2_XYZ	R^2	Adj. R^2	F-statistic
2015	26.931*** (43.513)	−7.381*** (−12.218)	52.742*** (22.309)	16.96*** (26.529)	150.928*** (25.153)	1.207*** (7.295)	−9.629*** (−5.013)	−1.246*** (−3.574)	−0.928*** (−7.698)	0.39	0.389	205.61***
2014	31.68*** (41.836)	−7.009*** (−8.848)	41.979*** (22.568)	9.564*** (21.753)	3.677*** (9.643)	−0.537** (−2.268)	0.757*** (2.583)	−0.143* (−1.848)	0.188*** (3.078)	0.277	0.275	114.651***
2011	11.482*** (34.107)	1.206*** (2.784)	15.258*** (23.537)	2.668*** (27.961)	−0.436*** (−2.934)	−0.661*** (−6.347)	3.193*** (11.027)	0.276*** (4.773)	0.453*** (10.702)	0.507	0.505	297.794***
	模型（5.19）（变量形式 2-332-1）											
	C	CO2_XYZ	INC_X	INC_Y	INC_Z	INT3_XY	INT3_XZ	INT2_YZ	INT1_XYZ	R^2	Adj. R^2	F-statistic
2017	16.703*** (60.303)	0.043*** (18.654)	26.357*** (46.379)	4.207*** (40.141)	3.205*** (15.629)	−0.011* (−1.881)	−0.012** (−1.997)	−0.075** (−2.448)	1.356*** (3.451)	0.626	0.625	696.583***
2007	11.959*** (28.325)	0.722*** (8.108)	16.981*** (17.312)	3.574*** (14.491)	1.034*** (4.469)	0.105*** (3.693)	−0.879*** (−4.49)	−0.257*** (−3.304)	−6.407*** (−8.358)	0.393	0.39	118.868***
	模型（5.19）（变量形式 1-221-2）											
	C	CO1_XYZ	INC_X	INC_Y	INC_Z	INT2_XY	INT2_XZ	INT1_YZ	INT2_XYZ	R^2	Adj. R^2	F-statistic
2012	11.637*** (31.967)	−0.734* (−1.837)	14.732*** (25.477)	3.014*** (22.632)	0.239* (1.673)	−0.452*** (−3.77)	1.547*** (6.64)	−0.311* (−1.708)	0.336*** (6.853)	0.412	0.41	218.055***

增量信息含量，由表5-3可知，每一年的数据都支持X、Y（即EPS、NAPS）的增量信息变量的系数在1%的水平上显著异于零，因而EPS、NAPS都具有增量信息含量。在CFOPS的增量信息含量方面，除了2011年、2012年的数据以外，其他各年的数据都支持CFOPS的增量信息变量即Inc_Z的系数在1%的水平上（其中2013年的例外，为10%）显著异于零。由表5-4，2011年的数据基于模型（5. 19）（变量形式1-222-2）、2012年的数据基于模型（5. 19）（变量形式1-221-2）分别在1%、10%的显著性水平上支持CFOPS具有增量信息含量。可见，信息X、Y、Z具有增量信息含量。

局部融合性信息含量方面，由表5-3，关于X、Y的局部融合性信息含量方面，除了2010年、2016年的数据以外，其他各年的数据都支持X、Y的融合性信息变量即Int_XY的系数在1%的水平上（其中例外的是，2014年的为5%、2017年的为10%）显著异于零；然而，由表5-4，2010年、2016年的数据基于模型（5. 19）（变量形式1-111-3）在1%的显著性水平上支持Int_XY的系数显著异于零。

由表5-3，关于X、Z的局部融合性信息含量方面，除了2007年、2009年的数据以外，其他各年的数据都支持X、Z的融合性信息变量即Int_XZ的系数在1%的水平上（其中例外的有2年， 2015年的为5%、2014年的为10%）显著异于零；然而，由表5-4，2007年的数据基于模型（5. 19）（变量形式2-332-1）在1%显著性水平上、2009年的数据基于模型（5. 19）（变量形式1-111-3）在10%显著性水平上支持Int_XZ的系数显著异于零。

由表5-3，关于Y、Z的局部融合性信息含量方面，除了2011年、2012年、2014年、2015年的数据以外，其他各年的数据都支持Y、Z的融合性信息变量即Int_XZ的系数在1%的水平上（2017的为5%，2013年、2008年的为10%）显著异于零；然而，由表5-4，2011年、2014年、2015年的数据基于模型（5. 19）（变量形式1-222-2）分别在10%、1%的显著性水平上，2012年的数据基于模型（5. 19）（变量形式1-221-2）在10%的显著性水平上支持Int_YZ的系数显著异于零。

可见，信息X、Y、Z具有局部融合性信息含量。

全面融合信息含量方面，由表5-3，关于X、Y、Z的局部融合性信息含量方面，除了2012年、2014年、2016年、2018年、2019年的数据以外，其他各年的数据都支持X、Y、Z的融合性信息变量即Int_XYZ的系数在1%的水平上（2009年的为10%）显著异于零；然而，由表5-4，2012年的数据基于模型（5. 19）（变量形式1-221-2）、2014年的数据基于模型（5. 19）（变量形式1-222-2）、2016年的数据基于模型（5. 19）（变量形式1-111-3）、2018年的数据基于模型（5. 19）（变量形式2-222-2）都在1%显著性水平上支持Int_XYZ的系数显著异于零。可见，信息X、Y、Z具有全面融合性信息含量。

以上的分析验证了研究假设H1。

5.6 趋同性信息与差异性信息之对比信息含量的实证分析

净收益（信息X）、净资产（信息Y）、净现金流量（信息Z）的三个被认知模块（常识性信息、增量信息、融合性信息）中的趋同性信息（常识性信息与融合性信息）与差异性信息（增量信息）的信息含量对比问题，就是Inc_X、Inc_Y、Inc_Z与Co_XYZ、Int_XY、Int_XZ、Int_YZ、Int_XYZ的信息含量的对比问题，目前还难以确定信息变量的哪一种形式作为常识性信息、增量信息、融合性信息的代理变量形式较为合适。为了验证H2，这里采用与5.5节相同的变量形式1-332-1进行回归分析。由5.3节所设定的方法，模型（5.20）、（5.21）可具体化为如下的模型（5.36）、模型（5.37），运用Vuong检验进行分析即可。

$$P = \alpha_0 + \alpha_2 \cdot Inc\_X + \alpha_3 \cdot Inc\_Y + \alpha_4 \cdot Inc\_Z + \varepsilon, \quad \varepsilon \sim N(0, \sigma_1^2) \tag{5.36}$$

$$P = \beta_0 + \beta_1 \cdot Co1\_XYZ + \beta_2 \cdot Int3\_XY + \beta_3 \cdot Int3\_XZ + \beta_4 \cdot Int2\_YZ + \beta_5 \cdot Int1\_XYZ + \varepsilon, \quad u \sim N(0, \sigma_2^2) \tag{5.37}$$

回归结果及Vuong检验结果见表5-5。

表5-5的最后一列是Vuong检验的结果，剩下的其他列是模型（5.36）、（5.37）的检验结果及模型的有关统计量。运用表5-5中模型（5.36）、（5.37）的有关数据，按第3章中的式（3.72）~式（3.74），可计算出Vuong检验所需要统计量Z值。Z值大于零且越大，表明增量信息即差异性信息的信息含量高于趋同性信息的信息含量的可能性越大；Z值小于零且越小，表明差异性信息的信息含量低于趋同性信息的信息含量的可能性越大；Z值的绝对值越小，表明差异性信息与趋同性信息的信息含量无差异的可能性越大。

由表5-5可以看出，运用2007—2019年这13年的数据对模型（5.36）、（5.37）进行Vuong检验，除了2015年、2016年、2017年以外，每一年的Vuong检验的Z值绝对值都小于1.0，在10%的显著性水平上都无法拒绝H2。但2015年、2016年、2017年的Vuong检验的Z值都大于4.0，因而可在1%的显著性水平上拒绝H2，该结果表明，这三年的数据支持了可在1%的显著性水平上接受差异性信息的信息含量高于趋同性信息的信息含量的假设。如果将这三年的结果作为异常状况来处理，仍可接受H2。

表5-5　H2的回归结果与Vuong检验的Z-值

年份	C	CO1_XYZ	INC_X	INC_Y	INC_Z	INT3_XY	INT3_XZ	INT2_YZ	INT1_XYZ	Adj. R^2	S. E. of regression	Sum squared resid	F-statistic	Vuong检验的Z-值
2019	13.043*** (30.767)		26.889*** (50.386)	5.87*** (42.305)	11.96*** (36.424)					0.486	25.605	2 471 688	1 191.173***	0.442
	8.87*** (15.257)	11.841*** (33.31)				0.023*** (4.928)	0.154*** (17.148)	0.145*** (12.757)	1.689*** (2.823)	0.459	26.269	2 600 230	641.759***	
2018	11.783*** (47.224)		18.645*** (55.594)	3.947*** (45.97)	6.368*** (42.95)					0.55	14.724	774 393.8	1 459.707***	−0.571
	9.166*** (28.945)	8.453*** (34.743)				0.002 (0.502)	0.128*** (34.258)	0.24*** (33.126)	0.917*** (2.641)	0.623	13.489	649 567.8	1 180.752***	
2017	16.184*** (69.991)		32.411*** (65.106)	4.795*** (48.634)	3.8*** (30.009)					0.579	13.339	593 777.5	1 532.332***	4.358***
	4.753*** (12.243)	18.318*** (57.146)				0.006 (0.908)	0.041*** (6.881)	0.117*** (4.163)	3.107*** (7.17)	0.521	14.227	675 048.4	728.187***	
2016	19.099*** (88.604)		34.355*** (62.029)	4.112*** (43.041)	1.733*** (18.986)					0.578	11.655	397 438.9	1 339.829***	12.127***
	9.583*** (20.838)	12.355*** (33.484)				−0.081*** (−9.969)	0.003* (1.721)	−0.072** (−2.383)	3.731*** (7.278)	0.328	14.714	633 051.8	286.699***	
2015	19.512*** (70.325)		27.055*** (26.093)	9.441*** (33.241)	73.392*** (34.019)					0.326	14.081	510 141.3	415.449***	4.717***
	14.122*** (29.872)	6.693*** (26.76)				0.088*** (5.36)	0.412*** (3.244)	−0.567 (−1.397)	0.63 (0.476)	0.217	15.171	591 725.1	143.839***	

续表

年份	C	CO1_XYZ	INC_X	INC_Y	INC_Z	INT3_XY	INT3_XZ	INT2_YZ	INT1_XYZ	Adj. R^2	S. E. of regression	Sum squared resid	F-statistic	Vuong检验的Z-值
2014	26.019^{***} (64.105)		27.813^{***} (25.644)	5.867^{***} (24.838)	1.633^{***} (7.437)					0.244	19.901	950 485.4	259.136^{***}	0.027
	19.688^{***} (29.288)	8.1^{***} (17.182)				0.004 (0.382)	-0.02^{**} (−2.38)	0.129^{**} (2.04)	0.262 (0.262)	0.115	21.532	1 111 780	63.234^{***}	
2013	12.559^{***} (63.994)		10.801^{***} (25.734)	2.649^{***} (24.422)	−0.265 (−1.465)					0.259	9.317	195 319.7	263.412^{***}	−0.753
	7.272^{***} (17.878)	7.308^{***} (19.486)				0.012^{***} (5.793)	1.507^{***} (8.643)	-0.675^{***} (−5.903)	0.584 (1.065)	0.164	9.898	220 230.4	89.19^{***}	
2012	11.435^{***} (70.887)		13.488^{***} (35.2)	2.896^{***} (33.01)	0.279^{**} (2.528)					0.375	8.069	162 637.9	500.988^{***}	−0.737
	6.326^{***} (18.468)	6.447^{***} (21.098)				0.008^{***} (3.648)	0.355^{***} (8.34)	0.074^{**} (2.086)	0.153 (0.349)	0.222	9.003	202 313.2	143.553^{***}	
2011	13.057^{***} (83.578)		17.973^{***} (43.091)	3.025^{***} (36.951)	0.476^{***} (3.703)					0.468	7.536	131 927.2	683.574^{***}	−0.785
	6.103^{***} (15.854)	8.039^{***} (21.581)				0.02^{**} (2.458)	0.556^{***} (6.077)	0.011 (0.196)	-3.65^{***} (−7.843)	0.261	8.884	183 169.1	165.291^{***}	

续表

年份	C	CO1_XYZ	INC_X	INC_Y	INC_Z	INT3_XY	INT3_XZ	INT2_YZ	INT1_XYZ	Adj. R^2	S. E. of regression	Sum squared resid	F-statistic	Vuong检验的Z-值
2010	19.102*** (77.616)		24.938*** (33.394)	3.656*** (30.539)	1.318*** (6.535)					0.38	11.246	263 561.3	427.108***	−0.563
	4.013*** (7.189)	14.505*** (27.333)				−0.059** (−2.444)	0.31*** (3.503)	−0.251*** (−3.274)	−4.968*** (−7.676)	0.361	11.413	271 175.5	237.138***	
2009	17.514*** (61.969)		25.369*** (31.938)	4.77*** (27.925)	1.76*** (6.86)					0.391	11.937	253 638.7	382.109***	−0.262
	6.482*** (9.914)	10.93*** (19.55)				−0.265*** (−4.636)	−0.115 (−0.324)	−0.469*** (−3.246)	−2.592*** (−2.684)	0.216	13.542	326 066.8	99.151***	
2008	11.284*** (59.748)		5.352*** (16.079)	3.659*** (23.447)	0.593*** (3.971)					0.263	7.45	86 141.24	186.314***	−0.412
	7.94*** (27.329)	5.389*** (22.485)				−0.015* (−1.905)	−0.033 (−0.456)	−0.116 (−1.494)	−2.961*** (−6.028)	0.277	7.379	84 385.5	120.417***	
2007	15.21*** (53.496)		21.153*** (26.456)	4.443*** (20.814)	1.132*** (5.264)					0.335	10.923	175 642.3	248.878***	−0.439
	4.711*** (8.19)	11.224*** (21.142)				0.029 (0.964)	0.41** (2.345)	−0.077 (−0.979)	−4.817*** (−5.9)	0.278	11.387	190 612.3	114.323***	

5.7 常识性信息与融合性信息之对比信息含量的实证分析

与验证H2相类似，为验证H3，这里采用与5.5节相同的变量形式1-332-1进行回归分析。由5.3节所设定的方法，模型（5.22）、（5.23）可具体化为如下的模型（5.38）、模型（5.39），运用Vuong检验进行分析即可。

$$P = \alpha_0 + \alpha_2 \cdot Inc\_X + \alpha_3 \cdot Inc\_Y + \alpha_4 \cdot Inc\_Z + \alpha_5 \cdot Int3\_XY + \alpha_6 \cdot Int3\_XZ + \alpha_7 \cdot Int2\_YZ + \alpha_8 \cdot Int1\_XYZ + \varepsilon, \quad \varepsilon \sim N(0, \sigma_1^2) \tag{5.38}$$

$$P = \beta_0 + \beta_1 \cdot Co1\_XYZ + \beta_2 \cdot Inc\_X + \beta_3 \cdot Inc\_Y + \beta_4 \cdot Inc\_Z + u, \quad u \sim N(0, \sigma_2^2) \tag{5.39}$$

回归结果及Vuong检验结果见表5-6。

表5-6的最后一列是Vuong检验的结果，剩下的其他列是模型（5.38）、模型（5.39）的检验结果及模型的有关统计量。运用表5-6中模型（5.38）、模型（5.39）的有关数据，按第3章中的式（3.72）~式（3.74），可计算出Vuong检验所需要统计量Z值。Z值大于零且越大，则表明常识性信息的信息含量高于融合性信息的信息含量的可能性越大；Z值小于零且越小，则表明常识性信息的信息含量低于融合性信息的信息含量的可能性越大；如果Z值的绝对值越小，则表明常识性信息与融合性信息的信息含量无差异的可能性越大。

由表5-6可以看出，运用2007—2019年这13年的数据对模型（5.38）、模型（5.39）进行Vuong检验，除了2015年、2016年、2017年以外，每一年的Vuong检验的Z值绝对值都小于1.6，在10%的显著性水平上都无法拒绝H3。但2015年、2016年、2017年的Vuong检验的Z值都大于2.2，因而可在1%的显著性水平上拒绝H2，该结果表明，这三年的数据支持了可在1%的显著性水平上接受常识性信息的信息含量高于融合性信息的信息含量的假设。如果将这三年的结果作为异常状况来处理，仍可接受H3。

5.8 净收益、净资产、净现金流量之对比信息含量的实证分析

净收益（信息X）、净资产（信息Y）、净现金流量（信息Z）相互之间的相对优势信息含量的对比问题，也就是对Inc_X与Inc_Z、Inc_X与Inc_Y、Inc_Y与Inc_Z之间的相对优势信息含量进行检验。由于只涉及两种会计信息的信息含量的对比问题，既可以运用Vuong检验，也可采用市场反应程度评价方法进行检验（见第3章3.4.2）。

表5-6　H3的回归结果与Vuong检验Z-值

年份	C	CO1_XYZ	INC_X	INC_Y	INC_Z	INT3_XY	INT3_XZ	INT2_YZ	INT1_XYZ	Adj. R^2	S. E. of regression	Sum squared resid	F-statistic	Vuong检验的Z-值
2019	13.762*** (27.818)		21.005*** (36.315)	5.089*** (34.883)	9.234*** (21.495)	0.02*** (4.439)	0.111*** (12.565)	0.145*** (12.484)	−0.038 (−0.067)	0.543	24.144	2 195 322	641.888***	1.082
	12.437*** (21.588)	1.002 (1.554)	26.005*** (33.34)	5.542*** (21.958)	11.189*** (18.815)					0.486	25.6	2 470 105	894.32***	
2018	12.454*** (49.735)		12.582*** (41.482)	3.156*** (40.005)	3.674*** (17.414)	0.011*** (3.754)	0.108*** (31.405)	0.243*** (36.446)	−0.414 (−1.318)	0.724	11.545	475 574.1	1 337.798***	1.570
	11.07*** (31.533)	1.263*** (2.887)	17.8*** (40.017)	3.614*** (25.161)	5.769*** (22.617)					0.551	14.709	772 590.1	1 099.113***	
2017	17.226*** (59.488)		31.902*** (62.679)	4.716*** (44.342)	3.434*** (15.962)	−0.01 (−1.641)	0.031*** (5.104)	0.102*** (3.339)	2.263*** (5.526)	0.586	13.232	583 539.8	676.006***	2.617***
	15.9*** (22.282)	0.399 (0.421)	31.845*** (22.174)	4.689*** (17.308)	3.716*** (15.615)					0.579	13.341	593 746	1 149.385***	
2016	19.553*** (69.842)		33.825*** (58.088)	4.114*** (40.673)	1.407*** (10.424)	−0.021*** (−3.212)	0.006*** (3.731)	−0.038 (−1.541)	1.188*** (2.784)	0.581	11.618	394 387.9	581.093***	2.203***
	29.015*** (54.031)	−11.295*** (−19.934)	52.398*** (50.2)	6.681*** (42.557)	3.357*** (28.397)					0.629	10.937	349 905.7	1 240.326***	
2015	21.299*** (46.851)		28.416*** (20.943)	9.979*** (34.503)	81.292*** (35.764)	0.085*** (4.42)	0.491*** (3.401)	0.246 (0.59)	5.843*** (3.673)	0.352	13.805	489 564.1	200.671***	2.258***
	22.21*** (43.079)	−3.308*** (−6.191)	39.388*** (17.566)	12.567*** (21.729)	102.068*** (20.002)					0.335	13.98	502 649.7	325.691***	

续表

年份	C	CO1_XYZ	INC_X	INC_Y	INC_Z	INT3_XY	INT3_XZ	INT2_YZ	INT1_XYZ	Adj. R^2	S. E. of regression	Sum squared resid	F-statistic	Vuong检验的Z-值
2014	26.658*** (45.042)		28.04*** (25.552)	6.168*** (23.924)	2.079*** (6.872)	0.013 (1.183)	−0.019* (−1.848)	0.099 (1.628)	1 (1.066)	0.247	19.861	945 083.1	113.463***	−0.893
	31.729*** (42.142)	−6.989*** (−8.946)	41.326*** (22.345)	9.081*** (21.221)	2.79*** (11.081)					0.268	19.581	919 802.7	220.758***	
2013	12.003*** (41.942)		13.777*** (27.342)	2.751*** (25.536)	−0.438** (−2.194)	0.021*** (10.269)	0.419** (2.384)	−0.171 (−1.55)	−1.19** (−2.251)	0.31	8.988	181 439.9	145.856***	−0.778
	10.386*** (23.371)	3.115*** (5.441)	9.58*** (20.23)	1.875*** (10.513)	−0.198 (−1.099)					0.268	9.258	192 781.6	207.474***	
2012	11.187*** (48.43)		14.41*** (30.823)	2.83*** (31.563)	0.105 (0.877)	0.021*** (10.955)	0.107** (2.466)	−0.021 (−0.666)	−0.583 (−1.491)	0.404	7.882	154 944.2	242.701***	−0.768
	11.146*** (31.915)	0.364 (0.932)	13.184*** (26.21)	2.806*** (21.534)	0.257** (2.28)					0.375	8.069	162 581.3	375.938***	
2011	12.453*** (55.43)		17.468*** (38.178)	2.893*** (35.435)	0.13 (0.902)	0.074*** (11.249)	0.672*** (8.876)	−0.01 (−0.177)	−1.139*** (−2.989)	0.502	7.296	123 429.8	335.397***	−0.788
	12.328*** (43.33)	1.155*** (3.062)	16.939*** (31.588)	2.919*** (32.915)	0.396*** (3.029)					0.47	7.522	131 396.7	516.872***	

续表

年份	C	CO1_XYZ	INC_X	INC_Y	INC_Z	INT3_XY	INT3_XZ	INT2_YZ	INT1_XYZ	Adj. R^2	S. E. of regression	Sum squared resid	F-statistic	Vuong检验的Z-值
2010	17.763*** (47.384)		21.56*** (26.749)	3.522*** (28.65)	1.224*** (4.433)	−0.007 (−0.295)	0.452*** (4.532)	−0.473*** (−5.063)	−1.95*** (−3.016)	0.408	10.992	251 327	206.053***	−0.557
	21.09*** (18.736)	−2.337* (−1.809)	28.075*** (14.872)	4.038*** (16.627)	1.502*** (6.655)					0.381	11.24	263 147.7	321.499***	
2009	16.355*** (37.91)		25.386*** (31.15)	4.611*** (26.856)	1.822*** (6.484)	−0.267*** (−5.366)	−0.126 (−0.372)	−0.282** (−2.137)	−1.636* (−1.924)	0.412	11.725	244 150.3	179.603***	0.002
	20.912*** (29.124)	−3.972*** (−5.142)	29.947*** (25.177)	5.779*** (22.284)	2.244*** (8.262)					0.399	11.853	249 924.4	297.287***	
2008	10.112*** (37.426)		11.415*** (22.247)	4.872*** (28.299)	0.836*** (4.869)	−0.095*** (−9.45)	−0.178** (−2.085)	−0.172** (−2.344)	−1.838*** (−3.921)	0.372	6.877	73 217.47	132.735***	−0.593
	10.609*** (45.373)	1.968*** (4.835)	3.832*** (8.401)	2.545*** (9.162)	0.454*** (3.005)					0.274	7.397	84 862.21	147.594***	
2007	13.253*** (33.181)		21.246*** (25.112)	4.618*** (21.476)	1.192*** (5.059)	0.152*** (5.332)	−0.213 (−1.172)	−0.219*** (−2.769)	−5.159*** (−6.723)	0.363	10.692	167 814.2	121.117***	−0.429
	11.205*** (19.09)	5.326*** (7.753)	16.221*** (16.067)	2.931*** (10.244)	0.789*** (3.665)					0.361	10.711	168 746.1	209.184***	

5.8.1 信息含量对比问题之Vuong检验

与验证H2、H3相类似，为验证H4，这里采用与5.5节相同的变量形式1-332-1进行回归分析。以Inc_X与Inc_Z的相对优势信息含量的对比问题为例，由5.3节所设定的方法，模型（5.24）、模型（5.25）可具体化为如下的模型（5.40）、模型（5.41），运用Vuong检验进行分析即可：

$$P = \alpha_0 + \alpha_1 \cdot Col\_XYZ + \alpha_2 \cdot Inc\_X + \alpha_3 \cdot Inc\_Y + \alpha_5 \cdot Int3\_XY + \alpha_6 \cdot Int3\_XZ + \alpha_7 \cdot Int2\_YZ + \alpha_8 \cdot Int1\_XYZ + \varepsilon, \quad \varepsilon \sim N(0, \sigma_1^2) \tag{5.40}$$

$$P = \beta_0 + \beta_1 \cdot Col\_XYZ + \beta_2 \cdot Inc\_Y + \beta_3 \cdot Inc\_Z + \beta_5 \cdot Int3\_XY + \beta_6 \cdot Int3\_XZ + \beta_7 \cdot Int2\_YZ + \beta_8 \cdot Int1\_XYZ + u, \quad u \sim N(0, \sigma_2^2) \tag{5.41}$$

研究假设H4a、H4b、H4c回归结果及Vuong检验结果分别见表5-7a、5-7b、5-7c。

表5-7a是检验研究假设H4a的检验结果。最后一列是Vuong检验的结果，剩下的其他列是模型（5.40）、模型（5.41）的检验结果及模型的有关统计量。运用表5-7a中模型（5.40）、模型（5.41）的有关数据，按第3章中的式（3.72）~式（3.74），可计算出Vuong检验所需要的统计量Z值。Z值大于零且越大，则表明净收益（信息X）的信息含量高于净现金流量（信息Z）的信息含量的可能性越大；Z值小于零且越小，则表明净收益（信息X）的信息含量低于净现金流量（信息Z）的信息含量的可能性越大；如果Z值的绝对值越小，则表明净收益（信息X）与净现金流量（信息Z）的信息含量无差异的可能性越大。

由表5-7a可以看出，运用2007—2019年这13年的数据对模型（5.38）、模型（5.39）进行Vuong检验，除了2015年以外，每一年的Vuong检验的Z值都大于3.0，这表明在1%的显著性水平上应接受H4a（其中例外的是，2010年的显著性水平为5%）。但2015年的Vuong检验的Z值为负，为-5.475，因而可在1%的显著性水平上支持净现金流量的信息含量高于净收益的假设。如果将这一年的结果作为异常状况来处理，仍可接受H4a。

表5-7b是检验研究假设H4b的检验结果，表的结构与表5-7a相同，最后一列是Vuong检验的统计量Z。Z值大于零且越大，则表明净收益（信息X）的信息含量高于净资产（信息Y）的信息含量的可能性越大；Z值小于零且越小，则表明净收益（信息X）的信息含量低于净资产（信息Y）的信息含量的可能性越大；如果Z值的绝对值越小，则表明净收益（信息X）与净资产（信息Y）的信息含量无差异的可能性越大。

由表5-7b可以看出，运用2007—2019年这13年的数据对研究假设H4b所进行检验中，除了2010年、2011年、2015年以外，每一年的Vuong检验的Z值都大于2.3，这表明在1%的显著性水平上应接受H4b（其中例外的是，2012年的显著性水平为5%)。但2010年、2011年、2015年的Vuong检验的Z值为负，分别为-3.170、-2.378、-5.475，因而可在1%的显著性水平上支持净资产的信息含量高于净收益的假设。如果将这三年的结果作为异常状况来处理，仍可接受H4b。

表5-7c是检验研究假设H4c的检验结果，表的结构与表5-7a、表5-7b相同，最后一列是Vuong检验的统计量Z。Z值大于零且越大，则表明净资产（信息Y）的信息含量高于净现金流量（信息Z）的信息含量的可能性越大；Z值小于零且越小，则表明净资产（信息Y）的信息含量低于净现金流量（信息Z）的信息含量的可能性越大；Z值的绝对值越小，表明净资产（信息Y）与净现金流量（信息Z）的信息含量无差异的可能性越大。

由表5-7c可以看出，运用2007—2019年这13年的数据对研究假设H4c所进行检验中，除了2011年、2012年、2013年以外，每一年的Vuong检验的Z值都大于2.3，这表明在1%的显著性水平上应接受H4c（其中例外的是，2012年的显著性水平为5%)。但2011—2013年的Vuong检验的Z值为负，分别为-52.992、-55.109、-52.123，因而可在1%的显著性水平上支持净现金流量的信息含量高于净资产的假设。如果将这三年的结果作为异常状况来处理，仍可接受H4c。

5.8.2　稳健性检验：信息含量对比问题之市场反应程度评价方法检验

净收益（信息X)、净资产（信息Y)、净现金流量（信息Z）相互之间的相对优势信息含量的对比问题，由于只涉及两种会计信息的信息含量的对比问题，运用Vuong检验后，可采用市场反应程度评价方法（见第3章3.4.2）作为稳健性检验。这里为节约篇幅，只对净收益（信息X)、净现金流量（信息Z）的相对优势信息含量问题用市场反应程度评价方法进行稳健性检验。

首先需要计算信息X、Z的有解释力变动比。通过模型（5.26）~模型（5.30）估计有关参数的值，并通过式（5.33）计算信息X、Z的有解释力变动比K_T。值得指出的是，这里采用的变量形式采用与5.5节相同的变量形式1-332-1，即Co_XYZ、Int_XY、Int_XZ、Int_YZ、Int_XYZ分别选Co1_XYZ、Int3_XY、Int3_XZ、Int2_YZ、Int1_XYZ形式，并对所得到的各年信息X、Z的有解释力变动比K_T取平均，即：

$$k = \frac{1}{n}\sum_{T=1}^{n} K_T$$

模型（5.26）~模型（5.30）的回归结果如表5-8所示。利用表5-8的数据按公式（5.33）可得到各年信息X、Z的有解释力变动比K_T，如表5-9所示。然而，这13个数据之中，共有4个数据异常，删去这些异常值之后，对剩下的样本进行取平均，最后得到的K_T的平均值为$k = \overline{K} = 3.0$。

表5-7a H4a的回归结果与Vuong检验Z-值

年份	C	CO1_XYZ	INC_X	INC_Y	INC_Z	INT3_XY	INT3_XZ	INT2_YZ	INT1_XYZ	Adj. R^2	S. E. of regression	Sum squared resid	F-statistic	Vuong检验的Z-值
2019	10.334*** (18.349)	7.128*** (17.722)	7.128*** (17.722)	13.299*** (21.728)		0.005 (1.082)	0.153*** (18.207)	0.196*** (17.661)	1.326** (2.3)	0.527	24.578	2 274 924	600.602***	4.78***
	9.134*** (14.764)	11.986*** (25.069)		0.463** (2.327)	-2.937*** (-5.435)	0.018*** (3.59)	0.167*** (17.948)	0.191*** (15.463)	2.885*** (4.756)	0.471	25.971	2 540 185	481.703***	
2018	11.058*** (37.106)	3.348*** (12.425)	3.348*** (12.425)	9.598*** (29.643)		0.003 (0.882)	0.123*** (37.375)	0.264*** (40.117)	0.39 (1.224)	0.713	11.774	494 592.8	1 266.755***	8.904***
	10.378*** (30.441)	7.393*** (23.581)		0.887*** (7.646)	-1.617*** (-6.173)	0.011*** (3.236)	0.127*** (32.963)	0.278*** (37.154)	2.242*** (6.443)	0.645	13.074	609 884.4	930.934***	
2017	11.633*** (19.575)	8.221*** (11.752)	8.221*** (11.752)	19.641*** (18.203)		-0.007 (-1.093)	0.055*** (9.521)	0.257*** (9.248)	2.376*** (5.709)	0.572	13.452	603 155.5	638.536***	3.155***
	3.423*** (8.261)	19.759*** (55.651)		-0.982*** (-8.674)	-1.054*** (-4.555)	-0.006 (-0.972)	0.053*** (8.364)	0.185*** (5.704)	2.525*** (5.803)	0.532	14.061	659 015	544.053***	
2016	23.391*** (46.254)	-4.655*** (-9.178)	-4.655*** (-9.178)	39.989*** (41.554)		-0.023*** (-3.498)	0.023*** (15.434)	-0.093*** (-3.723)	0.418 (0.965)	0.578	11.665	397 592.2	573.045***	11.106***
	9.359*** (19.049)	12.692*** (32.374)		0.082 (0.707)	-0.992*** (-5.753)	-0.082*** (-10.119)	0.011*** (5.068)	-0.091*** (-2.903)	3.772*** (7.067)	0.335	14.631	625 467.2	212.188***	
2015	14.059*** (26.129)	6.526*** (26.297)	6.526*** (26.297)	-2.089* (-1.851)		0.045** (2.14)	0.533*** (3.39)	0.787* (1.739)	-1.489 (-0.868)	0.235	14.997	577 781.5	113.997***	-5.475***
	19.273*** (28.441)	3.62*** (10.303)		4.868*** (13.887)	30.671*** (11.463)	-0.054*** (-2.813)	-0.241 (-1.592)	-0.022 (-0.051)	9.474*** (5.359)	0.271	14.637	550 401.9	137.924***	

续表

年份	C	CO1_XYZ	INC_X	INC_Y	INC_Z	INT3_XY	INT3_XZ	INT2_YZ	INT1_XYZ	Adj. R^2	S. E. of regression	Sum squared resid	F-statistic	Vuong检验的Z-值
2014	29.587*** (36.607)	−4.102*** (−5.461)	−4.102*** (−5.461)	33.407*** (19.672)		0.026** (2.364)	0.035*** (4.185)	−0.037 (−0.617)	0.521 (0.55)	0.241	19.932	951 862.4	110.218***	5.892***
	20.653*** (28.66)	7.387*** (14.501)		0.874*** (3.619)	0.014 (0.045)	0.018 (1.527)	−0.014 (−1.302)	0.084 (1.277)	1.082 (1.057)	0.119	21.481	1 105 595	47.297***	
2013	10.561*** (19.729)	1.871*** (3.155)	1.871*** (3.155)	12.847*** (21.771)		0.019*** (9.855)	0.349** (2.089)	−0.257** (−2.415)	−1.392*** (−2.611)	0.312	8.978	181 026.5	146.922***	4.259***
	6.182*** (11.306)	8.546*** (15.285)		−0.475*** (−3.188)	−0.299 (−1.357)	0.014*** (6.196)	1.531*** (8.231)	−0.567*** (−4.718)	−0.061 (−0.105)	0.167	9.876	219 049.3	65.724***	
2012	11.739*** (31.204)	−0.742* (−1.898)	−0.742* (−1.898)	14.903*** (27.037)		0.022*** (11.418)	0.132*** (3.291)	−0.019 (−0.617)	−0.655* (−1.675)	0.404	7.878	154 768.4	243.381***	8.268***
	7.226*** (18.997)	5.31*** (14.851)		0.538*** (5.339)	−0.866*** (−6.709)	0.01*** (4.835)	0.51*** (11.142)	0.072** (2.051)	0.26 (0.591)	0.243	8.878	196 582.2	115.83***	
2011	12.369*** (32.449)	0.125 (0.299)	0.125 (0.299)	17.307*** (27.706)		0.073*** (10.178)	0.685*** (9.084)	0.011 (0.207)	−1.158*** (−2.961)	0.501	7.297	123 468.3	335.189***	8.743***
	6.474*** (17.753)	8.147*** (23.087)		1.3*** (16.09)	−0.592*** (−3.564)	0.008 (1.027)	0.743*** (8.337)	−0.204*** (−3.19)	−2.304*** (−5.151)	0.34	8.395	163 443.4	172.182***	

续表

年份	C	CO1_XYZ	INC_X	INC_Y	INC_Z	INT3_XY	INT3_XZ	INT2_YZ	INT1_XYZ	Adj. R^2	S. E. of regression	Sum squared resid	F-statistic	Vuong检验的Z-值
2010	13.784*** (10.407)	4.445*** (3.223)	4.445*** (3.223)	14.808*** (7.018)		−0.037 (−1.506)	0.604*** (6.798)	−0.324*** (−3.921)	−2.282*** (−3.416)	0.405	11.017	252 440.3	203.833***	2.091**
	5.34*** (9.515)	13.396*** (25.275)		1.042*** (10.124)	0.027 (0.098)	−0.093*** (−3.895)	0.469*** (4.633)	−0.516*** (−5.463)	−3.697*** (−5.705)	0.391	11.146	258 416.1	192.249***	
2009	18.018*** (22.992)	−1.92** (−2.521)	−1.92** (−2.521)	26.316*** (23.371)		−0.204*** (−4.012)	0.992*** (3.064)	−0.303** (−2.258)	−1.243 (−1.45)	0.4	11.842	249 037.8	171.099***	7.59***
	6.91*** (9.69)	10.523*** (16.841)		0.287 (1.555)	−0.209 (−0.657)	−0.244*** (−4.187)	0.12 (0.303)	−0.539*** (−3.517)	−2.297** (−2.341)	0.216	13.539	325 549.7	71.258***	
2008	7.912*** (24.396)	5.463*** (15.075)	5.463*** (15.075)	−0.072 (−0.378)		−0.022** (−2.345)	−0.118 (−1.286)	−0.115 (−1.459)	−2.969*** (−5.898)	0.278	7.378	84 257.28	86.368***	3.708***
	7.912*** (24.396)	5.463*** (15.075)		−0.072 (−0.378)	0.274 (1.495)	−0.022** (−2.345)	−0.118 (−1.286)	−0.115 (−1.459)	−2.969*** (−5.898)	0.278	7.378	84 257.28	86.368***	
2007	9.264*** (14.321)	5.276*** (7.615)	5.276*** (7.615)	15.542*** (15.253)		0.109*** (3.739)	−0.045 (−0.268)	−0.065 (−0.872)	−5.159*** (−6.8)	0.377	10.578	164 251.9	128.292***	5.533***
	4.389*** (7.242)	11.655*** (19.6)		−0.334 (−1.588)	−0.253 (−1.04)	0.025 (0.821)	0.397** (2.114)	−0.021 (−0.247)	−4.873*** (−5.964)	0.278	11.381	190 144.5	82.264***	

表5-7b　H4b的回归结果与Vuong检验Z-值

年份	C	CO1_XYZ	INC_X	INC_Y	INC_Z	INT3_XY	INT3_XZ	INT2_YZ	INT1_XYZ	Adj. R^2	S. E. of regression	Sum squared resid	F-statistic	Vuong检验的Z-值
2019	8.169*** (14.62)	10.706*** (28.512)	10.706*** (28.512)		−1.971*** (−4.757)	0 (0.088)	0.165*** (18.745)	0.174*** (14.476)	0.575 (0.96)	0.503	25.186	2 388 957	546.253***	2.558 5***
	9.134*** (14.764)	11.986*** (25.069)		0.463** (2.327)	−2.937*** (−5.435)	0.018*** (3.59)	0.167*** (17.948)	0.191*** (15.463)	2.885*** (4.756)	0.471	25.971	2 540 185	481.703***	
2018	8.711*** (29.607)	7.149*** (29.234)	7.149*** (29.234)		−1.534*** (−7.243)	−0.015*** (−4.851)	0.138*** (39.372)	0.245*** (33.837)	−0.304 (−0.886)	0.677	12.481	555 770.9	1 071.205***	3.451***
	10.378*** (30.441)	7.393*** (23.581)		0.887*** (7.646)	−1.617*** (−6.173)	0.011*** (3.236)	0.127*** (32.963)	0.278*** (37.154)	2.242*** (6.443)	0.645	13.074	609 884.4	930.934***	
2017	6.448*** (16.588)	15.045*** (40.034)	15.045*** (40.034)		−0.113 (−0.513)	−0.016*** (−2.597)	0.051*** (8.286)	0.18*** (5.701)	2.034*** (4.796)	0.555	13.71	626 518	596.97***	2.602***
	3.423*** (8.261)	19.759*** (55.651)		−0.982*** (−8.674)	−1.054*** (−4.555)	−0.006 (−0.972)	0.053*** (8.364)	0.185*** (5.704)	2.525*** (5.803)	0.532	14.061	659 015	544.053***	
2016	11.997*** (26.389)	7.985*** (18.743)	7.985*** (18.743)		−0.246 (−1.491)	−0.052*** (−6.654)	0.004** (2.138)	0.059** (2.011)	0.125 (0.245)	0.414	13.737	551 376.8	296.792***	5.892***
	9.359*** (19.049)	12.692*** (32.374)		0.082 (0.707)	−0.992*** (−5.753)	−0.082*** (−10.119)	0.011*** (5.068)	−0.091*** (−2.903)	3.772*** (7.067)	0.335	14.631	625 467.2	212.188***	
2015	14.225*** (24.034)	6.847*** (23.343)	6.847*** (23.343)		−1.951 (−1.048)	0.067*** (3.164)	0.325** (2.041)	−0.484 (−1.054)	1.366 (0.767)	0.217	15.168	591 062	103.189***	−5.210***
	19.273*** (28.441)	3.62*** (10.303)		4.868*** (13.887)	30.671*** (11.463)	−0.054*** (−2.813)	−0.241 (−1.592)	−0.022 (−0.051)	9.474*** (5.359)	0.271	14.637	550 401.9	137.924***	

续表

年份	C	CO1_XYZ	INC_X	INC_Y	INC_Z	INT3_XY	INT3_XZ	INT2_YZ	INT1_XYZ	Adj. R^2	S. E. of regression	Sum squared resid	F-statistic	Vuong检验的Z-值
2014	20.059^{***} (30.026)	6.766^{***} (13.462)	6.766^{***} (13.462)		0.057 (0.183)	−0.017 (−1.426)	-0.021^{**} (−1.997)	0.18^{***} (2.767)	−1.206 (−1.187)	0.132	21.314	1 088 521	53.408^{***}	2.494^{***}
	20.653^{***} (28.66)	7.387^{***} (14.501)		0.874^{***} (3.619)	0.014 (0.045)	0.018 (1.527)	−0.014 (−1.302)	0.084 (1.277)	1.082 (1.057)	0.119	21.481	1 105 595	47.297^{***}	
2013	5.936^{***} (15.146)	7.782^{***} (21.837)	7.782^{***} (21.837)		−0.326 (−1.575)	0.019^{***} (9.129)	0.71^{***} (3.933)	−0.183 (−1.608)	-2.514^{***} (−4.631)	0.266	9.273	193 116.5	117.636^{***}	3.728^{***}
	6.182^{***} (11.306)	8.546^{***} (15.285)		-0.475^{***} (−3.188)	−0.299 (−1.357)	0.014^{***} (6.196)	1.531^{***} (8.231)	-0.567^{***} (−4.718)	−0.061 (−0.105)	0.167	9.876	219 049.3	65.724^{***}	
2012	6.385^{***} (19.333)	5.847^{***} (19.638)	5.847^{***} (19.638)		-0.493^{***} (−3.795)	0.016^{***} (7.625)	0.201^{***} (4.22)	0.087^{**} (2.54)	-0.975^{**} (−2.263)	0.277	8.677	187 795.6	137.919^{***}	2.255^{**}
	7.226^{***} (18.997)	5.31^{***} (14.851)		0.538^{***} (5.339)	-0.866^{***} (−6.709)	0.01^{***} (4.835)	0.51^{***} (11.142)	0.072^{**} (2.051)	0.26 (0.591)	0.243	8.878	196 582.2	115.83^{***}	
2011	7.514^{***} (17.856)	6.022^{***} (13.173)	6.022^{***} (13.173)		-0.624^{***} (−3.599)	0.043^{***} (5.03)	0.602^{***} (6.487)	0.298^{***} (4.52)	-3.746^{***} (−8.181)	0.285	8.737	177 013.4	133.586^{***}	-2.378^{***}
	6.474^{***} (17.753)	8.147^{***} (23.087)		1.3^{***} (16.09)	-0.592^{***} (−3.564)	0.008 (1.027)	0.743^{***} (8.337)	-0.204^{***} (−3.19)	-2.304^{***} (−5.151)	0.34	8.395	163 443.4	172.182^{***}	

续表

年份	C	CO1_XYZ	INC_X	INC_Y	INC_Z	INT3_XY	INT3_XZ	INT2_YZ	INT1_XYZ	Adj. R^2	S. E. of regression	Sum squared resid	F-statistic	Vuong检验的Z-值
2010	1.65^{**} (2.501)	17.25^{***} (25.798)	17.25^{***} (25.798)		−0.343 (−1.211)	-0.102^{***} (−4.129)	0.424^{***} (4.132)	-0.42^{***} (−4.385)	-4.631^{***} (−7.161)	0.374	11.299	265 545	179.11^{***}	-3.170^{***}
	5.34^{***} (9.515)	13.396^{***} (25.275)		1.042^{***} (10.124)	0.027 (0.098)	-0.093^{***} (−3.895)	0.469^{***} (4.633)	-0.516^{***} (−5.463)	-3.697^{***} (−5.705)	0.391	11.146	258 416.1	192.249^{***}	
2009	7.914^{***} (12.365)	8.915^{***} (15.802)	8.915^{***} (15.802)		0.627^{**} (1.997)	-0.364^{***} (−6.541)	-0.89^{**} (−2.362)	0.059 (0.407)	-3.833^{***} (−4.092)	0.275	13.018	300 986.9	97.778^{***}	2.480^{***}
	6.91^{***} (9.69)	10.523^{***} (16.841)		0.287 (1.555)	−0.209 (−0.657)	-0.244^{***} (−4.187)	0.12 (0.303)	-0.539^{***} (−3.517)	-2.297^{**} (−2.341)	0.216	13.539	325 549.7	71.258^{***}	
2008	7.353^{***} (25.608)	6.227^{***} (25.275)	6.227^{***} (25.275)		0.486^{***} (2.732)	-0.083^{***} (−8.043)	-0.335^{***} (−3.775)	−0.007 (−0.096)	-3.443^{***} (−7.212)	0.326	7.128	78 641.61	108.327^{***}	3.118^{***}
	7.912^{***} (24.396)	5.463^{***} (15.075)		−0.072 (−0.378)	0.274 (1.495)	-0.022^{**} (−2.345)	−0.118 (−1.286)	−0.115 (−1.459)	-2.969^{***} (−5.898)	0.278	7.378	84 257.28	86.368^{***}	
2007	5.707^{***} (10.188)	10.084^{***} (19.388)	10.084^{***} (19.388)		0.297 (1.241)	0.03 (1.009)	−0.206 (−1.111)	0.037 (0.468)	-5.016^{***} (−6.389)	0.334	10.936	175 577.5	106.489^{***}	5.533^{***}
	4.389^{***} (7.242)	11.655^{***} (19.6)		−0.334 (−1.588)	−0.253 (−1.04)	0.025 (0.821)	0.397^{**} (2.114)	−0.021 (−0.247)	-4.873^{***} (−5.964)	0.278	11.381	190 144.5	82.264^{***}	

表5-7c H4c的回归结果与Vuong检验Z-值

年份	C	CO1_XYZ	INC_X	INC_Y	INC_Z	INT3_XY	INT3_XZ	INT2_YZ	INT1_XYZ	Adj. R^2	S. E. of regression	Sum squared resid	F-statistic	Vuong检验的Z-值
2019	10.334*** (18.349)	7.128*** (17.722)	7.128*** (17.722)	13.299*** (21.728)		0.005 (1.082)	0.153*** (18.207)	0.196*** (17.661)	1.326** (2.3)	0.527	24.578	2 274 924	600.602***	4.472***
	8.169*** (14.62)	10.706*** (28.512)	9.677*** (15.625)		-1.971*** (-4.757)	0 (0.088)	0.165*** (18.745)	0.174*** (14.476)	0.575 (0.96)	0.503	25.186	2 388 957	546.253***	
2018	11.058*** (37.106)	3.348*** (12.425)	3.348*** (12.425)	9.598*** (29.643)		0.003 (0.882)	0.123*** (37.375)	0.264*** (40.117)	0.39 (1.224)	0.713	11.774	494 592.8	1 266.755***	6.764***
	8.711*** (29.607)	7.149*** (29.234)	7.054*** (20.287)		-1.534*** (-7.243)	-0.015*** (-4.851)	0.138*** (39.372)	0.245*** (33.837)	-0.304 (-0.886)	0.677	12.481	555 770.9	1 071.205***	
2017	11.633*** (19.575)	8.221*** (11.752)	8.221*** (11.752)	19.641*** (18.203)		-0.007 (-1.093)	0.055*** (9.521)	0.257*** (9.248)	2.376*** (5.709)	0.572	13.452	603 155.5	638.536***	2.787***
	6.448*** (16.588)	15.045*** (40.034)	9.103*** (15.875)		-0.113 (-0.513)	-0.016*** (-2.597)	0.051*** (8.286)	0.18*** (5.701)	2.034*** (4.796)	0.555	13.71	626 518	596.97***	
2016	23.391*** (46.254)	-4.655*** (-9.178)	-4.655*** (-9.178)	39.989*** (41.554)		-0.023*** (-3.498)	0.023*** (15.434)	-0.093*** (-3.723)	0.418 (0.965)	0.578	11.665	397 592.2	573.045***	7.833***
	11.997*** (26.389)	7.985*** (18.743)	14.424*** (19.829)		-0.246 (-1.491)	-0.052*** (-6.654)	0.004** (2.138)	0.059** (2.011)	0.125 (0.245)	0.414	13.737	551 376.8	296.792***	
2015	14.059*** (26.129)	6.526*** (26.297)	6.526*** (26.297)	-2.089* (-1.851)		0.045** (2.14)	0.533*** (3.39)	0.787* (1.739)	-1.489 (-0.868)	0.235	14.997	577 781.5	113.997***	2.998***
	14.225*** (24.034)	6.847*** (23.343)	-2.325* (-1.693)		-1.951 (-1.048)	0.067*** (3.164)	0.325** (2.041)	-0.484 (-1.054)	1.366 (0.767)	0.217	15.168	591 062	103.189***	

续表

年份	C	CO1_XYZ	INC_X	INC_Y	INC_Z	INT3_XY	INT3_XZ	INT2_YZ	INT1_XYZ	Adj. R^2	S. E. of regression	Sum squared resid	F-statistic	Vuong检验的Z-值
2014	20.653*** (28.66)	7.387*** (14.501)	7.387*** (14.501)	0.874*** (3.619)		0.018 (1.527)	-0.014 (-1.302)	0.084 (1.277)	1.082 (1.057)	0.119	21.481	1 105 595	47.297***	6.248***
	20.059*** (30.026)	6.766*** (13.462)	7.237*** (7.133)		0.057 (0.183)	-0.017 (-1.426)	-0.021** (-1.997)	0.18*** (2.767)	-1.206 (-1.187)	0.132	21.314	1 088 521	53.408***	
2013	10.561*** (19.729)	1.871*** (3.155)	1.871*** (3.155)	12.847*** (21.771)		0.019*** (9.855)	0.349** (2.089)	-0.257** (-2.415)	-1.392*** (-2.611)	0.312	8.978	181 026.5	146.922***	-52.124***
	5.936*** (15.146)	7.782*** (21.837)	7.853*** (17.696)		-0.326 (-1.575)	0.019*** (9.129)	0.71*** (3.933)	-0.183 (-1.608)	-2.514*** (-4.631)	0.266	9.273	193 116.5	117.636***	
2012	11.739*** (31.204)	-0.742* (-1.898)	-0.742* (-1.898)	14.903*** (27.037)		0.022*** (11.418)	0.132*** (3.291)	-0.019 (-0.617)	-0.655* (-1.675)	0.404	7.878	154 768.4	243.381***	-55.015 9***
	6.385*** (19.333)	5.847*** (19.638)	5.296*** (12.105)		-0.493*** (-3.795)	0.016*** (7.625)	0.201*** (4.22)	0.087** (2.54)	-0.975** (-2.263)	0.277	8.677	187 795.6	137.919***	
2011	12.369*** (32.449)	0.125 (0.299)	0.125 (0.299)	17.307*** (27.706)		0.073*** (10.178)	0.685*** (9.084)	0.011 (0.207)	-1.158*** (-2.961)	0.501	7.297	123 468.3	335.189***	-52.992***
	7.514*** (17.856)	6.022*** (13.173)	4.59*** (7.827)		-0.624*** (-3.599)	0.043*** (5.03)	0.602*** (6.487)	0.298*** (4.52)	-3.746*** (-8.181)	0.285	8.737	177 013.4	133.586***	

续表

年份	C	CO1_XYZ	INC_X	INC_Y	INC_Z	INT3_XY	INT3_XZ	INT2_YZ	INT1_XYZ	Adj. R^2	S. E. of regression	Sum squared resid	F-statistic	Vuong检验的Z-值
2010	13.784***	4.445***	4.445***	14.808***		−0.037	0.604***	−0.324***	−2.282***	0.405	11.017	252 440.3	203.833***	2.964***
	(10.407)	(3.223)	(3.223)	(7.018)		(−1.506)	(6.798)	(−3.921)	(−3.416)					
	1.65**	17.25***	−5.639***		−0.343	−0.102***	0.424***	−0.42***	−4.631***	0.374	11.299	265 545	179.11***	
	(2.501)	(25.798)	(−6.626)		(−1.211)	(−4.129)	(4.132)	(−4.385)	(−7.161)					
2009	18.018***	−1.92**	−1.92**	26.316***		−0.204***	0.992***	−0.303**	−1.243	0.4	11.842	249 037.8	171.099***	4.729***
	(22.992)	(−2.521)	(−2.521)	(23.371)		(−4.012)	(3.064)	(−2.258)	(−1.45)					
	7.914***	8.915***	9.607***		0.627**	−0.364***	−0.89**	0.059	−3.833***	0.275	13.018	300 986.9	97.778***	
	(12.365)	(15.802)	(12.147)		(1.997)	(−6.541)	(−2.362)	(0.407)	(−4.092)					
2008	9.013***	2.641***	2.641***	9.271***		−0.08***	−0.032	−0.123*	−2.282***	0.382	6.823	72 063.43	138.402***	2.609***
	(29.314)	(6.991)	(6.991)	(16.265)		(−9.117)	(−0.46)	(−1.681)	(−4.883)					
	7.353***	6.227***	4.05***		0.486***	−0.083***	−0.335***	−0.007	−3.443***	0.326	7.128	78 641.61	108.327***	
	(25.608)	(25.275)	(10.521)		(2.732)	(−8.043)	(−3.775)	(−0.096)	(−7.212)					
2007	9.264***	5.276***	5.276***	15.542***		0.109***	−0.045	−0.065	−5.159***	0.377	10.578	164 251.9	128.292***	2.609***
	(14.321)	(7.615)	(7.615)	(15.253)		(3.739)	(−0.268)	(−0.872)	(−6.8)					
	5.707***	10.084***	8.076***		0.297	0.03	−0.206	0.037	−5.016***	0.334	10.936	175 577.5	106.489***	
	(10.188)	(19.388)	(11.159)		(1.241)	(1.009)	(−1.111)	(0.468)	(−6.389)					

表5-8 H4c的回归结果与Vuong检验Z-值

年份	C	CO1_XYZ	INC_X	INC_Y	INC_Z	INT3_XY	INT3_XZ	INT2_YZ	INT1_XYZ	Adj. R^2	S. E. of regression	Sum squared resid	F-statistic	有解释力变动比
2019	12.987^{***} (21.789)	1.443^{**} (2.33)	19.698^{***} (24.448)	4.614^{***} (18.385)	8.026^{***} (11.923)	0.019^{***} (4.103)	0.114^{***} (12.759)	0.146^{***} (12.547)	0.154 (0.268)	0.544	24.13	2 192 160	562.991^{***}	1.931
	9.134^{***} (14.764)	11.986^{***} (25.069)		0.463^{**} (2.327)	-2.937^{***} (−5.435)	0.018^{***} (3.59)	0.167^{***} (17.948)	0.191^{***} (15.463)	2.885^{***} (4.756)	0.471	25.971	2 540 185	481.703^{***}	
	10.334^{***} (18.349)	7.128^{***} (17.722)	13.299^{***} (21.728)	2.197^{***} (14.579)		0.005 (1.082)	0.153^{***} (18.207)	0.196^{***} (17.661)	1.326^{**} (2.3)	0.527	24.578	2 274 924	600.602^{***}	
	15.488^{***} (29.787)		20.093^{***} (31.705)							0.21	31.746	3 801 513	$1\ 005.183^{***}$	
	17.467^{***} (30.194)				2.532^{***} (6.776)					0.012	35.511	4 756 659	45.916^{***}	
2018	12.163^{***} (39.725)	0.578^{*} (1.65)	12.195^{***} (31.794)	3.003^{***} (24.59)	3.372^{***} (12.062)	0.01^{***} (3.495)	0.109^{***} (31.456)	0.242^{***} (36.171)	−0.337 (−1.06)	0.724	11.542	475 211.3	$1\ 171.479^{***}$	2.125
	10.378^{***} (30.441)	7.393^{***} (23.581)		0.887^{***} (7.646)	-1.617^{***} (−6.173)	0.011^{***} (3.236)	0.127^{***} (32.963)	0.278^{***} (37.154)	2.242^{***} (6.443)	0.645	13.074	609 884.4	930.934^{***}	
	11.058^{***} (37.106)	3.348^{***} (12.425)	9.598^{***} (29.643)	1.952^{***} (22.367)		0.003 (0.882)	0.123^{***} (37.375)	0.264^{***} (40.117)	0.39 (1.224)	0.713	11.774	494 592.8	$1\ 266.755^{***}$	
	13.017^{***} (40.624)		14.392^{***} (34.491)							0.25	19.023	1 293 289	$1\ 189.626^{***}$	
	14.402^{***} (39.42)				1.023^{***} (6.282)					0.011	21.841	1 704 941	39.466^{***}	

续表

年份	C	CO1_XYZ	INC_X	INC_Y	INC_Z	INT3_XY	INT3_XZ	INT2_YZ	INT1_XYZ	Adj. R^2	S. E. of regression	Sum squared resid	F-statistic	有解释力变动比
2017	16.382*** (22.291)	1.19 (1.249)	30.204*** (20.802)	4.393*** (15.719)	3.176*** (10.659)	−0.01* (−1.66)	0.032*** (5.225)	0.106*** (3.446)	2.267*** (5.536)	0.586	13.231	583 266.8	591.799***	6.728
	3.423*** (8.261)	19.759*** (55.651)		−0.982*** (−8.674)	−1.054*** (−4.555)	−0.006 (−0.972)	0.053*** (8.364)	0.185*** (5.704)	2.525*** (5.803)	0.532	14.061	659 015	544.053***	
	11.633*** (19.575)	8.221*** (11.752)	19.641*** (18.203)	2.301*** (11.374)		−0.007 (−1.093)	0.055*** (9.521)	0.257*** (9.248)	2.376*** (5.709)	0.572	13.452	603 155.5	638.536***	
	16.524*** (53.617)		18.732*** (33.476)							0.251	17.794	1 057 197	1 120.663***	
	16.976*** (47.821)				0.743*** (4.101)					0.005	20.513	1 404 946	16.819***	
2016	29.041*** (52.952)	−11.415*** (−19.715)	52.25*** (48.248)	6.713*** (41.305)	3.155*** (20.386)	−0.005 (−0.775)	0.005*** (3.27)	−0.079*** (−3.36)	−0.049 (−0.121)	0.63	10.916	348 070.7	624.505***	9.037
	9.359*** (19.049)	12.692*** (32.374)		0.082 (0.707)	−0.992*** (−5.753)	−0.082*** (−10.119)	0.011*** (5.068)	−0.091*** (−2.903)	3.772*** (7.067)	0.335	14.631	625 467.2	212.188***	
	23.391*** (46.254)	−4.655*** (−9.178)	39.989*** (41.554)	4.95*** (33.664)		−0.023*** (−3.498)	0.023*** (15.434)	−0.093*** (−3.723)	0.418 (0.965)	0.578	11.665	397 592.2	573.045***	
	19.09*** (68.163)		20.644*** (34.308)							0.286	15.16	672 908.3	1 177.007***	
	19.044*** (57.483)				0.46*** (3.365)					0.004	17.915	939 771.9	11.323***	

续表

年份	C	CO1_XYZ	INC_X	INC_Y	INC_Z	INT3_XY	INT3_XZ	INT2_YZ	INT1_XYZ	Adj. R^2	S. E. of regression	Sum squared resid	F-statistic	有解释力变动比
2015	28.995*** (38.175)	−7.332*** (−12.454)	53.558*** (22.215)	17.11*** (26.826)	148.867*** (25.412)	0.083*** (4.449)	0.3** (2.128)	−0.025 (−0.062)	12.049*** (7.422)	0.388	13.408	461 681.3	205.505***	0.011
	19.273*** (28.441)	3.62*** (10.303)		4.868*** (13.887)	30.671*** (11.463)	−0.054*** (−2.813)	−0.241 (−1.592)	−0.022 (−0.051)	9.474*** (5.359)	0.271	14.637	550 401.9	137.924***	
	14.059*** (26.129)	6.526*** (26.297)	−2.089* (−1.851)	1.555*** (7.757)		0.045** (2.14)	0.533*** (3.39)	0.787* (1.739)	−1.489 (−0.868)	0.235	14.997	577 781.5	113.997***	
	19.725*** (58.389)		0.066 (0.087)							0	17.149	757 248.7	0.008	
	19.694*** (58.889)				8.112*** (7.277)					0.02	16.975	741 991	52.958***	
2014	31.804*** (38.57)	−7.005*** (−8.819)	41.295*** (22.31)	9.308*** (21.285)	3.138*** (9.773)	0.025** (2.268)	−0.017* (−1.679)	0.067 (1.113)	−0.174 (−0.186)	0.27	19.55	915 361.1	112.182***	−11.294
	20.653*** (28.66)	7.387*** (14.501)		0.874*** (3.619)	0.014 (0.045)	0.018 (1.527)	−0.014 (−1.302)	0.084 (1.277)	1.082 (1.057)	0.119	21.481	1 105 595	47.297***	
	29.587*** (36.607)	−4.102*** (−5.461)	33.407*** (19.672)	7.382*** (18.548)		0.026** (2.364)	0.035*** (4.185)	−0.037 (−0.617)	0.521 (0.55)	0.241	19.932	951 862.4	110.218***	
	26.021*** (57.198)		10.413*** (11.279)							0.05	22.305	1 195 071	127.219***	
	26.017*** (55.74)				−0.182 (−0.756)					0	22.886	1 258 067	0.572	

续表

年份	C	CO1_XYZ	INC_X	INC_Y	INC_Z	INT3_XY	INT3_XZ	INT2_YZ	INT1_XYZ	Adj. R^2	S. E. of regression	Sum squared resid	F-statistic	有解释力变动比
2013	10.659*** (19.831)	1.759*** (2.952)	12.867*** (21.815)	2.304*** (12.4)	−0.379* (−1.892)	0.02*** (10.025)	0.455*** (2.585)	−0.201* (−1.821)	−1.402*** (−2.631)	0.313	8.973	180 738.2	129.152***	−0.123
	6.182*** (11.306)	8.546*** (15.285)		−0.475*** (−3.188)	−0.299 (−1.357)	0.014*** (6.196)	1.531*** (8.231)	−0.567*** (−4.718)	−0.061 (−0.105)	0.167	9.876	219 049.3	65.724***	
	10.561*** (19.729)	1.871*** (3.155)	12.847*** (21.771)	2.296*** (12.355)		0.019*** (9.855)	0.349** (2.089)	−0.257** (−2.415)	−1.392*** (−2.611)	0.312	8.978	181 026.5	146.922***	
	12.562*** (55.104)				−0.214 (−1.022)					0	10.823	263 796.8	1.044	
	12.559*** (56.888)		4.632*** (12.265)							0.062	10.481	247 394.3	150.424***	
2012	11.809*** (31.011)	−0.811** (−2.053)	15.123*** (25.986)	3.026*** (23.102)	0.142 (1.176)	0.022*** (11.114)	0.113*** (2.604)	−0.023 (−0.735)	−0.632 (−1.615)	0.404	7.877	154 682.5	213.164***	−0.022
	7.226*** (18.997)	5.31*** (14.851)		0.538*** (5.339)	−0.866*** (−6.709)	0.01*** (4.835)	0.51*** (11.142)	0.072** (2.051)	0.26 (0.591)	0.243	8.878	196 582.2	115.83***	
	11.739*** (31.204)	−0.742* (−1.898)	14.903*** (27.037)	2.991*** (23.445)		0.022*** (11.418)	0.132*** (3.291)	−0.019 (−0.617)	−0.655* (−1.675)	0.404	7.878	154 768.4	243.381***	
	11.441*** (59.205)		6.452*** (16.971)							0.103	9.666	233 581.8	288.014***	
	11.444*** (56.095)				−0.178 (−1.287)					0	10.204	260 319.2	1.656	

续表

年份	C	CO1_XYZ	INC_X	INC_Y	INC_Z	INT3_XY	INT3_XZ	INT2_YZ	INT1_XYZ	Adj. R^2	S. E. of regression	Sum squared resid	F-statistic	有解释力变动比
2011	12.408*** (32.326)	0.062 (0.145)	17.404*** (27.413)	2.887*** (31.723)	0.127 (0.863)	0.073*** (10.193)	0.67*** (8.644)	−0.01 (−0.172)	−1.151*** (−2.944)	0.501	7.297	123 428.6	293.351***	−0.080
	6.474*** (17.753)	8.147*** (23.087)		1.3*** (16.09)	−0.592*** (−3.564)	0.008 (1.027)	0.743*** (8.337)	−0.204*** (−3.19)	−2.304*** (−5.151)	0.34	8.395	163 443.4	172.182***	
	12.369*** (32.449)	0.125 (0.299)	17.307*** (27.706)	2.874*** (32.004)		0.073*** (10.178)	0.685*** (9.084)	0.011 (0.207)	−1.158*** (−2.961)	0.501	7.297	123 468.3	335.189***	
	13.052*** (66.194)		8.565*** (20.509)							0.153	9.512	210 339.6	420.605***	
	13.051*** (60.908)				0.039 (0.225)					0	10.336	248 385.8	0.051	
2010	15.626*** (10.948)	2.34 (1.552)	18.175*** (7.818)	3.123*** (10.962)	1.032*** (3.41)	−0.021 (−0.848)	0.447*** (4.482)	−0.473*** (−5.069)	−2.204*** (−3.306)	0.408	10.989	251 036.1	180.719***	4.082
	5.34*** (9.515)	13.396*** (25.275)		1.042*** (10.124)	0.027 (0.098)	−0.093*** (−3.895)	0.469*** (4.633)	−0.516*** (−5.463)	−3.697*** (−5.705)	0.391	11.146	258 416.1	192.249***	
	13.784*** (10.407)	4.445*** (3.223)	14.808*** (7.018)	2.72*** (10.465)		−0.037 (−1.506)	0.604*** (6.798)	−0.324*** (−3.921)	−2.282*** (−3.416)	0.405	11.017	252 440.3	203.833***	
	19.07*** (64.134)		10.392*** (14.812)							0.095	13.587	385 104	219.403***	
	19.044*** (60.97)				0.453* (1.795)					0.001	14.273	424 952.7	3.22*	

续表

年份	C	CO1_XYZ	INC_X	INC_Y	INC_Z	INT3_XY	INT3_XZ	INT2_YZ	INT1_XYZ	Adj. R^2	S. E. of regression	Sum squared resid	F-statistic	有解释力变动比
2009	19.37^{***} (24.443)	-3.53^{***} (−4.525)	29.236^{***} (24.882)	5.52^{***} (20.939)	2.183^{***} (7.511)	-0.227^{***} (−4.523)	0.094 (0.275)	-0.349^{***} (−2.643)	-1.59^{*} (−1.88)	0.419	11.661	241 365.6	161.436^{***}	2.419
	6.91^{***} (9.69)	10.523^{***} (16.841)		0.287 (1.555)	−0.209 (−0.657)	-0.244^{***} (−4.187)	0.12 (0.303)	-0.539^{***} (−3.517)	-2.297^{**} (−2.341)	0.216	13.539	325 549.7	71.258^{***}	
	18.018^{***} (22.992)	-1.92^{**} (−2.521)	26.316^{***} (23.371)	5.013^{***} (19.373)		-0.204^{***} (−4.012)	0.992^{***} (3.064)	-0.303^{**} (−2.258)	−1.243 (−1.45)	0.4	11.842	249 037.8	171.099^{***}	
	17.514^{***} (51.477)		11.691^{***} (15.404)							0.117	14.37	367 984.6	237.279^{***}	
	17.508^{***} (48.371)				0.465 (1.435)					0.001	15.288	416 501.5	2.06	
2008	9.119^{***} (29.718)	2.473^{***} (6.544)	9.646^{***} (16.809)	3.468^{***} (12.673)	0.718^{***} (4.216)	-0.1^{***} (−10.07)	-0.236^{***} (−2.775)	-0.137^{*} (−1.886)	-2.174^{***} (−4.671)	0.389	6.786	71 245	124.636^{***}	0.033
	7.912^{***} (24.396)	5.463^{***} (15.075)		−0.072 (−0.378)	0.274 (1.495)	-0.022^{**} (−2.345)	−0.118 (−1.286)	−0.115 (−1.459)	-2.969^{***} (−5.898)	0.278	7.378	84 257.28	86.368^{***}	
	9.013^{***} (29.314)	2.641^{***} (6.991)	9.271^{***} (16.265)	3.344^{***} (12.225)		-0.08^{***} (−9.117)	−0.032 (−0.46)	-0.123^{*} (−1.681)	-2.282^{***} (−4.883)	0.382	6.823	72 063.43	138.402^{***}	
	11.281^{***} (51.258)		0.227 (0.773)							0	8.681	117 119.3	0.597	
	11.28^{***} (51.345)				0.426^{**} (2.454)					0.003	8.666	116 711.9	6.024^{**}	

续表

年份	C	CO1_XYZ	INC_X	INC_Y	INC_Z	INT3_XY	INT3_XZ	INT2_YZ	INT1_XYZ	Adj. R^2	S. E. of regression	Sum squared resid	F-statistic	有解释力变动比
2007	9.704*** (14.819)	4.768*** (6.78)	16.749*** (15.725)	3.203*** (10.768)	0.88*** (3.721)	0.101*** (3.494)	−0.269 (−1.501)	−0.156** (−1.99)	−5.044*** (−6.671)	0.382	10.532	162 716.2	114.968***	1.499
	4.389*** (7.242)	11.655*** (19.6)		−0.334 (−1.588)	−0.253 (−1.04)	0.025 (0.821)	0.397** (2.114)	−0.021 (−0.247)	−4.873*** (−5.964)	0.278	11.381	190144.5	82.264***	
	9.264*** (14.321)	5.276*** (7.615)	15.542*** (15.253)	2.949*** (10.142)		0.109*** (3.739)	−0.045 (−0.268)	−0.065 (−0.872)	−5.159*** (−6.8)	0.377	10.578	164251.9	123.292***	
	15.203*** (46.831)		11.087*** (15.095)							0.133	12.472	229286.6	227.867***	
	15.194*** (43.592)				0.4 (1.534)					0.001	13.391	264310.4	2.353	

表5-9　**各年信息X、Z的有解释力变动比计算过程**

年份	$\hat{\sigma}_T$	$\hat{\sigma}_1$	$\hat{\sigma}_2$	$\hat{\alpha}_1$		K_T
2019	24.13	25.971	24.578	20.093	2.532	1.931
2018	11.542	13.074	11.774	14.392	1.023	2.125
2017	13.231	14.061	13.452	18.732	0.743	6.728
2016	10.916	14.631	11.665	20.644	0.46	9.037
2015	13.408	14.637	14.997	0.066	8.112	0.011
2014	19.55	21.481	19.932	10.413	−0.182	−11.294
2013	8.973	9.876	8.978	4.632	−0.214	−0.123
2012	7.877	8.878	7.878	6.452	−0.178	−0.022
2011	7.297	8.395	7.297	8.565	0.039	−0.08
2010	10.989	11.146	11.017	10.392	0.453	4.082
2008	6.786	7.378	6.823	0.227	0.426	0.033
2007	10.532	11.381	10.578	11.087	0.4	1.499

备注：计算各年的信息X、Z的有解释力变动比K_T，共得到18个数据，由于其中有4个数据为负值，属于数据异常，故删去这4年的数据，对剩下的9个数据求平均，可得变动上限比的均值为3.0。

应用市场反应程度评价方法对净收益（信息X）、净现金流量（信息Z）的相对优势信息含量进行评价，可按模型（5.34）进行回归分析，其中k=3.0，模型（5.34）即变为：

$$P = \lambda_0 + \lambda_1 \cdot Col\_XYZ + \lambda_2 \cdot (3 \cdot Inc\_X) + \lambda_3 \cdot Inc\_Y + \lambda_4 \cdot (Inc\_Z + 3 \cdot Inc\_X) + \lambda_5 \cdot Int3\_XY + \lambda_6 \cdot Int3\_XZ + \lambda_7 \cdot Int2\_YZ + \lambda_8 \cdot Int1\_XYZ + \varepsilon, \quad \varepsilon \sim N(0, \sigma^2) \tag{5.42}$$

新变量$3 \cdot Inc_X$的市场反应系数为$\lambda_2 + \lambda_4$，Inc_Z的市场反应系数为λ_4。因而对于$3 \cdot Inc_X$、Inc_Z的相对优势信息含量的比较，可以简化为确定$|\lambda_2 + \lambda_4|$是否大于$|\lambda_4|$的问题。对比的方法见5.3.1节。

模型（5.42）的回归结果见表5-9。

由表5-9可以看出，除了2013年、2015年、2019年以外，以2007—2019年的数据对模型（5.42）进行回归，新变量$3 \cdot Inc_X$的回归系数在1%的显著性水平下全为正的，$Inc_Z + 3 \cdot Inc_X$的回归系数在1%显著性水平下全为正的（其中例外的是，在10%的显著性水平下不能拒绝系数为零的假设），因此，对2013年、2015年、2019年以外的其他年份，显著地有$|\lambda_2 + \lambda_4| > |\lambda_4|$，即EPS的信息含量显著地高于CFOPS的信息含量，即基于这些年份的数据可接受H4a。

针对2015年、2019年的数据，新变量$3 \cdot Inc_X$的回归系数在1%的显著性水平下全为负，$Inc_Z + 3 \cdot Inc_X$的回归系数在1%显著性水平下全为正，很有可能$|\lambda_2 + \lambda_4| < |\lambda_4|$。为此，就按下列模型进一步回归：

$$P = \lambda_0 + \lambda_1 \cdot Col\_XYZ + \lambda_2 \cdot (Inc\_Z + 3 \cdot Inc\_X) + \lambda_3 \cdot Inc\_Y + \lambda_4 \cdot Inc\_Z + \lambda_5 \cdot Int3\_XY + \lambda_6 \cdot Int3\_XZ + \lambda_7 \cdot Int2\_YZ + \lambda_8 \cdot Int1\_XYZ + \varepsilon, \quad \varepsilon \sim N(0, \sigma^2) \tag{5.43}$$

在2013年的数据下，新变量$3 \cdot Inc_X$的回归系数在1%的显著性水平下为正，$Inc_Z + 3 \cdot Inc_X$的回归系数在10%显著性水平下为负，需要对Inc_Z的数据作乘以（-1）的变号变换，以使其回归系数为正，按下列模型作进一步的补充检验：

$$P = \lambda_0 + \lambda_1 \cdot Col\_XYZ + \lambda_2 \cdot (3 \cdot Inc\_X) + \lambda_3 \cdot Inc\_Y + \lambda_4 \cdot (-Inc\_Z + 3 \cdot Inc\_X) + \lambda_5 \cdot Int3\_XY + \lambda_6 \cdot Int3\_XZ + \lambda_7 \cdot Int2\_YZ + \lambda_8 \cdot Int1\_XYZ + \varepsilon, \quad \varepsilon \sim N(0, \sigma^2) \tag{5.44}$$

上述的补充检验结果见表5-10。

由表5-10可以看出，以2015年、2019年的数据对模型（5.43）进行回归，变量$Inc_Z + 3 \cdot Inc_X$、Inc_Z的回归系数在1%的显著性水平下都为正的，也就是说，基于2015年、2019年的数据表明，CFOPS的信息含量显著高于EPS的，因而应拒绝H4a。

以2013的数据对模型（5.44）进行回归，新变量$3 \cdot Inc_X$的回归系数在1%显著性水平下为正，$-Inc_Z + 3 \cdot Inc_X$的回归系数在1%的显著性水平下为正，基于2015年、2019年的数据表明，EPS的信息含量显著高于CFOPS的，因而可接受H4a。

综上，利用Vuong检验与利用市场反应系数方法，结果基本相同。利用Vuong检验，仅2015年的数据不支持H4a，而利用市场反应系数方法，仅2015年、2019年的数据不支持H4a。

表5-10 H4a的回归结果（市场反应系数法）

年份	C	CO1_XYZ	3*INC_X	INC_Y	INC_Z+3*INC_X	INT3_XY	INT3_XZ	INT2_YZ	INT1_XYZ	R^2	Adj. R^2	F-statistic
2019	12.987*** (21.789)	1.443** (2.33)	−1.46*** (−2.737)	4.614*** (18.385)	8.026*** (11.923)	0.019*** (4.103)	0.114*** (12.759)	0.146*** (12.547)	0.154 (0.268)	0.545	0.544	562.991***
2018	12.163*** (39.725)	0.578* (1.65)	0.693*** (2.974)	3.003*** (24.59)	3.372*** (12.062)	0.01*** (3.495)	0.109*** (31.456)	0.242*** (36.171)	−0.337 (−1.06)	0.724	0.724	1 171.479***
2017	16.382*** (22.291)	1.19 (1.249)	6.892*** (19.401)	4.393*** (15.719)	3.176*** (10.659)	−0.01* (−1.66)	0.032*** (5.225)	0.106*** (3.446)	2.267*** (5.536)	0.587	0.586	591.799***
2016	29.041*** (52.952)	−11.415*** (−19.715)	14.262*** (46.969)	6.713*** (41.305)	3.155*** (20.386)	−0.005 (−0.775)	0.005*** (3.27)	−0.079*** (−3.36)	−0.049 (−0.121)	0.631	0.63	624.505***
2015	28.995*** (38.175)	−7.332*** (−12.454)	−131.015*** (−25.493)	17.11*** (26.826)	148.867*** (25.412)	0.083*** (4.449)	0.3** (2.128)	−0.025 (−0.062)	12.049*** (7.422)	0.39	0.388	205.505***
2014	31.804*** (38.57)	−7.005*** (−8.819)	10.627*** (19.055)	9.308*** (21.285)	3.138*** (9.773)	0.025** (2.268)	−0.017* (−1.679)	0.067 (1.113)	−0.174 (−0.186)	0.273	0.27	112.182***
2013	10.659*** (19.831)	1.759*** (2.952)	4.668*** (16.481)	2.304*** (12.4)	−0.379* (−1.892)	0.02*** (10.025)	0.455*** (2.585)	−0.201* (−1.821)	−1.402*** (−2.631)	0.315	0.313	129.152***
2012	11.809*** (31.011)	−0.811** (−2.053)	4.899*** (25.396)	3.026*** (23.102)	0.142 (1.176)	0.022*** (11.114)	0.113*** (2.604)	−0.023 (−0.735)	−0.632 (−1.615)	0.406	0.404	213.164***
2011	12.408*** (32.326)	0.062 (0.145)	5.675*** (24.148)	2.887*** (31.723)	0.127 (0.863)	0.073*** (10.193)	0.67*** (8.644)	−0.01 (−0.172)	−1.151*** (−2.944)	0.503	0.501	293.351***
2010	15.626*** (10.948)	2.34 (1.552)	5.026*** (7.159)	3.123*** (10.962)	1.032*** (3.41)	−0.021 (−0.848)	0.447*** (4.482)	−0.473*** (−5.069)	−2.204*** (−3.306)	0.41	0.408	180.719***
2009	19.37*** (24.443)	−3.53*** (−4.525)	7.562*** (18.756)	5.52*** (20.939)	2.183*** (7.511)	−0.227*** (−4.523)	0.094 (0.275)	−0.349*** (−2.643)	−1.59* (−1.88)	0.421	0.419	161.436***
2008	9.119*** (29.718)	2.473*** (6.544)	2.497*** (10.598)	3.468*** (12.673)	0.718*** (4.216)	−0.1*** (−10.07)	−0.236*** (−2.775)	−0.137* (−1.886)	−2.174*** (−4.671)	0.392	0.389	124.636***
2007	9.704*** (14.819)	4.768*** (6.78)	4.703*** (13.004)	3.203*** (10.768)	0.88*** (3.721)	0.101*** (3.494)	−0.269 (−1.501)	−0.156** (−1.99)	−5.044*** (−6.671)	0.385	0.382	114.968***

表5-11 H4a的补充回归结果（市场反应系数法）

年份	C	CO1_XYZ	3*INC_X+INC_Z	INC_Y	INC_Z	INT3_XY	INT3_XZ	INT2_YZ	INT1_XYZ	R^2	Adj. R^2	F-statistic
2019	12.987***（21.789）	1.443**（2.33）	6.566***（24.448）	4.614***（18.385）	1.46***（2.737）	0.019***（4.103）	0.114***（12.759）	0.146***（12.547）	0.154（0.268）	0.545	0.544	562.991***
2015	28.995***（38.175）	−7.332***（−12.454）	17.853***（22.215）	17.11***（26.826）	131.015***（25.493）	0.083***（4.449）	0.3**（2.128）	−0.025（−0.062）	12.049***（7.422）	0.39	0.388	205.505***
2013	C	CO1_XYZ	3*INC_X	INC_Y	−INC_Z+3*INC_X	INT3_XY	INT3_XZ	INT2_YZ	INT1_XYZ	R^2	Adj. R^2	F-statistic
	10.659***（19.831）	1.759***（2.952）	3.91***（14.059）	2.304***（12.4）	0.379*（1.892）	0.02***（10.025）	0.455***（2.585）	−0.201*（−1.821）	−1.402***（−2.631）	0.315	0.313	129.152***

5.9　本章小结

信息的三个被认知模块（常识性信息、增量信息、融合性信息）各司其职，实现信息的可理解性和有用性，最终体现在投资者的投资决策之中。通过设计出表征常识性信息、增量信息、融合性信息的表征变量，运用2007—2019年的数据，设计相应的回归模型进行回归分析，得到如下结论：

（1）会计信息的常识性信息、增量信息、融合性信息具有信息含量。由于会计信息的增量信息反映会计信息的差异化信息特征，会计信息的常识性信息、融合性信息反映会计信息的趋同性信息。此结论表明，会计信息所具有的差异化与趋同性的特征共同引导信息使用者作出最终决策。

（2）会计信息的趋同性信息与差异性信息具有相同的信息含量。由于会计信息的趋同性信息（常识性信息、融合性信息）决定投资决策的准确性，而会计信息的差异性信息（即增量信息）决定投资决策的盈利性。此结论表明，投资决策的盈利性与准确性对于会计信息使用者的投资决策具有同等的重要性，这导致会计信息的趋同性信息与差异性信息在信息含量方面具有趋同性。

（3）常识性信息与融合性信息具有相同的信息含量。常识性信息是会计信息使用者用于构造可作出准确评价的“参照标的”，而融合性信息可用于将标的与“参照标的”进行对比评价，投资决策的准确性既取决于对“参照标的”评价的准确性，也取决于对比评价的准确性，此结论表明，两者同等重要，导致会计信息的常识性信息与融合性信息在信息含量方面具有趋同性。

（4）净收益、净资产、净现金流量的信息含量有强弱之分，净收益的信息含量强于净现金流量的，净收益的信息含量强于净资产的，净资产信息含量强于净现金流量的。该结论是通过比较净收益、净资产、净现金流量这三者的增量信息含量强弱而得到的。该结论表明，为追求投资的盈利性，报表使用者可能首先关注企业的业绩，其次是企业的净资产规模，最后是企业的净现金流量，造成这一现状的原因是基于“因果”说，会计信息存在预测功能差异及强弱问题。

综上所述，通过对会计指标的分解与整合及指标的量化设计①，可以分解出差异化信息变量（即增量信息变量）、趋同性信息变量（常识性信息变量与融合性信息变量）。本章的实证分析结果表明：其一，指标之间存在差异化与趋同性的特征，能够反映到股价之中。这表明，这种分类是有意义的，其二，信息变量与趋同性信息变量具有相同的信息含量，这体现了会计信息使用者对投资决策的

① 其中，指标的分解与整合方法见“第3章3.3.3”，指标的量化设计见“本章5.3.1”

准确性与盈利性的理性追求；常识性信息变量与融合性信息变量具有相同的信息含量，体现了会计信息使用者为追求投资决策的准确性，对决策手段的理性追求。这些也反映了差异化信息变量、趋同性信息变量在信息含量方面的趋同性。其三，净收益、净资产、净现金流量的信息含量有强弱之分，即它们的增量信息含量有强弱之分，这体现了会计信息使用者为实现投资决策的盈利性目标，不同会计信息对信息使用者的投资盈利性的“贡献”是不同的，其中，净收益的贡献最大。

参考文献

［1］ BALL R, BROWN P.An Empirical evaluation of accounting income numbers ［J］. Journal of Accouting Research, 1968, 6（2）: 159-178.

［2］ ELOUAFA K.Incremental information content of cash flows versus funds from operations and earnings: applying new methodologies in French context ［J］. EXCEL International Journal of Multidisciplinary Management Studies, 2012, 12（5）: 1-13.

［3］ DHALIWAL D, SUBRAMANYAM K R, TREZEVANT R.Is Comprehensive income superior to net income as a measure of firm performance? ［J］.. Journal of Accounting and Economics, 1999, 26（1-3）: 43-67.

［4］ COLLINS D W, MAYDEW E I, Weiss I S.Changes in the value relevance of earnings and bookvalues over the past forty years ［J］. Journal of Accounting and Economics, 1997, 24（1）: 39-67.

［5］ COLLINS D W, KOTHARI S P.An analysis of intertemporal and cross-sectional determinants of earnings response coefficients ［J］. Journal of Accounting Economics, 1989, 11（2-3）: 143-181.

［6］ 刘金雄. 会计信息价值相关性的评价理论与方法 ［M］. 大连：东北财经大学出版社，2016.

［7］ KONCHITCHKI Y, PATATOUKAS P N.Accounting earnings and gross domestic product ［J］. Journal of Accounting and Economics, 2013.

［8］ BEAVER W H, CLARKE R, WRIGHT W F.The association between unsystematic security returns and the magnitude of earnings forecast errors ［J］. Journal of Accounting Research, 1979, 17（2）: 316-340.

［9］ OHLSON J A.Earnings, book values, and dividends in equity Valuation ［J］. Contemporary Accounting Research, 1995, 11（2）: 661-687.

［10］ FELTHAM G A, OHLSONJ A. Valuation and clean surplus accounting for operating and financial activities ［J］. Contemporary Accounting Research, 1995, 11（2）: 689-731.

［11］ COLLINS D, PINCUS M, XIE H.Equity valuation and negative earnings: the role of book value of equity ［J］. The Accounting Review, 1999, 74（1）: 29-61.

［12］ ANDREI FILIP.IFRS and the value relevance of earnings: evidence from the emerging market of romania ［J］. International Journal of Accounting Auditing and

Performance Evaluation，2010，6（2）：191-223.

［13］OKAFOR，OGBUEHI，ANENE.IFRS adoption and the value relevance of accounting information in nigeria：an empirical study［J］. Journal of Modern Accounting and Auditing，October 2017，13（10）：421-434.

［14］NAIMAH.Bias in accounting and the value relevance of accounting information［J］. Procedia Economics and Finance，2012，2（1）：145-156.

［15］STEVEN.Analysis of factors that affecting the abnormal return on companies that listed in indonesia stock exchange：evidence from non-financial companies that go public from period 2013-2017［J］. Journal Management Update，2019，8（4）.

［16］陈晓，陈小悦，刘钊．A股盈余报告的有用性研究［J］．经济研究，1999（6）：21-28.

［17］孙爱军，陈小悦．关于会计盈余的信息含量的研究［J］．北京大学学报（哲学社会科学版），2002（1）：15-27.

［18］袁琳，廖晓鹏.每股收益和每股净资产的投资决策有用性——基于“费森-奥尔森估值模型”的实证研究［J］．北京工商大学学报（社会科学版），2009（1）：35-40.

［19］周秀华．股票市场对公司盈利报告的反应——从2011年第三季度中国A股财务报告看会计盈余信息对股价的影响［J］．财经界，2013（23）：147-149.

［20］张金若，王炜．金融行业上市公司公允价值会计的价值相关性［J］．中南财经政法大学学报，2015（3）：79-86.

［21］张倩倩，周铭山，董志勇．研发支出资本化向市场传递了公司价值吗？［J］．金融研究，2017（6）：176-190.

［22］樊帅，高博楠，国华．价值投资：会计信息价值相关性累积效应研究［J］．会计研究，2018（4）：36-44.

［23］张媛媛．新金融工具准则对公允价值变动价值相关性的影响研究［J］．中国注册会计师，2019（10）：21-26.

［24］唐媚媚，买阳睿．其他综合收益的价值相关性研究［J］．财会通讯，2019（28）：16-21.

［25］田昆儒，田雪丰．披露其他综合收益能够降低股价崩盘风险吗？［J］．中南财经政法大学学报，2019（2）：20-30.

［26］DAHMASH F N，DURAND R B，WATSON J.The value relevance and reliability of reported goodwill and identifiable intangible assets［J］. British Accounting Review，2009，41（2）：120-137.

［27］BILAL K，ABDENACER R.Intangibles and value relevance of accounting information：evidence from UK companies［J］. Jordan Journal of Business Administration, 2016, 12 (2): 437-458.

[28] OLIVEIRA L, RODRIGUES L L, CRAIG R.Intangible assets and value relevance: evidence from the portuguese stock exchange [J]. British Accounting Review, 2010, 42 (42): 241-252.

[29] ABUBAKAR S, ABUBAKAR M.Intangible assets and value relevance of accounting information of listed high-tech firms in Nigeria [J]. Research Journal of Finance & Accounting, 2015.

[30] 邵红霞，方军雄. 我国上市公司无形资产价值相关性研究——基于无形资产明细分类信息的再检验 [J]. 会计研究，2006 (12): 25-32.

[31] 刘玉春. 新三板市场无形资产价值相关性与披露问题——来自中关村新三板的经验数据 [J]. 财会月刊，2013 (16): 10-13.

[32] 钱丽丽，张波. 电子商务企业的无形资产价值相关性研究 [J]. 商业会计，2014 (9): 105-107.

[33] BIDDLE G C, SEOW G S, SIEGLEL A F.Relative versus incremental information content [J]. Contemporary Accoimting Research, 1995, 11 (1-1): 1-23.

[34] ALI A, POPE P F.The incremental information content of earings, funds flow and cash flow: the UK evidence [J]. Journal of Business Finance and Accounting, 1995, 22 (1): 19-34.

[35] HAW I M, QI D, WU W.The nature of information in accruals and cash flows in an emerging capital market: the case of China [J]. The International Journal of Accounting, 2001, 36 (4): 391-40.

[36] FRANCIS J.The relative and incremental explanatory power of earnings and alternative (to earnings) performance measures for returns [J]. Contemporary Accounting Research, 2003, 20 (I): 121-64.

[37] ZAHRAN M A, DARAGHMA.The relative and incremental information content of earnings and operating cash flows: empirical evidence from middle east, the case of palestine [J]. European Journal of Economics, Finance and Administrative Sciences, 2010 (22): 123-135.

[38] ELOUAFA K.Incremental information content of cash flows versus funds from operations and earnings: applying new methodologies in french context [J]. EXCEL International Journal of Multidisciplinary Management Studies, 2012, 12 (5): 1-13.

[39] SLEHAT N, ALNIMER M, ABBADIS. Incremental information content of Financial and non-financial performance measures [J]. Dirasat Administrative Sciences, 2013, 40 (1): 144-161.

［40］ ASGARI L，SALEHI M，MOHAMMADI A.Incremental information content of cash flow and earnings in the iranian capital market ［J］. Journal of Industrial Distribution & Business，2014（5-1）：5-9.

［41］ KUSUMA H.The incremental information content of the cash flow statement：an Australian empirical investigation ［J］. International Journal of Business Administration，2014，5（4）：90-102

［42］ BAGUDO M M，MANAF K B，ROKIAH B，et al.Relative and incremental value relevance of equity and earnings in the Nigerian financial industry after mandatory adoption of international financial reporting standard（IFRS）［J］. Advanced Science Letters，2015，21（6）：1927-1930.

［43］ MOSTAFA W.The incremental value relevance of cash flows and earnings affected by their extremity UK evidence ［J］. Management Research Review，2016，39（7）：742-767.

［44］ CHAMISA E，MANGENA M，PAMBURAI H H，et al.Financial reporting in hyperinflationary economies and the value relevance of accounting amounts：hard evidence from Zimbabwe ［J］. Review of Accounting Studies，2018，23（4）：1241-1273.

［45］ 陈信元，陈冬华，朱红军．净资产、剩余收益与市场定价：会计信息的价值相关性［J］．金融研究，2002（4）：59-70.

［46］ 陆静，孟卫东，廖刚．上市公司会计盈利、现金流量与股票价格的实证研究［J］．经济科学，2002（5）：34-42.

［47］ 赵春光．现金流量价值相关性的实证研究［J］．会计研究，2004（6）：29-35.

［48］ 赵振全，刘淼，于震．中国上市公司会计信息价值相关性的动态分析与动因检验［J］．财贸经济，2007（6）：45-49.

［49］ 唐国琼．亏损公司会计盈余价值相关性实证研究［J］．金融研究，2008（11）：146-159.

［50］ 王治，张传明．信息环境、异质信念与会计信息价值相关性［J］．财经问题研究，2013（7）：87-93.

［51］ 吕兆德，宿增睿．源于公允价值的盈余波动增加会计信息含量了吗？［J］．南京审计大学学报，2016（3）：65-74.

［52］ 焦永梅．会计信息质量、制度环境与盈余增量信息［J］．中国注册会计师，2017（8）：51-54.

［53］ 周嘉南，贾巧玉．我国会计准则与国际财务报告准则之比较研究——基于利润表差异的实证检验［J］．管理评论，2018（2）：200-211.

［54］ OHLSON J A， Penman S H.Disaggregated accounting data as explanatory variables for returns ［J］. Jounal of Accounting Auditing and Finance， 1992 （7）：553-573.

［55］ CHIA Y K， CZERNKOWSKI R， LOFTUS J.The association of aggregate and disaggregated earnings with annual stock returns ［J］. Accounting & Finance，1997， 37 （1）： 111-128.

［56］ Garrod N， Giner B， Larran M.The value relevance of earnings， cash flow and accruals： the impact of disaggregation and contingencies ［J］. Jcms Journal of Common Market Studies， 2000， 50 （Supplement s2）： 210-216.

［57］ ALAM P， BROWN C A.Disaggregated earnings and the prediction of ROE and stock prices： a case of the banking industry ［J］. Review of Accounting & Finance， 2006， 5 （November）： 443-463.

［58］ KADRI MH， IBRAHIM M K， ABDUL A R.Value relevance of aggregated vs. disaggregated book value and earnings： evidence from Malaysian High-Tech Firms ［J］. Malaysian Accounting Review， 2010， 9 （1）： 1-17.

［59］ ARTHUR N， CHENG M， CZERNKOWSKI R.Cash flow disaggregation and the prediction of future earnings ［J］. Accounting & Finance， 2010， 50 （1）：1-30.

［60］ WANG P.The role of disaggregation of earnings in stock valuation and earnings forecasting ［J］. Accounting & Business Research， 2012， 43 （5）： 530-557.

［61］ HOSSEIN M， MODARRES A.The role of disaggregation of earnings （cash flows and accuals） in stock valuation and earnings forecasting at acceped companies in tehran stock exchange ［J］. Iran Indian J. Sci. Res.， 2014， 4 （6）： 761-770.

［62］ LIM S C.The information content of disaggregated accounting profitability： operating activities versus financing activities ［J］. Review of Quantitative Finance and Accounting， 2014， 43 （1）： 75-96.

［63］ OMOKHUDU， IBADIN O O， OKOEGUALE P .Incremental value relevance of disaggregated book values and disaggregated earnings： evidence from Nigeria ［J］. Accounting and Finance Research， 2015 （4）： 176-186.

［64］ BURKE Q L， WARFIELD T D， WIELAND M M.Value relevance of disaggregated information： an examination of the rate and volume analysis of bank net interest income ［J］. Accounting Horizons， 2020 （1）： 19-43.

［65］ 邓传洲．公允价值的价值相关性：B股公司的证据［J］．会计研究，2005（10）：55-62.

［66］ 韩晓明．应计项目、现金流量与会计盈余质量［J］．财政研究，2011

(9): 77-81.

[67] 黄霖华，曲晓辉，张瑞丽．论公允价值变动信息的价值相关性——来自A股上市公司可供出售金融资产的经验证据 [J]．厦门大学学报（哲学社会科学版），2015（1）：99-109.

[68] 江乾坤，潘诗雯．公允价值计量与企业价值相关性的研究——基于A股上市公司的经验 [J]．财会研究，2018（3）：24-30.

[69] 周欣．上市公司会计盈余与现金流量价值相关性实证分析 [J]．中国集体经济，2019（25）：121-122.

[70] COLLINS D W，MAYDEW E I，Weiss I S.Changes in the value relevance of earnings and book values over the past forty years [J]. Journal of Accounting and Economics，1997，24（1）：39-67.

[71] FRANCIS J，SCHIPPERK.Have financial statements lost their relevance? [J]. Journal of Accouting Research，1999，37（2）：319-352.

[72] DONTOH A，RADHAKRISHNAN S，RONEN J.The declining value relevanece of accounting information and non-information-based trading：an empirical analysis [J]. Contemporary Accounting Research，2004，21（4）：795-812.

[73] LEV B，ZAROWIN P.The boundaries of financial reporting and how to extend them [J]. Journal of Accounting Research，1999，37（2）：353-385。

[74] Yu S，Lixin S，Xindong Z.Price divergence from fundamental value and the value relevance of accounting information [J]. Contemporary Accounting Research，2010，27（3）：829-854

[75] DEVALLE A，ONALI E，Magarini R.Assessing the value relevance of accounting data after the introduction of IFRS in europe [J]. Journal of International Financial Management and Accounting，2010，21（2）：85-119.

[76] CHALMERS K，CLINCH G，Godfrey J.Changes in value relevance of accounting information upon ifrs adoption：evidence from Australia [J]. Australian Journal of Management，2011，36（2）：151-173.

[77] FILIP A，RAFFOURNIER B.The value relevance of earnings in europe after IFRS implementation：why do national differences persist? [J]. International Journal of Accounting，Auditing and Performance Evaluation，2013，9（4）：388-415.

[78] ALFRAIH M M.Have financial statements lost their relevance? empirical evidence from the frontier market of Kuwait [J]. Journal of Advances in Management Research，2016，13（2）：225-239.

[79] OKAFOR T G，OGBUEHI A，ANENE N O.IFRS adoption and the value

relevance of accounting information in Nigeria: an empirical study [J]. Journal of Modern Accounting and Auditing, 2017, 13 (10): 421-434.

[80] KWON G J.Changes in the value relevance of accounting information before and after the adoption of K-IFRS: evidence from korea [J]. Afro-Asian Journal of Finance and Accounting, 2018, 8 (1): 65-84.

[81] 赵春光. 会计信息价值相关性的变迁 [J]. 经济管理, 2003 (2): 52-60.

[82] 张景奇, 唐英力, 邓志琼. 上市公司会计信息价值相关性的变迁及影响因素分析. 管理评论, 2006 (7): 43-48.

[83] 漆江娜, 罗佳. 会计准则变迁对会计信息价值相关性的影响研究———来自中国证券市场1993—2007的经验证据 [J]. 当代财经, 2009 (5): 103-109.

[84] 朱凯, 赵旭颖, 孙红. 会计准则改革、信息准确度与价值相关性. 管理世界, 2009 (4): 47-54.

[85] 刘峰, 吴风, 钟瑞庆. 会计准则能提高会计信息质量吗? [J]. 会计研究, 2004 (5): 8-20.

[86] 王小力. 新《企业会计准则》对会计信息价值相关性影响的实证研究 [J]. 中南大学学报 (社会科学版), 2012 (2): 106-110.

[87] 胡元木, 王磊, 徐实. 会计稳健性对盈余价值相关性影响的实证分析——基于会计制度变迁视角 [J]. 经济与管理评论, 2013 (6): 116-123.

[88] 李敏, 张士强. 会计制度变迁与会计信息质量——基于沪深A股上市公司1993—2011年的研究 [J]. 山东科技大学学报 (社会科学版), 2014 (6): 52-60.

[89] 汪剑锋. 上市公司会计信息价值相关性的时序演进与原因分析 [J]. 安徽大学学报 (哲学社会科学版), 2015 (2): 144-150.

[90] 宋鹏, 郭婧. 会计信息价值相关性的变迁——基于异质信念视角 [J]. 会计之友, 2018 (10): 51-57.

[91] COLLINS D W, KOTHARI S P.An analysis of intertemporal and cross-sectional determinants of earnings response coefficients [J]. Journal of Accounting Economics, 1989, 11 (2-3): 143-181.

[92] KOTHARI.Capital markets research in accounting [J]. Journal of Accounting Economics, 2001, 31 (1-3): 105-231.

[93] 王化成, 佟岩. 控股股东与盈余质量 [J]. 会计研究, 2006 (2): 66-74.

[94] LENNOX C S, PARK C W.The Informativeness of earnings and manage-

ment's issuance of earnings forecasts [J]. Journal of Accounting and Economics, 2006, 42 (3): 439-458.

[95] 董望，陈汉文. 内部控制、应计质量与盈余反应 [J]. 审计研究，2011 (4): 68-78.

[96] CHEN C, CHEN S, SU X A.Comparison of reported earnings under Chinese gay Vs. IAS: evidence from the Shanghai stock exchange [J]. Accounting Horzon, 2009 (13): 91-111.

[97] 于忠泊，田高良，张咏梅. 媒体关注、制度环境与盈余信息市场反应 [J]. 会计研究，2012 (9): 40-51.

[98] 张国清. 盈余时间序列持续性与ERC [J]. 当代会计评论，2013 (5): 32-51

[99] ZEIDI A R, TAHERI Z, FARAHABADI O G. The conservatism in accounting and its effect on earnings response coefficient in Tehran stock exchange listed companies [J]. International Journal of Scientific Research in Knowledge, 2014, 2 (1): 28-37.

[100] MASHAYEKHI B, AGHEL Z L. A study on the determinants of earnings response coefficient (ERC) in an emerging market [J]. International Journal of Economics and Management Engineering, 2016, 10 (7): 2479-2482.

[101] KURNIAWATI H, DWIMULYANI S. Determinants of earnings response coefficient (ERC) and its impact on trading volume [J]. International Review of Management and Business Research, 2018, 7 (4): 787-800.

[102] DEWI S P, PUSPANINGSIH A. Determinants analysis of earnings response coefficient: empirical study in Indonesia [J]. Jurnal Akuntansi dan Auditing Indonesia, 2019, 23 (2): 90-98.

[103] 袁淳，王平. 会计盈余质量与价值相关性 [J]. 经济理论与经济管理，2005 (5): 36-39.

[104] 孟焰，袁淳. 亏损上市公司会计盈余价值相关性实证研究 [J]. 会计研究，2005 (5): 42-46.

[105] 海洋，杨鲁，帅永强. 公司治理、代理成本与会计信息价值相关性 [J]. 财会月刊，2010 (11): 12-15.

[106] ALEKSANYAN M. Value relevance of book value, retained earnings and dividends: premium vs discount firms [R]. Working paper, University of Glasgow, 2006.

[107] ALEKSANYAN M. Does the information environment affect the value relevance of financial statement data? [R]. Working paper, University of Glasgow, 2008.

［108］ KANG T, PANG Y H.Economic development and the value-relevance of accounting information: a disclosure transparency perspective ［J］. Review of Accounting and Finance, 2005, 4 (1): 5-31.

［109］ 蔡传里，许家林．公司信息透明度与价值相关性［J］．山西财经大学学报，2009（7）：74-83.

［110］ 黄友，曾力．会计信息与亏损公司估价［J］．财政研究，2008（4）：72-74.

［111］ 王菊仙．盈余质量差异对会计盈余信息价值相关性的影响［J］．财会月刊，2009（10）：81-84.

［112］ 欧阳爱平，周宁．市场化程度对会计信息价值相关性的影响［J］．经济与管理研究，2013（11）：123-128.

［113］ 唐国平，郭俊．会计执业判断允当性、会计准则变迁与价值相关性［J］．当代财经，2013（10）：106-117.

［114］ 叶康涛，张珊珊，张艺馨．企业战略差异与会计信息的价值相关性［J］．会计研究，2014（5）：44-51.

［115］ 王茂林，林慧婷．产权性质、股权结构与会计信息价值相关性［J］．现代管理科学，2015（1）：39-41.

［116］ FAMA E F.Efficient capital markets: a review of theory and empiricalwork ［J］. Journal of Finance 1970 (25): 383-417.

［117］ 斯科特．财务会计理论［M］．陈汉文，夏文贤，陈靖，等，译．北京：机械工业出版社，2006.

［118］ Beaver W H.What should be the FASB's objectives? ［J］. Journal of Accountancy, 1973, 136 (2): 49-56.

［119］ Bernard V L.The Feltham-Ohlson framework: implications for empiricists ［J］. Contemporary Accounting Research, 1995, 11 (2): 733-747.

［120］ LEE, CHARLES M C.Accounting-based valuation: impact on business practices and research ［J］. Accounting Horizons, 1999, 13 (4): 413-425

［121］ OHLSON J A.On accounting-based valuation formulae ［J］. Review of Accounting Studies, 2005, 10 (2-3): 323-347.

［122］ EDWARDS E O, BELL P W.The theory and measurement of business income ［M］. Berkeley: University of California Press, 1961.

［123］ FELTHAM G A, OHLSON J A.Uncertainty resolution and the theory of depreciation measurement ［J］. Journal of Accounting Research, 1996, 34 (2): 209-234.

［124］ FUKUI Y.More stylized facts before theorizing: toward a data admissible

Ohlson Model [EB/OL]. [2020-01-01]. http://papers.ssrn.com/sol3/papers.cfm?abstract_id= 289039.

[125] CUPERTINO C M, LUSTOSA P R B.The Ohlson Model of evaluation of companies: tutorial for use [J]. Brazilian Business Review, 2004, 1 (1): 1-16.

[126] 刘金雄. 公允价值决策相关性理论的研究现状与展望 [J]. 华侨大学学报（哲学社会科学版), 2012 (3): 38-48.

[127] 刘金雄, 胡向坤. 脏盈余会计研究进展 [J]. 财会月刊, 2013 (14): 7-10.

[128] BIDDLE G C, SEOW G S, SIEGLEL A F.Relative versus incremental information content [J]. Contemporary Accoimting Research, 1995, 11 (1-1): 1-23.

[129] VUONG, QUANG.Likelihood Ratio tests for model selection and non-nested hypotheses [J]. Econometrica, 1989, 57 (2): 307-333.

[130] 陈雪. 亏损公司与盈利公司会计信息价值相关性的差异性研究 [D]. 泉州: 华侨大学, 2014.

[131] 邓忠卫. 中国上市公司会计信息价值相关性的差异性研究 [D]. 泉州: 华侨大学, 2014.

[132] 冯柳. 高管超额薪酬、薪酬契约有效性与会计信息价值相关性的实证研究 [D]. 泉州: 华侨大学, 2015.

[133] 叶倩. 信息透明度、薪酬契约有效性与会计信息价值相关性 [D]. 泉州: 华侨大学, 2015.

索 引